JN273134

建築・都市の ユニバーサルデザイン

その考え方と実践手法

UNIVERSAL DESIGN FOR ARCHITECTURE AND CITY ENVIRONMENT
BY NAOTO TANAKA

田中直人

装丁・本文設計 ▶ (Ya)matic studio

はじめに

　人間生活の器と言われる建築は、利用者のだれにとっても安全快適であるべきです。しかし、実際の生活環境としての建築には身体状況の差異による移動障害とともに情報障害の問題など、多くの課題があります。

　わが国では、これまで福祉のまちづくりの中で、身体の不自由な人に対する配慮として建築のバリアフリーが取り組まれてきました。この流れの中で、より一層、多様な利用者や状況に対応する環境の実現を目指すユニバーサルデザインが登場してきました。ところが実情は、ユニバーサルデザインの試みはこれまでのバリアフリーと大差なく、まだその緒についたばかりとも言えます。

　私は1970年代から、身体の不自由な人の利用を考慮した建築デザインやまちづくりについて取り組んできました。とりわけ、全国に先駆けて制定した1977年の「神戸市民の福祉を守る条例・都市施設整備基準」や「高齢者・障害者を考慮した建築設計マニュアル」の作業を契機に、以降、機会をとらえて利用者の人間条件の拡大と必要とされる建築デザインの標準化と各プロジェクトでのモデル提案を試みてきました。

　本書は、上記取組みの第1号である既刊『図解　バリアフリーの建築設計』（彰国社）以降の『五感を刺激する環境デザイン』（彰国社）や『サイン環境のユニバーサルデザイン』『ユニバーサル サイン』（学芸出版社）などの著作に引き続き、「建築ユニバーサルデザイン」の試みと考え方や手法を広く設計者や研究者、行政関係者はもとより、この分野を学ぼうとする人たちへの基礎的専門書として活用されることを願って紹介するものです。

　第1章から第3章のユニバーサルデザインに関する基本的な考え方に続いて、第4章では外部空間、第5章では公共建築、第6章では居住空間について、各節や項ごとに参考図を多用しながら理解を深めていただくよう構成しています。必ずしも提示した事例は最適ではありませんが、理論から実践、試行とフィードバックされ、今後、多くの利用者や関係者の評価や意見を経て改善され、社会として建築のユニバーサルデザインがスパイラルアップする一助となれば幸いです。

田中直人

第1章 生活環境とユニバーサルデザイン

008 [1] 私たちを取り巻く環境の変化
- 008　1. 生活環境の変化
- 008　2. コミュニティとコミュニケーションの変化
- 008　3. 人口構造の変化
- 010　4. ライフスタイルの変化

012 [2] 生活環境に求められる要素
- 012　1. 生活の動作空間と人間工学
- 012　2. 生活環境の整備目標
- 012　3. 生活環境の安全性

015 [3] バリアフリーデザインからユニバーサルデザインへ
- 015　1. 人にやさしい建築への取組み
- 016　2. バリアフリー思想の背景
- 018　3. ユニバーサルデザインの登場
- 020　4. 日本におけるUDの取組み
- 021　5. ユニバーサルデザインへの基本的視座
- 024　6. 建築のユニバーサルデザイン実現への5つの鍵

第2章 身体属性と機能の環境への配慮

028 [1] 多様な属性と環境
- 028　1. 多様な利用者の視点を大切に
- 028　2. 障害者と健常者―身体機能から見た属性
- 028　3. 子どもから高齢者―年齢から見た属性
- 030　4. 性別から見た属性―女性と男性
- 031　5. 一時的不自由者―状況から見た属性

032 [2] 身体機能別の環境対応
- 032　1. 変化する身体機能
- 032　2. 下肢不自由者
- 033　3. 上肢不自由者
- 034　4. 視覚障害者
- 035　5. 聴覚障害者
- 036　6. 内部障害者

037 [3] 身体機能を高める手法
- 037　1. 身体機能と環境機能
- 037　2. 身体機能を高める
- 038　3. 環境機能を高める

第3章 ユニバーサルデザインのプロセスと手法

040 [1] ユニバーサルデザインのプロセス
- 040　1. プロセスを大切にする
- 040　2. 建築デザインのプロセス
- 041　3. 参加のしくみをつくる
- 042　4. 協働により合意形成を図る
- 043　5. 情報を共有する
- 044　6. デザインを評価する

046 [2] ユニバーサルデザインの手法
- 046　1. 展開手法のタイプ
- 048　2. 解決装置を付ける
- 048　3. 建築と一体化する
- 049　4. 五感を生かす
- 050　5. 感覚のゆらぎを生かす
- 051　6. 心理を読み込む
- 051　7. 歴史の記憶と既存環境を生かす
- 052　8. 地域性（ローカリティ）を生かす
- 053　9. 自然の要素を生かす

054　[コラム] だれもが暮らしやすいまちを求めて―ユニバーサルデザイン活動 ❶

第4章 外部空間のユニバーサルデザイン

- 056　[1] 風土や地域特性のユニバーサルデザイン
  - 056　1. 外部空間の影響と役割
  - 056　2. 自然地形の違い
  - 058　3. 気候条件の違い
- 060　[2] 歩行空間
  - 060　1. 歩行空間に求められる機能
  - 060　2. 人にやさしい歩道デザイン
  - 064　3. 歩道のアメニティ機能
  - 066　4. 誘導のための路面の工夫
  - 068　5. 歩道と自転車利用
  - 070　6. 歩者融合（歩車共存）の歩道デザイン
  - 072　7. 横断歩道
  - 074　8. 歩道上の設置物
- 076　[3] 立体移動空間
  - 076　1. 立体移動空間に求められる機能
  - 078　2. 歩道橋
  - 080　3. 地下道
  - 082　4. スカイウォーク（ペデストリアンデッキ）
- 084　[4] オープンスペース
  - 084　1. 建築とオープンスペース
  - 085　2. 広場のデザイン
  - 085　3. 遊び場のデザイン
  - 086　4. 緑地・公園のデザイン

第5章 公共建築のユニバーサルデザイン

- 090　[1] 公共建築に求められる空間機能
- 092　[2] 交通利用空間
- 098　[3] エントランス
- 102　[4] ドア
- 106　[5] 受付・案内所まわり
- 108　[6] 待ち合わせ空間
- 110　[7] 廊下・通路
- 116　[8] 階段
- 120　[9] エレベーター
- 122　[10] エスカレーター
- 123　[11] ムービングウォーク
- 124　[12] トイレ
- 128　[13] サイン

第6章 居住空間のユニバーサルデザイン

- 134　[1] 居住空間に求められる機能
- 136　[2] 居住空間と空間デザイン
- 138　[3] アプローチ
- 140　[4] 玄関まわり
- 142　[5] 階段
- 144　[6] エレベーター
- 146　[7] 廊下
- 148　[8] トイレ
- 152　[9] 浴室
- 154　[10] 食事室（ダイニング）
- 156　[11] 団らん室（リビング）
- 158　[12] 寝室（個室）
- 160　[13] テラス・バルコニー

162　[コラム] だれもが暮らしやすいまちを求めて―ユニバーサルデザイン活動 ❷

164　**索　引**

＊「障害者」の表記については、歴史的背景や団体の運動経緯などにより、障害、障がい、障碍などと使われているが、現在、法律など多くの表記において「障害者」が定着している。本書では、混在した表記や一律的に「障がい者」と表記せずに、「障害者」と表記した。

第1章
生活環境とユニバーサルデザイン

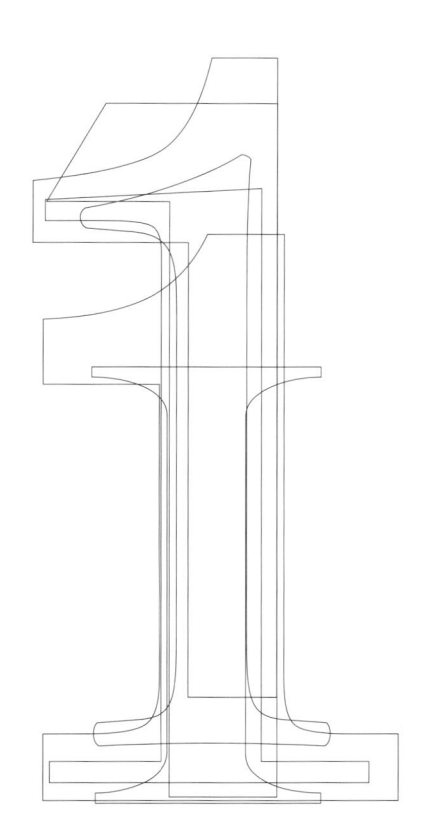

私たちを取り囲む生活環境はさまざまに変化する。家族や社会などの環境変化に対応して、ユニバーサルデザインをどのように展開するかを考える。
人間工学にもとづく動作への配慮や生活環境の安全性確保などの整備目標をふまえて、バリアフリーからユニバーサルデザインへ、その具体的な考え方や取組み事例を通してあるべき方向性を探る。ユニバーサルデザインへの基本的な視点を確認したのち、本書における建築のユニバーサルデザイン実現への5つの鍵を提示する。

1 私たちを取り巻く環境の変化

1. 生活環境の変化

　私たちを取り巻く生活環境は、農業社会から工業社会、情報社会への変化に伴い、様変わりした。機能的で便利な生活を手に入れようと都市へ人口が集中し、建物を大規模化・高密度利用した結果、かえってわかりにくく、安全に移動しにくい環境が生まれた。

　豊かな自然の恵みが人に与える恩恵は計り知れないが、人が求める生活環境の実現のために、自然環境が改変・破壊された地域も多い。たとえば、増大する自動車交通、過疎地域の産業や救急医療などの要請に応えるために建設される道路工事は多くの場合、昔ながらの貴重な街並みや景観を大きく変え、環境に影響をもたらす。生活環境の変化は、それまでの生活を革新させ、進歩をもたらすが、それまでの生活環境の有していた価値や意味を減退させ、喪失させる場合もある。失ってからでは取り戻すことができないものもあるが、生活者の記憶に残る風景や生活文化の味わいを大切に継承し、長く住み続けられる街の実現や、初めて訪れても何不自由なく行動できる細やかな情報やモビリティ（移動環境）が必要である。

　また、意図的に変えたか、変わってしまったのかの違いはあれ、生活環境の変化は都市や建築の空間構造だけでなく、人と人が共に暮らすしくみやサービスのあり方、価値観も変化させた（写真1）。私たちは、今後の動向を見極め、どのような変化が訪れようとも人間の生活環境の性能として求められる基本的な要求や、目標の実現に向けた視座を確保しなければならない。

写真1　生活環境を変化させる大規模建築の建設
それまでのコミュニティに支えられた生活環境も、大規模な建築物や高速道路などの建設によって大きく変わる。

2. コミュニティとコミュニケーションの変化

　これまでの農村的な集落や街社会における地域コミュニティも、さまざまな社会構造の変化によって、都市的なコミュニティに変容した。都市的なコミュニティは一人ひとりの顔が見えない匿名性のコミュニティを生み出した。長年、近所に住んでいても日常ほとんど交流する機会も意識も生まれない環境である。災害時においてもこのようなコミュニティは課題が多く、いわゆる「災害弱者」を生み出す可能性が高い。

　また、人の目が行き届かなかったり、知らない人が来ても関心がないなどといった監視性や領域性の希薄化により、犯罪に遭ったり、不安を感じる生活空間も増え、安全に安心して生活し続けることを阻害する要素が多くなっている。

　コミュニティの変化とともに近年、高度なIT技術によって情報化が進展し、業務的な分野のみならず、生活者一人ひとりのコミュニケーションの方法にも変化をもたらしている。それは生活の方法や価値観、空間のつくり方にまで影響を及ぼしている（図2）。その一方で、このようなデジタルなコミュニケーションは微妙な人間の心理やニュアンスを伝えられず、機械的な情報交換に陥りやすい。直接的な人間相互のコミュニケーションが損なわれることもある。

3. 人口構造の変化

少子高齢化

　日本の出生率は1950年代から急速に低下し、21世紀初頭には人口の減少時代を迎えている。少子化は労働現役世代の負担を増やすとともに、社会構造や産業構造に労働力不足など大きな影響を及ぼす（図3）。

　一方、高齢化は「人口」という量的な問題だけでなく、老化による「身体変化」という質的な問題が大きい。老化が原因の病気の発症や、身体機能の低下を補う装具、介助や介護が必要となることもある。生活空間の物理的な配慮とともに、人的な配慮が重要となるが、介護層自体の高齢化（老老介護）も問題となっている（図4）。

図2 待ち合わせ方法の変化
目印のある場所で行われていた「待ち合わせ」が携帯電話などの普及により、場所を特定せず、目の前にある事物を目印として行われるように変化している。

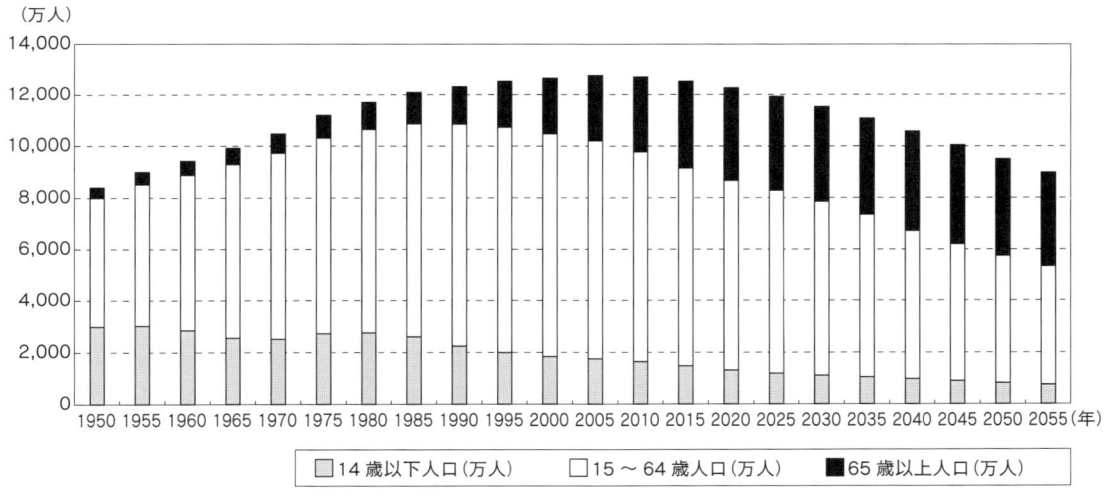

図3 日本の人口の推移（高齢者と子どもの割合）

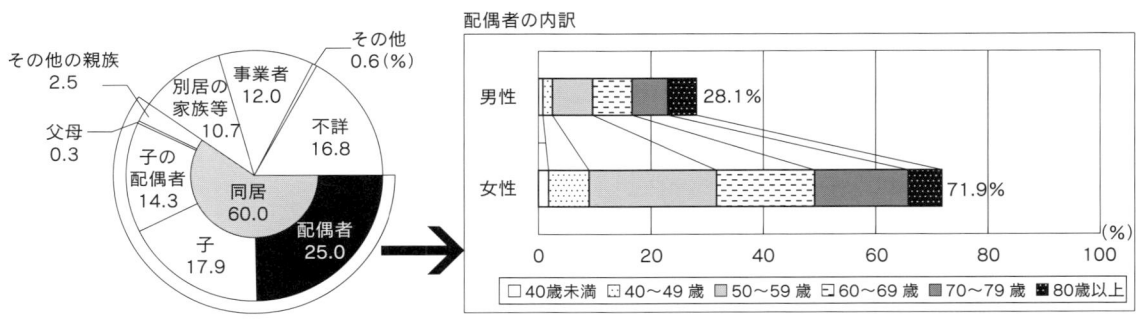

（2005年までは総務省統計局「国勢調査」、2010年以降は国立社会保障・人口問題研究所「日本の将来推計人口（平成18年12月推計）中位推計」をもとに作成）

（内閣府「平成22年度 高齢社会白書」をもとに作成）

図4 老老介護の実態
高齢者の人口増加が進み、同時に、非高齢者の人口は減少していく。全体として人口減少時代へと進む。

1. 私たちを取り巻く環境の変化

女性の就業環境

働く女性の増加により、女性の就業機会の確保や就労継続のための条件の整備が進みつつある（図5）。個々のライフスタイルの選択の幅を広げ、社会構造の変化に対応していく上でも重要な課題といえる。少子化は、女性の社会進出と関係が深い。出生率回復には雇用条件の見直しや育児支援策の充実が必要である。たとえば、働いている間、預かってもらえる保育施設の整備など就労継続の条件を整えることが急務である。核家族化の進行は、家事や育児と仕事の両立を難しくしている。

日本で生活する外国人

グローバル化が進む中、日本における外国人の人口およびその労働力人口は増加している。国際化する人口構成の統計的なデータの問題だけではなく、生活者として観光客としてともに暮らしやすい生活環境を実現する環境の整備が求められる。

多くは、言葉が通じにくいコミュニケーションの問題、生活習慣や文化などの違い、雇用就労などの経済的な問題などである。今後、外国人が増加する状況に対応して、生活の中で必要とされる支援をするサービスや環境の整備、とりわけ情報提供のあり方について充実させていく必要がある。

4. ライフスタイルの変化

都市化とライフスタイル

生活の「住む」「働く」「憩う」「学ぶ」などの機能は、これまでの生活環境が都市化することで、より多彩にそれぞれのライフスタイルとして、個人の置かれた家族や職場などの環境条件によって展開される。

職住の分離によって、多くの都市住民は「朝夕の通勤」というライフスタイルを避けることができない（図6）。職住の分離から近接への動きは、かつての地域社会にあった近隣でのコミュニティに根ざしたライフスタイルの価値を見直すことにもつながる。また、余暇時間の増加から、これに対応した癒しや遊びの環境整備の充実が求められる。

建築は、これらの生活の器として、個々の建築に限定されず、地域や社会全体の環境構築の大きな要素として重視されなければならない。ライフスタイルが多様化することの受け皿としての建築は、単純に多様化するのではなく、多くの利用者の心身の状況や関係性から、より少ないバリアで安全・快適なサービスを提供できるよう機能する必要がある。そこでは、物理的な空間構成や設備などのハード面だけでなく、管理のソフトの内容によっても目的とするライフスタイルの実現につながる計画を行う必要がある。

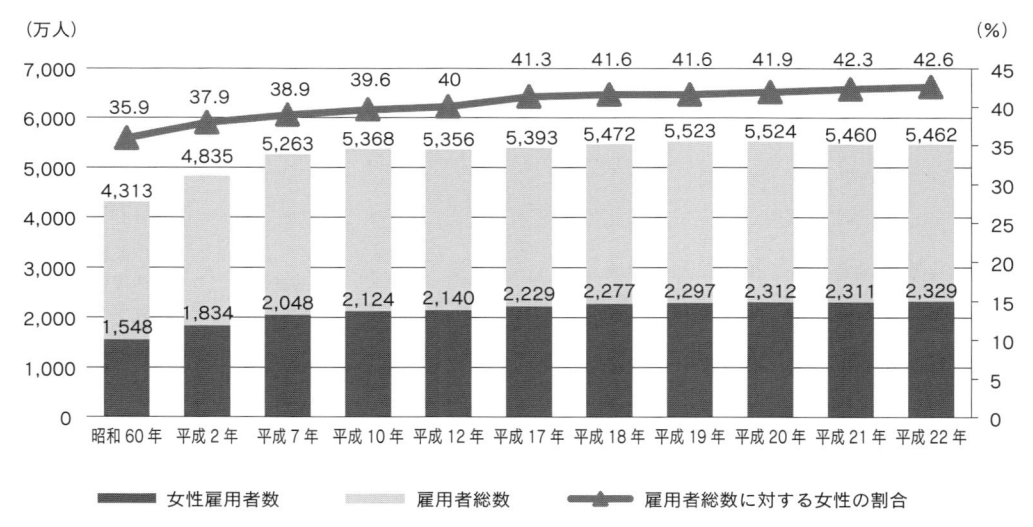

（総務省統計局「労働力調査」をもとに作成）

図5 雇用者数および雇用者総数に占める女性割合の推移
平成22年の女性の雇用者数は2329万人となり、平成21年から18万人増加し、過去最多となった。雇用者数に占める女性の割合も過去最高の42.6%となり、近年では3年連続で増加となっている。

家族構成のサイクル

それまでの独身生活から、結婚により二人での生活が始まり、やがて子どもが生まれ、子育てをし、そしてその子どもが親元を離れ、また二人暮らしへと戻る。その後、配偶者を失い、一人暮らしとなる。多くの場合、このようなサイクルで家族構成は変化する(図7)。

一人暮らしに戻る頃には、老化による身体機能の低下とともに、住み慣れたわが家にもバリアを感じるようになる場合も多い。このように、身体機能の低下などによる不自由に限らず、病気や配偶者との離別などをはじめ理由は多々あるが、家族構成のサイクルによる変化は大きな負担を伴う。また、地域への愛着も深い高齢期において、家族の状況に合った住まいを選ぶことは重要であるが、住み替えを余儀なくされることは苦痛なことが多い。

近年では、"おひとり様"や"子ども無し世帯"といったこれまでの夫婦＋子どもという一般的な家族構成だけでなく、単身世帯が増加している。かつて存在した地域社会のつながりはなくなり、単身者はますます孤立しやすい「無縁社会」と呼ばれる状況が急速に進行している。これら単身世帯に対する生活環境の整備とともに、社会的には家族の枠を超えた新たな居住グループ単位も考慮されるべきである。

図6　毎朝見られる都市の通勤ラッシュ
多くの人が集中する駅では「交通弱者」が生まれやすく、高齢者、子ども、障害者にとって身体的・心理的負担が大きなものとなる。

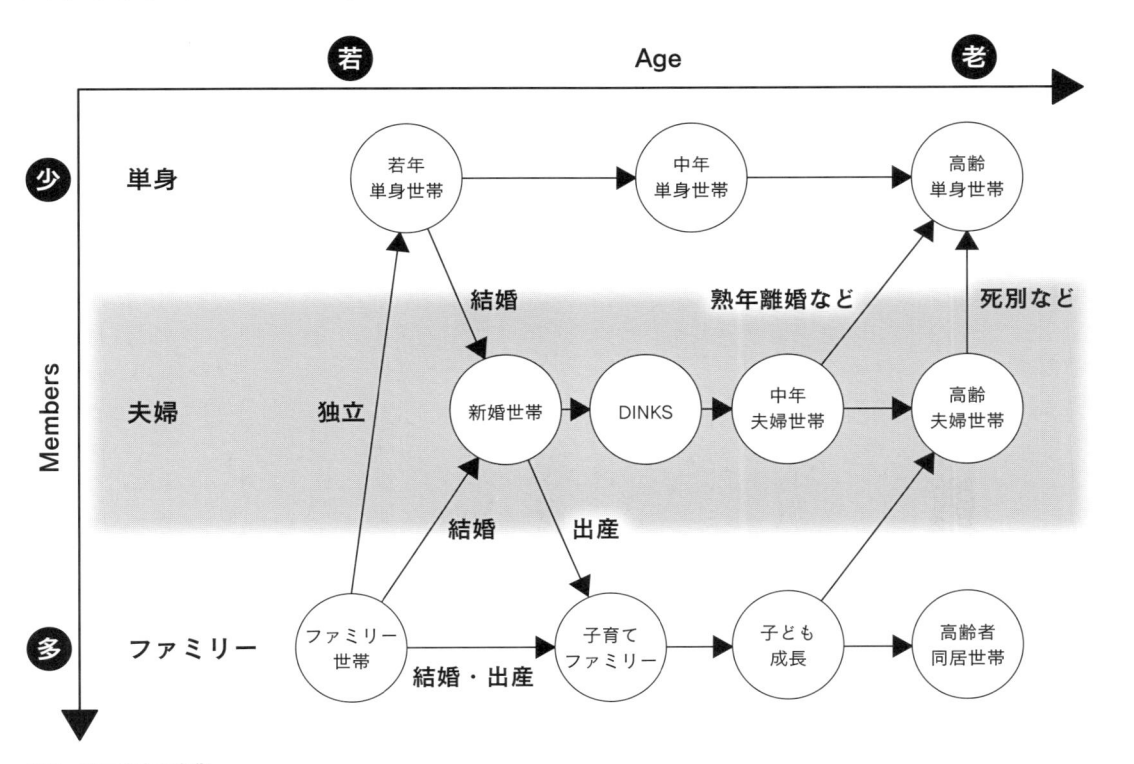

図7　家族構成の変化

2 生活環境に求められる要素

1. 生活の動作空間と人間工学

多様な生活場面における人間の動作に必要な空間の条件を、人間工学から考える必要がある。

人間工学とは、人間の知覚・動作・反応を分析することで、人間と環境との関係が安全、正確、能率的に機能するようシステム設計する学問である。

人間の身体的・生理学的側面のみならず、心理学的側面に対する探求も含まれる。建築の分野では、人間の視覚・聴覚・触覚・嗅覚、感性などの感覚特性や、設計の基本となる人間の活動能力から決まる単位・寸法、災害防止や環境との調和にかかわる人間の個、または集団としての行動法則、数と密度の関係など、建築と人間、空間と人間に関するあらゆる問題の調査・研究をもとに考察し、空間デザインに必要な要素・手法を追究している。

大人と子どもの動作域が異なるように、それぞれの人間の時と場合で、必要寸法や適正寸法は異なる。人間工学の分野では、人体や動作寸法について多くの計測データやモデルを見出しているが（図8）、単独の動作のみならず、介助者を含む共同の生活動作との関係からの考慮も重要である。すべての人が使えるひとつの寸法が明快に見出せない場合、多様な視点での検討や適切な寸法に調整可能なデザインを選択することで解決できる。

また、トイレの使用時間に男女差があるように、同じ生活行為であっても所要時間には個人差がある。このことから、施設の利用者数や時間を考慮した規模やスペースの計画上の配慮が必要になる。寸法だけでなく、デザインには時間の要素も考慮しなければならないのである。

さらに、加齢とともに身体的な変化が生じ、それまでの生活動作に対応して要求される空間条件が異なってくる。ここで、補装具や人的介助などが必要となり、それまでの自立した生活行動では確認されなかった新たな空間条件が浮上してくる。そして、認知症など一見身体的には問題がなさそうでも、種々の行動・心理症状を起こす状況の中で建築空間に求められる人間工学としての課題もある。

2. 生活環境の整備目標

WHO（World Health Organization：世界保健機関）では、生活環境の評価項目として「安全」「健康」「利便」「快適」をあげている（図9）。

生活環境の整備においては、ややもすれば利便や快適の追求が最優先され、健康や安全が後回しにされたり、見逃されたりすることも多い。建築のデザインも、基本的な安全性を損なう事例も多いが、原点に立ち返って、すべての人の視点から、安全な生活環境の実現を基本目標とすべきであろう。

生活環境の現状を客観的に評価し、今後の環境整備の課題や方向性を明らかにするためには、環境の要素に適切な評価尺度を設定することも考えられる。

3. 生活環境の安全性

不慮の事故と人間・環境の課題

普段、何でもないところがバリアとなり、そこを簡単に通行できずに負傷をしたり、事故に遭って、尊い生命を落としたりする人がいる。これは一般に不慮の事故と呼ばれている。本来、住宅は生活の拠点空間として最も安全であるべきである。ところが意外と住宅内での高齢者の事故死が多い（図10）。不慮の事故は、人間側の行為と環境側の条件との相互関連で起こる。その原因は本人の医学的な理由によることもあるが、建築的な条件に起因することも多い。

正確な動作を前提としていても、身体の自由がきかず安定した動作が困難になり、想定された動作を超えた結果になることも多い。正確な動作を促すために、わかりやすさや、万が一ミスがあっても問題とならない安全対策が必要である。

従来、高齢者や障害者、幼児などの利用をあまり考慮せず都市や建物がつくられたため、災害弱者、事故弱者といわれるように、これらの人々に被害が多い。すべての人間と環境との間の不整合を発見し、まずは環境側の改善に努力しなければならない。ついで、環境側だけの改善で安全にできないところは、人間側が危険に対処する技術を習得し、安全を維持できるようにしなければならない。

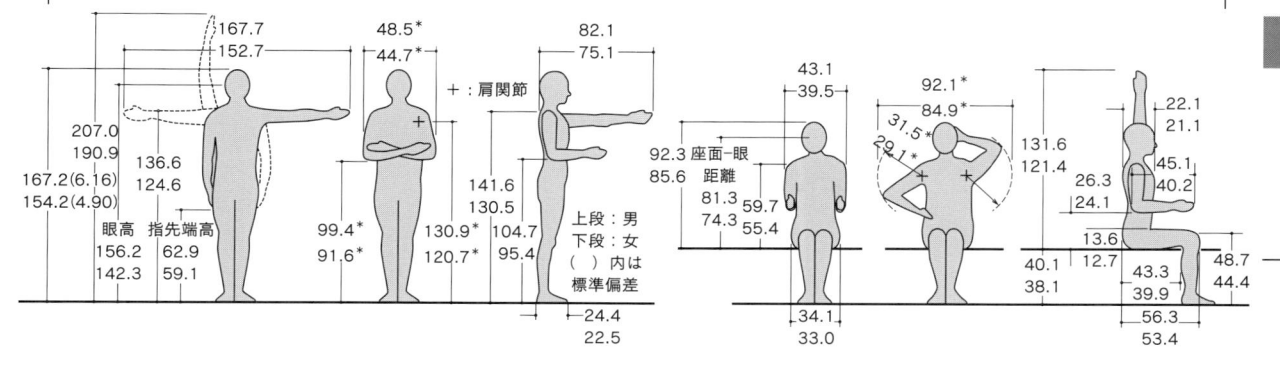

図8 人体各部の寸法

*Time-Saver Standard のデータを補正した値
(日本建築学会編著『コンパクト設計資料集成〈住居〉』丸善、1991)

図9 生活環境の評価項目
自然的環境・社会的環境・文化的環境・保健福祉的環境などを含めた、総合的な視点から生活環境整備を考えることが大切である。

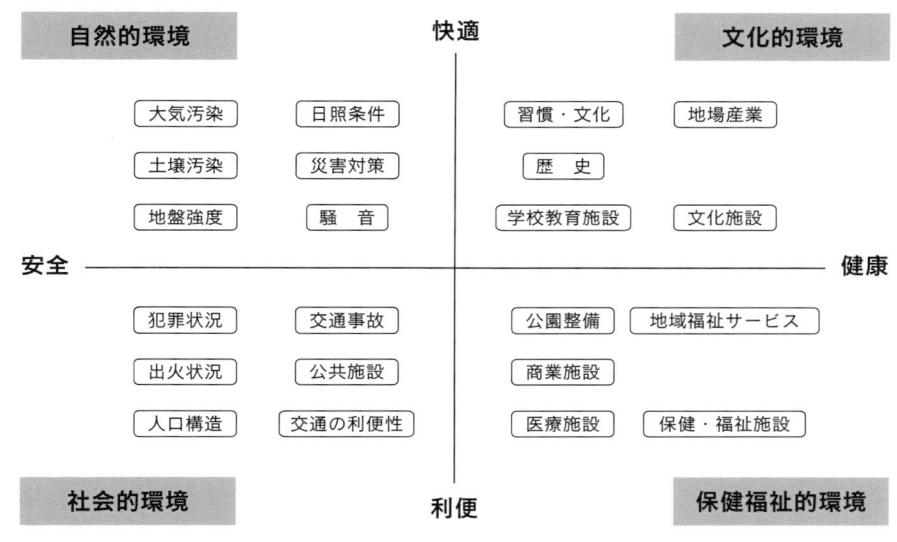

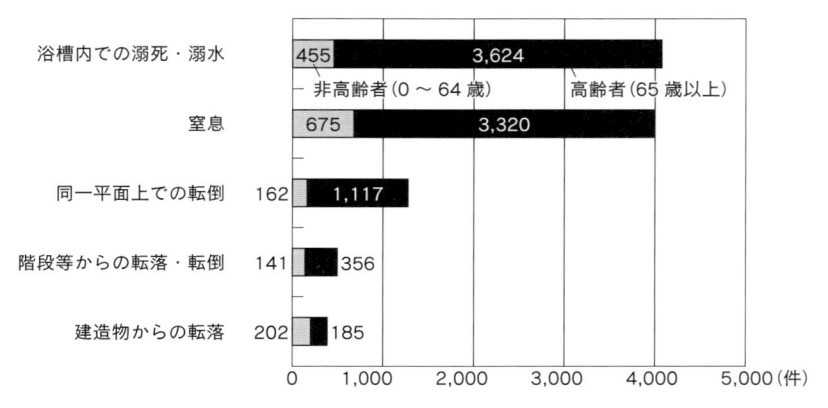

(WHO：世界保健機関の「住環境理論」をもとに作成)

図10 高齢者の家庭内事故
高齢者(65歳以上)の家庭内事故の割合が高く、最も多い原因は「浴室内での溺死・溺水」となっている。

(内閣府「平成22年度 高齢社会白書」をもとに作成)

災害や犯罪からの安全計画

都市化の進展により、住宅は共同化され、高層化・大規模化することが一般化している。安全計画としては、火災時に、どのように出火・延焼を防ぐかとともに、どうすれば安全かつ迅速に居住者が避難できるかがポイントであり、日常の安全性や快適性だけでなく、火災などの非常時の避難誘導、待機スペースの配慮を忘れてはならない。日常の何でもない時を前提に高層空間や地下空間といった複雑な空間へ導入する計画は避けるべきである。このことは、住宅のみならず都市環境における建築についても同様である（写真11）。

安全は事故だけでなく、災害や犯罪からも考慮していく。自然災害に対しては、建築単体での対応だけでなく、地域全体のまちづくりとして対応が重要である。とりもなおさず建築が自然環境の中でどう存在して環境共生を果たすかの視点を忘れてはならない。

犯罪に対しては、外敵の侵入や危害にどのように対処するかということを環境計画に取り入れ、「防犯意識を持った人の輪・コミュニティの形成・テリトリーの表示」などの領域性や見通しの改善、照明環境の改善、防犯カメラの設置という監視性を考慮して検討しなければならない（図12）。

便利ではあっても、犯罪や危険があっては安心して住める街とはいえない。安全性が最優先である。地域では、防災・防犯の安全性を高めていくため、地域ぐるみの活動と連携することが大切で、積極的に進めていくには、地域のコミュニティの醸成が大切である。

1995年の阪神・淡路大震災を経験した被災地では、地域の安全性を高めていくために「地域の住民同士のつながり」や「支え合い」の重要性が指摘され、「防災コミュニティ」という視点からのまちづくり活動が各地で展開されている。日常生活における地域コミュニティ活動の延長線上で防災公園として整備するなど、だれもが気軽に集まり活動の輪を広げていこうとする住民主体のまちづくり活動の例も多い（写真13）。安全は"よそ行き"の対策ではなく、普段からそれに対する心構えや対策を講じなければ役に立たない。東日本大震災では、地震による津波で大きな被害を被った。居住地の安全を確保するには、前述の地域コミュニティでの取組みに加え、避難や救助のための空間やサービス体制の整備が不可欠である。

直接的な手法	間接的な手法
対象物の強化 ●出入口の扉の強化 ●錠や窓の強化 ●金庫の強化 ●事業所への侵入と被害を防ぐ	**監視性の確保** ●見通しの確保 ●センサー、防犯カメラの設置 ●"目"が届く環境づくり
接近の制御 ●柵やシャッターをつける ●侵入の足場をなくす ●侵入経路を遮断する	**領域性の確保** ●商業地における居住人口の確保 ●防犯まちづくりの展開 ●部外者が侵入しにくい環境づくり
事業所における防犯活動	地域や警察による防犯活動

総合的な防犯環境の形成

（都市防犯研究センター「JUSRI リポート第31号　防犯環境設計ハンドブック［住宅編］2005」をもとに作成）

図12　防犯環境設計 CPTED

写真11　車いす使用者が利用できる避難用スロープ
（国際障害者交流センター ビッグ・アイ、大阪府）

写真13　トイレベンチのある防災公園（六甲風の郷公園、兵庫県）
園内のベンチが、災害時には座面を外すとトイレとして利用できる。

3 バリアフリーデザインからユニバーサルデザインへ

1. 人にやさしい建築への取組み

人にやさしい「生活の器」としての建築

　古今東西、建築は都市や農村をはじめ、さまざまな地域で存在し、人間生活や環境をつくる上で大きな役割や影響を及ぼしてきた。モニュメンタルなものは別として、建築は、生活の器といわれるように生活を受け入れる空間である。すべての人にとって使いやすい建築を実現するためには、利用する人の気持ちを考え、それぞれの生活目的に合った配慮が必要である。

　物理的な条件だけでなく、プライバシーやコミュニケーションなど心理的な視点の配慮も忘れてはならない。アクセシビリティとしての使いやすさ、まわりの環境から受ける落ち着き感や癒しの要素にも注目する。

多様な人間とバリアの存在

　生活の主体である人間のことをよく理解しないと、よい建築は期待できない。多様な利用者の求める条件を把握することが必要である。

　公共建築のような不特定多数の利用という前提では、すべての人が対象になる。利用者には多種多様な属性があるが、それぞれの人にやさしい建築を提供することが理想である。しかし、これまでは平均的な人間条件や多数派（マジョリティ）の属性を対象に設計がなされることが大半であった。これでは少数派（マイノリティ）の障害者などは、大きな不自由を、建築という環境から背負わせられることになる。建築物の物理的環境におけるバリア（障壁）に限らず、社会には、多くのバリアが存在する（図14）。

【物理的バリア】 階段などによる身体的負担・通行困難

【制度的バリア】 動物同伴者への入店拒否

【文化・情報的バリア】 外国人への情報のわかりにくさ

【意識的バリア】 必要としている人への理解のなさ

図14　利用者の配慮に行き届かないバリア

2. バリアフリー思想の背景

建築の利用者の範囲

建築とは、建築物をつくる人間の行為、あるいはその行為によってつくり出された建築物をいい、生活の場として直接人間の生活にかかわり、人間の生活を満足させることを究極の目的とする行為といえる。すなわち生活の主体である人間をよく理解することが、よい建築につながる（図15）。

どのような人に対しても、よい建築を実現することが理想である。しかし多くの建築はこれまで、統計上の標準体型の健常者を基準に設計がなされていた。それは身体障害者に対する理解不足であったともいえる。

障害者は、障害者基本法により「身体障害、知的障害または精神障害があるため、長期にわたり日常生活または社会生活に相当な制限を受ける者」と定義されている。一方で、建築における「障害者」は、身体に障害のある人だけでなく、一時的な障害を持つ人も含まれる。たとえば、妊産婦、病気を患っている人、病み上がりの人、怪我により松葉杖や車いすを利用している人、重い荷物を持っていて階段の上り下りが負担になっている人などが存在する（図16）。

バリアフリーの考え方

バリアフリーとは、「バリア（障壁。障害者や高齢者の行動を差別したり、妨害すること）」と「フリー（除去する）」を組み合わせた言葉である。物理的にも心理的にも「障壁がない」という意味であり、ノーマライゼーションの理念を具体化する考え方のひとつである（図17、表22）。

1960年代以降、アメリカで身体障害者に対し、建築用語として建物内の段差解消などの物理的障壁の除去という意味で使用されていた。

日本においては、1970年代より、町田市（東京都）や仙台市（宮城県）、神戸市（兵庫県）など福祉のまちづくりに早期から着手した自治体から始まり、多くの自治体で整備要綱や条例として建築のバリアフリー基準が制定された。本質的にはそれらの基準は大同小異であるが、バリアフリーを具体的に多くの関係者に知らしめ、一定水準での配慮を展開させ、社会全体のバリアフリーへの認識を高めることになった。

ハートビル法の制定に始まり、その後のバリアフリー関連の基準整備を通して、それまでの自治体での取組みは、さらに国の法律に準拠していく形でバリアフリーの浸透が図られようとしている（表18）。

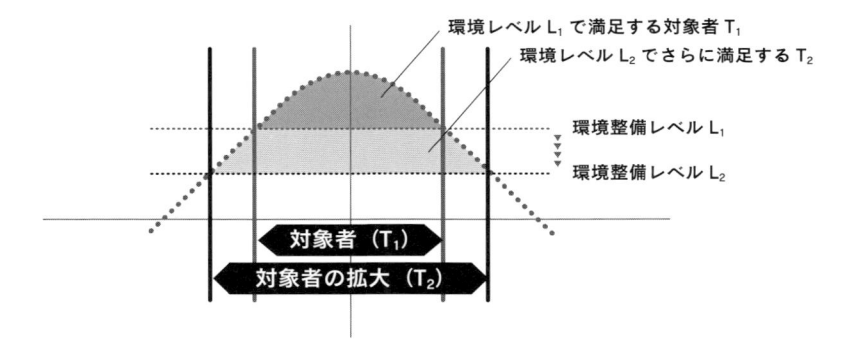

図15　建築の配慮と多様な利用者の関係
不自由な使い方にならないよう行き届いた空間整備を行うほど、利用できる対象者も広がっていく。

図16　年齢や性別、身体の状態によって、これだけ違いのある利用者

バリアフリー基準の課題

　当初、数少なかったバリアフリーに関する資料も増加した。しかし今日多く出回っている資料の構成や考え方は、当初の「マニュアル」と大差ない。すなわち、時間の経過、経験の数にもかかわらず、バリアフリーはさほど進化せず、むしろ、常識としてのバリアフリーが定着したと考えられる。

　たとえば、スロープの勾配といえば、何の疑いもなく12分の1、視覚障害者に対しては、黄色の点字ブロック、という答えになる。果たしてそうだろうか。もっと検討すべき要素があるのではないだろうか。もっと根源に立ち返って、どのような環境が人にやさしいのかを考え直す必要がある（図19）。

　しかし、万が一、基準や条例どおりでない方法を発想しても、役所の担当者から基準に合わないと言われる。そして、その発想を十分に確認するプロセスがなく、独りよがりのアイデアになることも多い。

　一方で、バリアフリー基準による公共建築の事例は確実に増えてきた。しかし、その実態についてはまだ

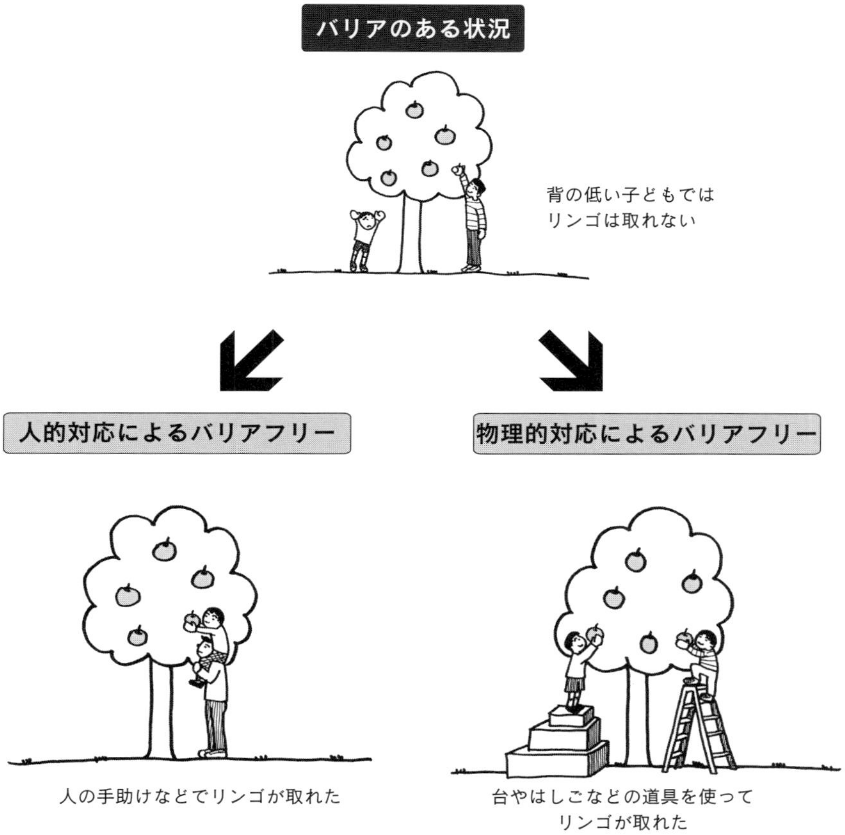

図17　バリアフリーの考え方
何かを行うときに障害が生じても、少しの手助けがあれば、状況はがらりと変わる。

表18　法・条例の策定時期と流れ

策定時期	法・条例の流れ
1977年	神戸市市民の福祉を守る条例
1992年	大阪府・兵庫県 福祉のまちづくり条例策定
1994年	ハートビル法 施行
2000年	交通バリアフリー法 施行
2002年	ハートビル法 改正
2006年	バリアフリー新法 施行

十分に把握されていないのではないだろうか。たとえば、車いす使用者用トイレは使いやすくなっているのか、他の利用者からはどうかなど、これからの施設のあり方を考える上で検討すべきことは多い。

多くのメーカーから「バリアフリー」を謳った商品が数多く出されている。これらを生かすためにはさまざまな視点に立ってどのようなバリアフリーをその建築で実現するかを考えることが重要である。

言葉だけ上滑りしてしまうのではなく、今一度、これまでのバリアフリーについて、本当にその施設で必要な装備は何かをあらためて見つめ直し、新たなバリアフリーを目指していかねばならない。

基準として最小限のバリアフリーデザインや、商品をそのまま機械的に導入するだけでは済まされない。利用者の実際の行為を知る必要がある。もし、視覚障害者が車いす使用者用トイレに入ったらどうなるのか。一般的な構造を思い描く利用者に、ボタンスイッチ類の位置や鍵の形式がわかるように配慮されているだろうか。右か左か。上か下か。伝えるべき情報のある場所を標準化しないと情報の伝えようがないこともある。基準などによる統一的な仕様と、よりよき仕様の追求が必要である。

図19 現在のバリアフリー整備の問題点
基準のとおり、12分の1の勾配を確保して整備しても、実際の利用では距離が長く感じられ、スロープの勾配も予想以上にこわくなるなど、心身ともに負担が大きい。

3. ユニバーサルデザインの登場

ユニバーサルデザイン（Universal Design）（以下、UD）は、1985年にノースカロライナ州立大学のセンターフォアアクセシブルハウジング（1994年にセンターフォアユニバーサルデザインと名称変更）所長だったロン・メイス（Ronald Mace）が中心になり、社会を変える戦略として考えたものである。老若男女といった差異、障害・能力の有無にかかわらず、だれにでもよりよいものを具体的に例示し、人々の意識を変えようという考え方である。この概念を明確にするため、7原則も併せて提唱している（表20）。

UDの対象者はすべての人であり、障害の有無のみならず、年齢や体型の違い、身体機能や理解力の差などに関係なく、利用できることをこの7原則で示している。「利用できる」対象は製品に始まり建築・都市空間やサービスにまで広がるが、日本では、製品のUD化が進んでいる。

UDには、バリアフリーデザインの考え方に加え、アクセシブルデザイン、アダプティブデザイン、トランスジェネレーショナルデザインなどの基本的な考え方が包括されている（図21、表22）。

表20 ユニバーサルデザインの7原則

1	だれにでも公平に利用できること (Equitable Use)
2	使う上で自由度が高いこと (Flexibility in Use)
3	使い方が簡単ですぐわかること (Simple and Intuitive Use)
4	必要な情報がすぐに理解できること (Perceptible Information)
5	うっかりミスや危険につながらないデザインであること (Tolerance for Error)
6	無理な姿勢をとることなく、少ない力でも楽に使用できること (Low Physical Effort)
7	アクセスしやすいスペースと大きさを確保すること (Size and Space for Approach and Use)

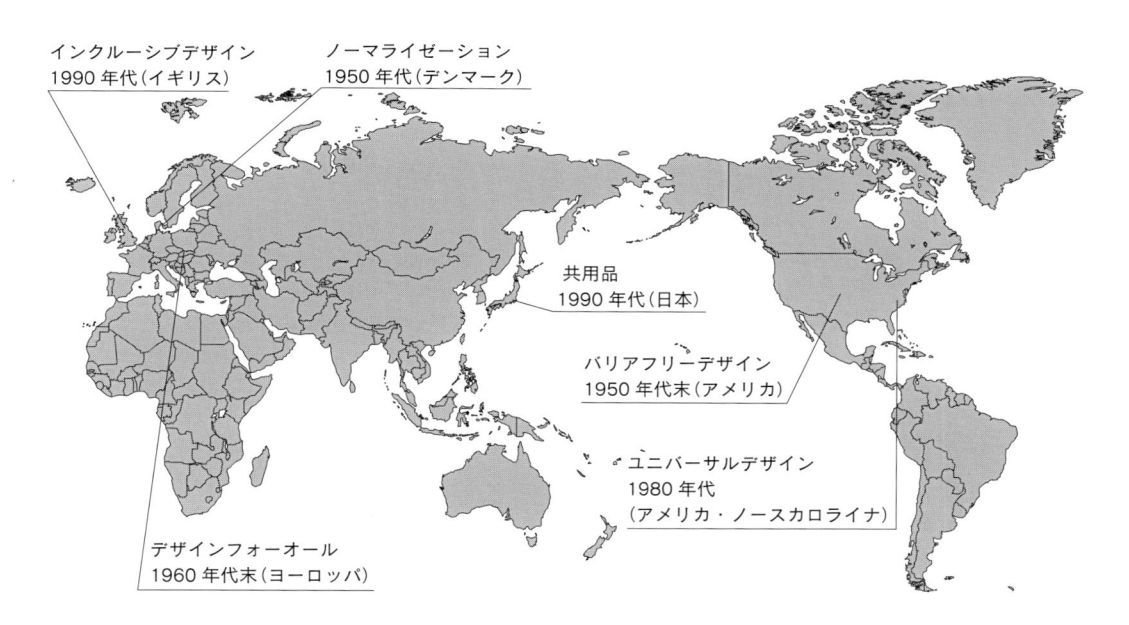

図21　主な概念の登場時期と発祥国

インクルーシブデザイン　1990年代(イギリス)
ノーマライゼーション　1950年代(デンマーク)
共用品　1990年代(日本)
バリアフリーデザイン　1950年代末(アメリカ)
ユニバーサルデザイン　1980年代(アメリカ・ノースカロライナ)
デザインフォーオール　1960年代末(ヨーロッパ)

表22　UDに包括される概念

概　念	内　容
バリアフリーデザイン (Barrier free Design)	障害者等の社会生活弱者が社会生活に参加する上で生活の支障となる物理的な障害や精神的な障壁を取り除くための施策、もしくは具体的に障害を取り除いた状態をいう。一般的には障害者が利用する上での障壁が取り除かれた状態として広く使われている。
アクセシブルデザイン (Accessible Design)	障害のある人がたやすく近づき、使用できるプロダクト・環境デザインのこと。当該製品のユーザーの中で視覚・触覚・操作力などの能力を低い人に合わせたデザイン。
アダプティブデザイン (Adaptive Design)	障害による特別な要求を持った人が使えるよう配慮されたプロダクト・環境デザイン。製品などの構造の変更を伴わずに、高さの調整などにより利用者層の幅を広げるデザイン。
トランスジェネレーショナルデザイン (Trans-generational Design)	加齢による身体的・感覚的障害やそれによる生活活動の制限に対応したプロダクト・環境デザイン。
共用品	何らかの身体的な障害や機能低下がある人にも、ない人にも、共に使いやすくなっている製品やサービス。
デザインフォーオール (Design for all) インクルーシブデザイン (Inclusive Design)	ヨーロッパにはデザインフォーオール、イギリスにはだれにでも使える包括的(インクルーシブ)デザインがある。欧州で、EUの支援を受けインクルードプロジェクトが家庭内情報機器、オーディオ製品などに関するガイドラインの検討を行い、すべての消費者にとって安全で容易に利用、アクセス可能であることを目指している。
ノーマライゼーション (Normalization)	社会の政策立案にあたり、すべての市民のニーズを基本にするという概念。ユニバーサルデザインがややもすれば狭義の「デザイン」に限定されたイメージにとらえられがちなのに対し、すべての人のために社会を構築する視点が明確である。
ユニバーサル社会 (Society for all)	年齢、性別、障害、文化などの違いにかかわりなく、だれもが地域社会の一員として支え合う中で安心して暮らし、一人ひとりが持てる力を発揮して元気に活動できる社会。

3. バリアフリーデザインからユニバーサルデザインへ

4. 日本におけるUDの取組み

　今日まで、多くの分野でUDが取り上げられ、UDを掲げた取組みが見られる。その領域やレベルは多様であり、「ユニバーサルデザイン」という言葉先行で進めていくことに課題が多い。共通に理解できるUDの尺度を整備することも大切であるが、人によって状況や程度が異なるので、どのような基準で整備を図るかがポイントになる。

　UD条例を制定したり、具体的な整備や検討に着手する自治体も登場している（図23）。しかし、これまでの福祉のまちづくりに関する条例を見ても、その規定の根拠が曖昧であったり、計画や設計などへの機械的な適用により、現場での新たな問題の再生産につながる事例も見られる。研究者やメーカーサイドの責任も大きい。利用する当事者の意見をもっと反映したデータをもとに検討すべき課題も多い。また、誘導型にとどまっている傾向もあり、名前だけUDに変えたことにならないよう中身の見直しが必要である。

　今後も、これらの基準や制度などには一定の性能の確保と普及の効果が期待できるが、本来的なUDの視点からすれば、たゆまずよいものを目指して追い求めていくことが大切である。「これさえすれば問題ない」と考えるのはかえって危険であることを忘れないようにしたい。けっしてUDを責任逃れの免罪符としてはならない。一方、基準をクリアすればやさしさマークを積極的に表示するなど、人々にアピールし、よりよいものへの関心を醸成していくことも大切である。

　近年、各地方自治体でバリアフリーの推進を図るため、これまでの福祉のまちづくり条例などを見直す動きも活発である。その背景には国のバリアフリーの関連法整備への取組みもあるが、社会的にバリアフリーが浸透・定着してきたことも事実である。まだまだUDというには課題が多いが、デザイン事例集やガイドラインが登場するのもバリアフリーへの取組みの成果を社会的に共有し、発展させていこうとする意思の現れであろう。

　観光施設や商店街などで、すべての人をもてなすためのUDの応対マニュアル、ガイドブックを作成し、配布する試みもある。しかし、いい店は客がつくるというように、厳しい意見や一緒になって知恵を出し合う環境がよいデザインをつくるということを忘れてはならない。利用者の要望を的確に把握する調査を実施し、評価、改善していくしくみを徹底し、定着させることが肝要であろう。

　これまでややもすれば高齢者や障害者だけのデザインとしてとらえられがちであったバリアフリーをしっかり考え直すことをまず手がける必要がある。

　多くのトライアンドエラーを超えたところに、みんなが納得する答えが生み出されれば、それはユニバーサルデザインのひとつのステップとして育てていけばよいのである。

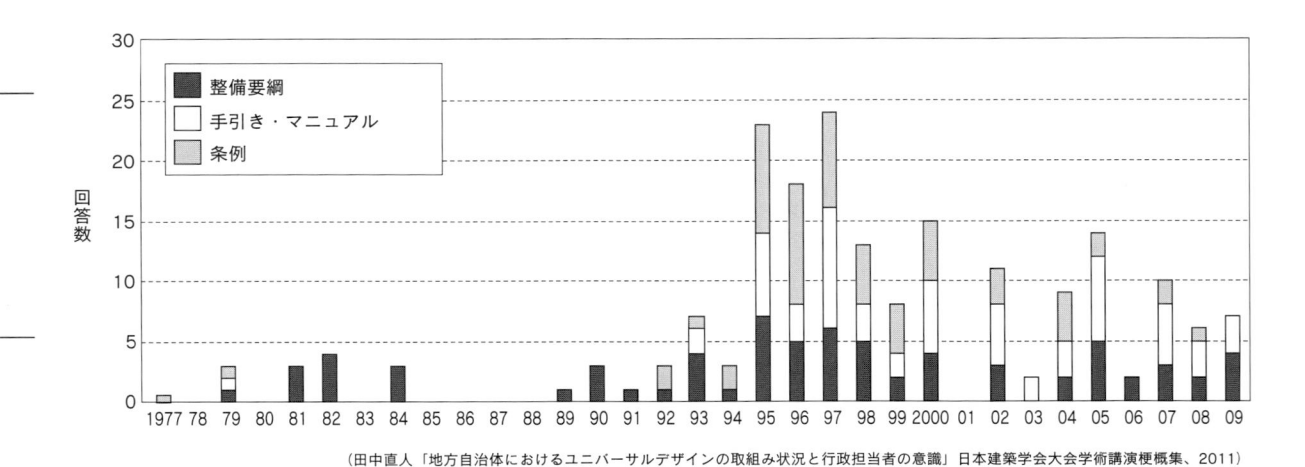

（田中直人「地方自治体におけるユニバーサルデザインの取組み状況と行政担当者の意識」日本建築学会大会学術講演梗概集、2011）

図23　全国自治体における条例等の整備状況
1977年に「神戸市民の福祉を守る条例」が全国で初めて策定された。その後、ハートビル法施行の翌年にあたる1995年以降、多くの策定が見られる。

5. ユニバーサルデザインへの基本的視座

専用から優先、共用への考え方

人は楽しく、幸福に生きる権利を持つ。そのためにだれもが自分自身の能力を生かし、高めることができる環境の実現が求められる。弱者に対する施しではなく、人として当たり前の権利を保障することが大切である。ユニバーサル社会における建築やまちづくりのあり方が問われる。

これまで福祉のまちづくりとして展開されてきたバリアフリー整備は、少数派の「特別」な要求に対応することをバリアフリーの中心に据えていたといえる。「専用」という考え方がそれにあたり、多数派である一般利用者とは異なる特別な環境を整備してきた（図24）。その環境は多数派の一般利用者にとっては違和感を覚える場合があるが、すべてにおいて「専用」という考え方を否定することはできない。病院や福祉施設においては、「専用」にすることにより、高度に専門的な配慮を必要とする人への環境が提供できる。

一方、全体の規模や構成の枠組みから、「専用」とはせずに、基本的にはだれでも使用可能としながらも、少数派である障害者の利用に優先権を与えることで、合理化を図ろうとする「優先」の考え方がある。しかしこの考え方も、少数派である障害者と多数派である健常者を区別する考え方が根底にある。

UDの概念につながるのは「共用」という考え方である。「共用」には多数派、少数派の区別はなく、同じ人間、利用者として平等な扱いを原則としている。共用するものや環境は、すべての人が受け入れやすいデザインにつながる。

バリアフリーには、ある人には都合のよいことが、他の人たちにとっては都合が悪い場合もある。すべての人に共通して好適となるものは少ない。しかし、個々の要求に対し丁寧に対応していくことで、多くの人が使いやすい建物となるはずである（図25、26）。

写真24　あえて専用駐車場とした例
このショッピングセンターでは、優先・共用とすることで当事者でない来客が占有したため、障害者の専用駐車場として計画している。

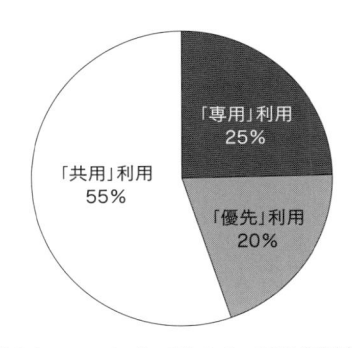

（老田智美「公共トイレのユニバーサルデザイン化へ向けた整備手法に関する研究」東京大学学位論文、2006.10）

図25　肢体不自由者が希望する多機能トイレの利用形態
「共用」利用の希望は約半数であり、「専用」「優先」を望む声も多い。これらの背景として「共用」することによる多機能トイレの混雑への懸念があげられる。

図26　専用、優先、共用の考え方

3. バリアフリーデザインからユニバーサルデザインへ

マイノリティからマジョリティへの考え方

マジョリティ（多数派）である健常者の利用を中心に整備された過去の建築や都市空間に対し、マイノリティ（少数派）である障害者の利用の不自由を取り除く手法がバリアフリーであることは前述のとおりである。しかし現実には、障害者のみが不自由を強いられているわけではない。足腰を悪くした人、手足を怪我した人、妊産婦、小さい子どもを連れている人、大きな荷物を持っている人、視力の悪い人、日本語がわからない外国人など、その時の状況や環境などにより、だれもが不自由を強いられる人になりうる。

UDは生活者、利用者主体のデザインが原点である。ものづくりや生活環境の整備などすべての面で、管理者や設計者の都合だけではなく、利用者のための機能性、安全性、使いやすさを重視する発想が大切である。それには、いろいろな立場の利用者の存在や個々の身体特性について知らなければならない。ただし、多様な利用者を知り、個々に対応した配慮を数多く導入するだけで、UDに到達できるというものでもない。

「だれでも」から、「いつでも」「どこでも」「どのようにでも」の考え方

デザインフォーオール（Design for all）の「オール（all）」は、すべての人を想定している。すべての人、すなわち「だれでも」使いやすいデザインが求められている。しかし「すべて」とは「対象者」のみを意味するのではなく、すべての「時間」や「場所」、「方法」などにおいても可能なデザインを原則的には目指すべきである。ただし、時と場合によってはすべてではなく、状況に応じて限定したり、選択できるようなデザインも必要である。

すべての時間、すなわち「いつでも」という視点からは、日常の配慮とともに、災害や事故などの緊急時、非常時においての配慮が必要となる（写真27）。また、朝、昼、夜や春夏秋冬といった季節や時間的変化、天候などの気象変化に対してもデザインの対応が求められる。

すべての場所、すなわち「どこでも」という視点からは、各地の地域特性を超えて、配慮すべき課題が問題となる。降雨や降雪の著しい地域では、路面の性状やこれに対する社会的な管理体制や生活は異なる。このような地域の特性をふまえて、安全で快適な環境を実現する必要がある（写真28、図29）。

すべての方法、すなわち「どのようにでも」という視点からは、多様な生活者や利用者の置かれた条件や適用できる方法の制約の影響をできるだけ受けずに、目的とするデザイン展開を可能にすることである。このためには、技術や材料などの開発研究や応用などが図られなければならない。

今後、方法の多様化や自由度の拡大が期待されるが、デジタルデバイド等の問題など、逆に複雑に仕組まれた方法に対する適用性をどのように、すべての人にわかりやすく保障するかが問われる。

写真27 犯罪や事故など、緊急時において助けを求めるため、街の各所にわかりやすく、操作しやすく配置されている。

写真28 多雪地帯の電話ボックス（岐阜県）

ユニバーサルデザイン実現への参画のプロセス

①あらかじめの発想で取り組む

UDは、「あらかじめの発想」で最初から取り組むことであり、あとから付け足すことではない。

UDを進めるには、できる限り、年齢や身体の違い、能力や障害のレベルにかかわらず、すべての人に利用可能で有用となるような製品、建物、空間の検討が求められる。最終段階の「あとからの付け足し」ではUDを実現することは難しいことを、UD導入時の前提条件にしなければならない。

②スパイラルアップでプロセスを大切にする

まず、できることから始める。多くの試行錯誤を超えたところに、みんなが納得する答えが見つけ出せれば、それはUDのひとつのステップとなる。そして絶えず進化を目指し、みんなで育んでいくことが大切である。このように継続的に改善することをスパイラルアップという（図30）。

UDは、継続的な取組みによって実現される「終わりなき」取組みである。したがって、プロセス（過程）が重要である。

③利用者の参画を大切にする

プロセスの中では、利用する人と一緒に取り組み、利用者の声を重視することが大切である。利用者のことは利用者が最もわかるはずである。利用者の意見や気づき、提案をうまく反映させる。利用者の参画から新しいデザインの可能性が生まれる。

参画は単なる受動的な参加ではなく、積極的な参画でありたい。参画者には、適切な判断や理解をするがために必要な情報が公開されるとともに、状況の確認ができる機会も必要である。ワークショップなどを通じて参画者がともに体験し、新たな発想や認識を抱くことも重要である。

多くの意見の相違を超えて柔軟に、合意形成を図るための評価手法や学習成果を蓄積し、共有することが基本となる。

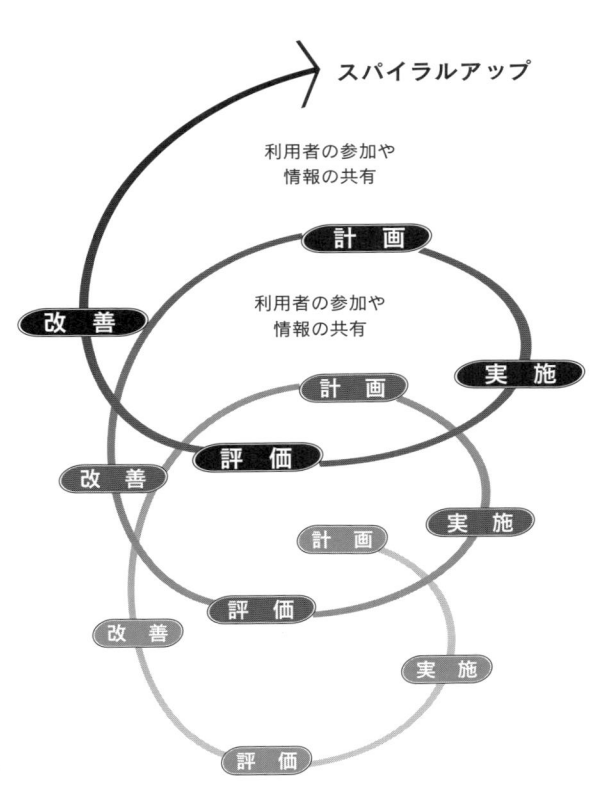

図29　多雪地帯の電話ボックスの考え方
積雪に配慮して設けられた段差が、普段の使用時にはバリアとなってしまった例。

図30　スパイラルアップの概念
利用者の意見や提案を生かしながら計画、実施、評価、改善を繰り返していくことで、実現への方向性が確かなものになる。

6. 建築のユニバーサルデザイン実現への5つの鍵

UDの考え方や取組みは、多様に存在する。絶対的な原則は存在しないし、またその原則をいかに多弁に語ろうとも、それでUDのすべては語りつくせない。

原則はさておいて、建築においてユニバーサルデザインを目指そうとするとき、実際の場面ではややもすればこれまで培われてきた障害者対応のバリアフリーに終始することも多い。ユニバーサルデザインは障害者福祉だけのデザインではないはずである。

あらためて本書では、障害者はもちろん、すべての人にやさしい建築の実現を図るという建築のUDの実現を目指すためのデザインの鍵を提示したい（図31）。第4章の外部空間、第5章の公共建築、第6章の居住空間では、この5つの鍵を軸にしながら、事例をとおして空間ごとのユニバーサルデザイン実現へ向けた基本的な計画、留意点を解説する。

安全性

人間が利用する建築は、基本的に安全が第一である。天変地異の自然現象に対して完璧に安全で堅固な防災環境の実現には困難を伴う。しかし、一応の安全を確保し、人命も損なわず、減災を図ることは十分に可能である。その場合でも、「災害弱者」といわれる人たちを生み出さない環境デザインが基本的に求められる。

日常生活では、さまざまな犯罪や事故に遭遇する。これらの危険に対しても建築は安全で安心できる環境でなければならない。しかしながら、実際は人の目の行き届かない死角を生み出したり、予期しない利用者の危険な行動を誘発してしまうこともあり、犯罪や事故につながる建築の事例は意外と多い。知らなかった、気づかなかったでは済まされない。すべての利用者にとって安全で安心できる建築の実現を図る必要がある（図32）。安心のためには物理的な環境だけでなく、地域のコミュニティ環境として、気軽に人が集まることのできる「広場」や「縁側」的な空間機能なども考慮したい。つながることから生み出される人間的な輪をどのように建築のしかけとして求めるかも、UDへの手がかりとなる。

図31　「5つの鍵」に包含されるキーワード

図32　安全性

使いやすさ

　UDは、一体性や連続性を考慮した総合的なアプローチである。特別な動線ではなく、基本的にはみんな同じ動線で一緒に使えるのがよい。特定の人だけに特殊なことをするのではなく、普通に、みんなが同じように使えるようにする。それを実現するには、基本的なバリアフリーが重要である。これまでややもすれば高齢者や障害者だけのデザインとしてとらえられがちであったバリアフリーをしっかり考え直すことをまず手がける必要がある。

　必要とされる空間条件は、基本的な人間工学にもとづく寸法や形状から具体化しなければならない。利用するための最低条件を追求する際には、健常者を中心としたこれまでの考え方をあらためる必要がある。一方、より多くの利用者の使いやすさの追求から、とくに専門的、高度に対応すべき人に対してはかえって中途半端な対応になり、使用できない事態も起こる。平均的なデザインのレベルだけでは満足できない部分をどのように満たすかが重要となる。また、空間の物理条件だけでなく、運用やサービスのあり方と連動した検討も大切である（図33）。

心地よさ

　バリアフリー基準や、与条件をクリアすることは当然必要である。しかし、終始これらの枠の中だけでパズル解きをするようなデザインでは、心地よく使いやすい建築は実現しない。ガイドラインなどの基準により、一定の性能は確保できるが、それ以上の性能は期待できない。これが常識であるという「当たり前」の発想から脱却しなければならない。むしろこの「当たり前」を転換することで、これまでの方法にとらわれない新しい価値や魅力が生まれる可能性がある。発想の意外性や水平思考の先に、多様なデザインの展開が始まる。単に使えるだけでなく、使い勝手のよいユーザーフレンドリーの視点を備えることが求められる。

　本人の身体条件や社会条件は加齢とともに変化するが、これに関係なくライフスパンの中で可能な限り幅広い利用者に対応できるトランスジェネレーショナルな環境が求められる。それには、空間の配置や動線はもとより、「もの」や「道具」「家具」など種々の人間生活の器としてかかわるインテリアからエクステリアまでの形状や色彩、素材など、インターフェイスデザインにきめ細かく配慮していく必要がある（図34）。

図33　使いやすさ

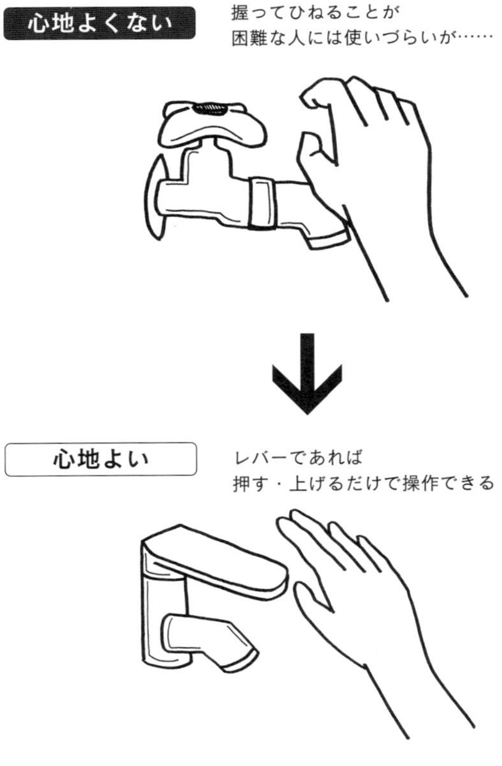

図34　心地よさ

わかりやすさ

　建築は、増改築をはじめ、インテリアなど使われ方の変化によって、当初より複雑な空間となる場合も多い。また規模が大きくなり、水平方向の移動とともに垂直方向の移動の割合も高くなる。長い距離の水平移動の間には、迷い行動につながる要素も増大する。垂直移動の階段やエレベーターを探すのも一苦労となる。

　建築が複雑に空間構成されることにより、楽しくて、面白い空間も生まれる。しかし、必ずしもすべての人がそのような建築を期待しているわけではない。

　できるだけ簡単に、単純に、自分の位置や行き先を理解できる配慮が必要である。そうしないと、無駄に疲れたり、不安をあおるだけでなく、事故や災害の被害を避けることができなくなる可能性も高くなる。

　視覚的な情報だけでなく、五感を活用して直感的にわかる空間を実現し、サインデザインや空間の演出、安全性の向上にもつなげるとよい。わかりやすさの追求のために後追いで設置されるサインではなく、建築空間そのもののわかりやすさに配慮することは、その空間にアイデンティティが生まれる効果をもたらし、美しい空間の実現にもつながる（図35）。

美しさ

　UDに求められる配慮やデザインは、さりげなくだれに対しても違和感がないものでありたい。特定の利用者に対する配慮として、他の利用者に対して違和感や不都合が少々あっても我慢を強いるデザインであってはならない。結果、だれでも気軽に使えたり、外出したくなる状態につながる。UDには、だれにでもさりげなくやさしいことが基本である（図36）。

　UDを導入するにおいて、建築のデザインではその立地する環境条件や地域特性を生かすローカリティ（地域性）が大切である。そこから生み出される楽しさ、面白さ、親しみやすさなどの個性や魅力特性の創出を目指すべきである。均一な発想や方法によって、それぞれの環境が備えていたもともとの個性や魅力をそぎ落としてしまってはならない。むしろ、負の財産も含めて新たな特性を生み出し、そのことによって新たな価値を生み出すことが必要である。

　地域特性を生かすためには、歴史や自然環境の資源（ストック）を活用、再生することが必要である。そこでは、地域の人的資源を含む社会的・文化的な環境にも着目したい。

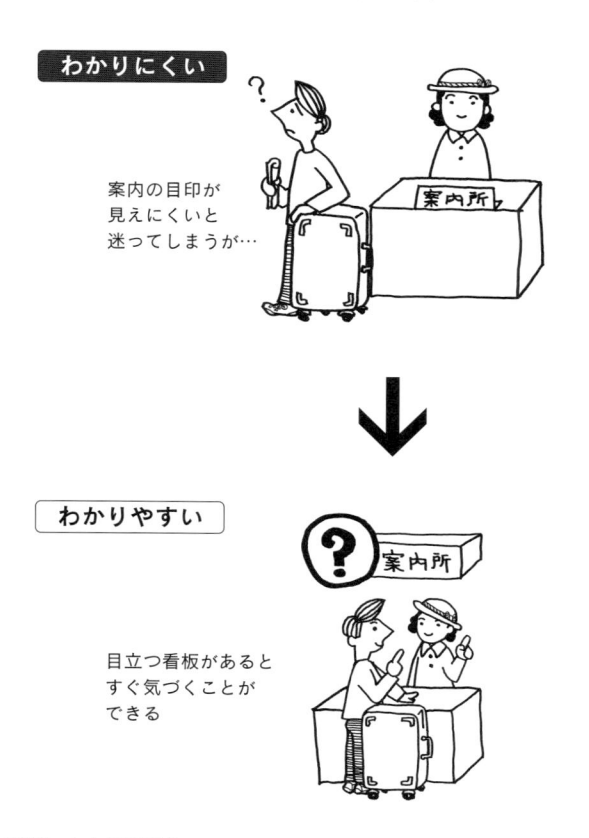

図35　わかりやすさ

図36　美しさ

第2章
身体属性と機能の環境への配慮

人は加齢や病気、事故によって身体機能に不自由が生じる。下肢不自由者や上肢不自由者、視覚障害者、聴覚障害者、内部障害者といったさまざまな人間の身体機能の属性を理解した上で、環境に対応していくための方法について考える。

さらに人間と環境の関係で、人間側の能力を高めることと環境側の機能を高めることへの考え方と取組み事例を紹介する。そこでは、身体機能を補うための介助者や補装具などの助けをかりるなど、これらの人に対する環境の改善が図られる。

1 多様な属性と環境

1. 多様な利用者の視点を大切に

ユニバーサルデザイン（以下、UD）は、利用者主体のデザインが原点である。ものづくりや生活環境の整備などすべての面で、管理者や設計者の都合だけでなく、利用者のための機能性・安全性・使いやすさを重視する利用者中心の発想が大切である。

UDは、単にある特定の障害者を対象とした建築や都市環境をつくろうとするのではなく、だれでもが使いやすくするためのものである。この、だれでもが使いやすい建物や都市環境をつくるには、多様な利用者について、よく知らなければならない。そうでなければ、それらの人たちが使えないものとなってしまうからである。しかし、個々のバリアフリーを限りなく進めれば、多様な利用者に対応できるUDに到達するというものではない。また、個々のバリアフリーの平均的な対応をすれば間に合うというものでもない。

そもそも建築は、どこまでの利用者を前提とすべきであろうか。公共建築のように、不特定多数の利用という前提では、すべての人が対象になる。利用者には多種多様な属性があるので、それぞれに最適値としての建築を提供することが理想である。

2. 障害者と健常者—身体機能から見た属性

障害者は法律上、精神障害者、知的障害者、身体障害者の3つに分類されている。そしてそれぞれに「精神保健及び精神障害者福祉に関する法律」「知的障害者福祉法」「身体障害者福祉法」がある。

これまでバリアフリー整備の対象者としてあげられてきた「障害者」は、主に身体障害者を指す。身体障害者は法律上、視覚障害、聴覚障害・平衡機能障害、音声・言語機能またはそしゃく機能障害、肢体不自由、内部障害の5つに分類されている。しかし一般に身体障害者として認識されやすいのは、車いすや杖を使用している肢体障害者や、白杖や盲導犬を連れている視覚障害者など、外見でわかる人である。聴覚障害者や内部障害者は一見、障害者であることがわからないため、存在すら認識されていないこともある。また、バリアフリー整備においても、車いす使用者や視覚障害者に対応する内容が多い。

一方、「健常者」とは、障害者や疾患のある人などに対して逆の意味で使われる表現であり、日常生活に支障のない人を指す。しかし障害者でなくても、何らかの疾患や外的、内的な障害と共存している人もいる。

健常者は「何不自由ない健康な人」ではなく、何らかの障害や疾患はあっても、日常生活の活動や行動に支障が、たまたま現時点で現れていないだけであると考えるべきである。言い換えれば「健常者」は存在せず、「一時的健常者」ととらえたほうがよい。

障害者対応としての専門的な空間的配慮は、多くの人には必要ないが、一時的健常者対応としてのちょっとした空間的配慮は、これからは必要になる。

3. 子どもから高齢者—年齢から見た属性

子どもは、乳児の段階から、よちよち歩きの幼児、小学校低学年、高学年とその成長に合わせて身体的状況だけでなく、判断力や社会適応性などが大きく変化する。空間的な配慮の多くは、単に身長が低いなどの身体的側面だけで対応しがちであるが、日常の行動特性などを理解するとともに、親などの付添いの有無の状況も本来は考慮しなければならない（図1）。

たとえば、幼児は遊びながら歩くので、まわりからの注意や付添いが必要である。また、じっと座っていることが苦手で、大人の感覚ではあり得ないものに興味を持ったり、行動することで、思わぬ危険行動も起こしやすい。そして、小学生になると、それまでの幼児とは比べものにならないくらいの活動性を発揮する。さまざまな環境特性に積極的に興味を持ち、環境からの空間特質に反応する。たとえば階段の手すりを滑り台にしたり、人が行き交う廊下でかけっこするなど枚挙にいとまがなく、そういった環境によって思いもよらぬ行動が誘発され、場合によっては大事故につながる。

通常、大人向けに計画された空間は使用しにくい。空間の寸法だけでなく、空間の雰囲気や楽しさの演出も必要である。言葉や、いわゆる常識が通用しないところで、どのようなものにどのような反応を示すか、その関係性をふまえた安全性やわかりやすさを確保するデザインが求められる。

人間は、加齢に伴って心身機能が低下し、不自由な

箇所が出てくる。不自由さの程度によっては、(障害者手帳を交付される) 障害者になる。

　何を基準にして高齢者というのかは議論の分かれるところであるが、年齢を重ねると身体機能と併せて、生理的・心理的・社会的な面での変化も起きてくる(図2)。身体機能においては、体力・視覚・聴覚・平衡感覚・中枢神経など、あらゆる機能が衰退してくる（図3）。その結果「スピードのあるものにはついて行けず、途中で休憩したり、全般的にゆっくりした行動がとられる」「体が固くなって、高い所に手が届かない」「低い座位から立ち上がるのが容易ではない」「つかまり棒などが必要になる」「足腰が弱く、転びやすくなる」「骨がもろくなり、転倒すれば骨折し、治りにくくなる」「風呂やトイレなどで急に立ち上がったりすると立ちくらみがする」「間違い行動をとりやすく、出火の危険や災害からの避難にも困難を伴う」などの行動に影響を与える（図4）。

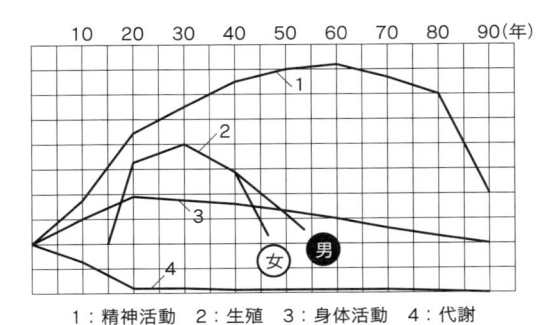

1：精神活動　2：生殖　3：身体活動　4：代謝

(金子・新福編『老人の精神医学と心理学　講座日本の老人 (1)』垣内出版、1976)

図2　加齢による身体機能の変化（ストラッツの生活曲線）

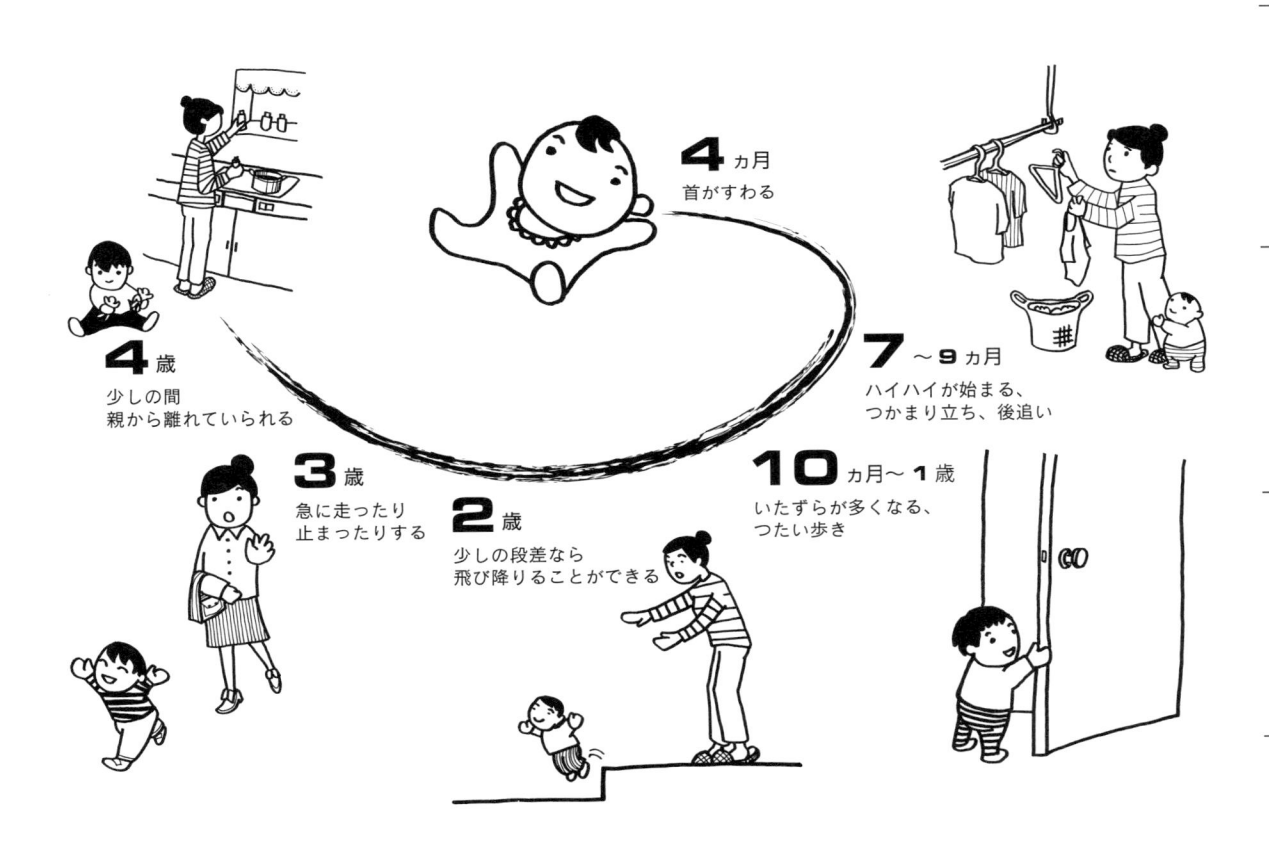

図1　子どもの月齢別動作
成長に伴い可能動作・活動域が変化するため、求められる空間的配慮も大きく異なる。

4. 性別から見た属性―女性と男性

入浴や更衣、排泄などを行う空間では、男女を区別することが求められる。とくに公共空間のトイレでは男女別にするのが一般的であるが、トイレ介助が必要な人で、介助者が異性の場合、単純に男女を区分するだけでは逆に問題が発生する。

また、小さい子どもを連れている親が異性の場合にも問題が発生している。これまで小さい子どもは母親である女性が連れているのが常識であり、今まで公共空間では、女性が利用する場所におむつ替えの台や授乳室が設けられていた。近年は、父親の育児参加も常識となっている。空間のつくり方の常識は、時代とともに変化するものである（図5）。

安全・安心の配慮として性犯罪の視点から環境的な防止策が求められる。しかし一方で、男女共同参画社会の環境整備のあり方として、性別に関係なく使える空間の配慮も、今後は求められる。

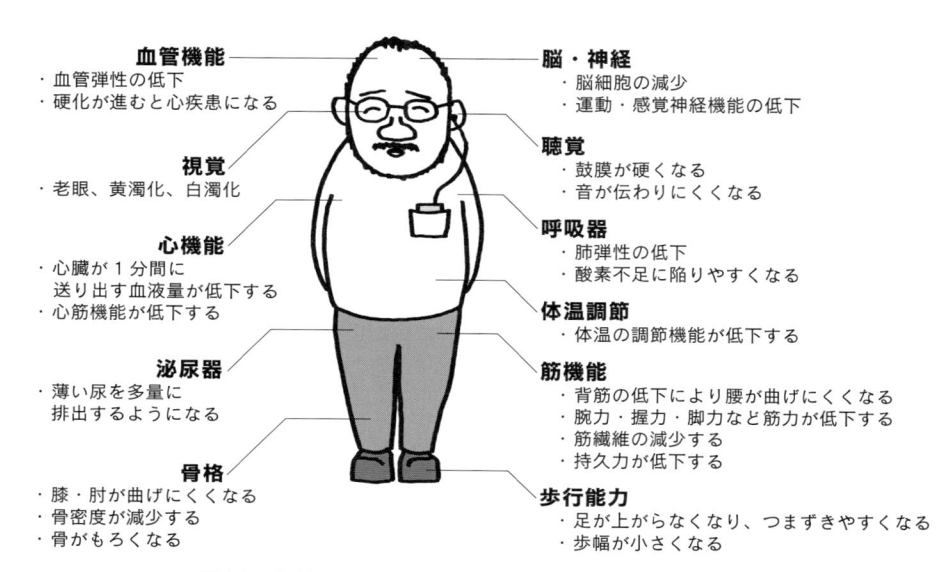

血管機能
・血管弾性の低下
・硬化が進むと心疾患になる

視覚
・老眼、黄濁化、白濁化

心機能
・心臓が1分間に送り出す血液量が低下する
・心筋機能が低下する

泌尿器
・薄い尿を多量に排出するようになる

骨格
・膝・肘が曲げにくくなる
・骨密度が減少する
・骨がもろくなる

脳・神経
・脳細胞の減少
・運動・感覚神経機能の低下

聴覚
・鼓膜が硬くなる
・音が伝わりにくくなる

呼吸器
・肺弾性の低下
・酸素不足に陥りやすくなる

体温調節
・体温の調節機能が低下する

筋機能
・背筋の低下により腰が曲げにくくなる
・腕力・握力・脚力など筋力が低下する
・筋繊維の減少する
・持久力が低下する

歩行能力
・足が上がらなくなり、つまずきやすくなる
・歩幅が小さくなる

（田中直人『福祉のまちづくりデザイン・阪神淡路大震災からの検証』学芸出版社、1995をもとに作成）

図3　加齢により低下する機能

疲れやすい　　転びやすい　　立ち上がるのがつらい　　急に立つと立ちくらみがする

高い所に手が届かない　　骨折しやすく治りにくい　　支えが必要　　間違い行動をとりやすい

図4　加齢に伴う日常動作

5. 一時的不自由者—状況から見た属性

怪我をしている人、病み上がりで体力が落ちている人、妊産婦、大きな荷物を持っている人など、これらの状態や状況になっていなかったとき（一時的健常者）には何も感じなかった動作や空間が、これらの状態や状況になって不自由さを感じることがある。とくにこのような人は一時的不自由者であるといえる（図6、7）。

最近の都市や建築物の多くは、障害者対応としてのバリアフリー整備と、障害者以外の健常者の利用を念頭において設計されている。たとえば、「車いす」と「車いすに乗っている人」の寸法は考えられているが、介助者がいる場合、介助者の動き方や介助時に必要なスペースまでもはあまり考えられていない。

また、小さな子どもを2、3人連れた母親は、自分自身（個）の動作がとれない。そのような場合、どのような空間的配慮をすればよいのかなどはあまり考えられていない。自由に身動きがとれず、子どもの動きを気にしないといけない人は、とくに外出時には一時的不自由者となる。

利用者の状況を理解することが、より多くの利用者にとって不自由の少ない環境の実現につながる。利用者は、本人の状況だけでなく周囲との関係など、時と場合の変化によっても、それまで何ら問題とならなかったことが大きな不自由となる。一時的不自由がどのような状況でどの程度生まれるのか、また、どんな状態、状況の人がだれと一緒にいるのかのシミュレーションも、UDを進める上では考慮すべきである。

図5　男女別に計画することによる問題点
女性用トイレのみに設けられたおむつ替え台では父親は利用できない。

図6　こんな人も一時的不自由者
入浴の際に眼鏡を外すと視力が低下し、浴室内での動作が困難かつ危険を伴う。

普段は何でもない段差でも
大きな荷物を持っていると大変

妊婦さんは足元が見えないので
少しの段差でも危険

ベビーカーを使用している人は
傾斜のある歩道でまっすぐ進むのが大変

図7　一時的不自由者になる状態や状況

1. 多様な属性と環境

2 身体機能別の環境対応

1. 変化する身体機能

人は、病気や老化などによって身体機能が変化する。どの状況に照準を合わせて設計するか、あるいはその状況が多岐に分かれる場合、どのレベルを設計対象とするかを決めるのは難しい。

住宅の場合、基本的には居住者は同一の人物、家族を前提とするが、それぞれが変化する。また、公共建築といった不特定多数が利用する建物の場合は、多様な状況の利用者を受け入れられるよう、当初より包括された空間が要求される。したがって個々のバリアフリーで対応することに限界と問題があるが、UDとして、これらの多様性に対応しなければならない。

2. 下肢不自由者

下肢不自由者には、車いすを使用する人と、歩行器や杖を使用する人がいる。これまでの都市や建築空間におけるバリアフリー整備では、どちらかといえば車いすを使用する人への配慮を中心に考えられてきた。

車いす使用者

車いすは、歩くことが困難な人の移動手段として大切な福祉用具であり、種類も数多くある（図8、9）。

障害の部位や症状により、動作や移乗方法は異なる。移動しやすい環境を実現するには、床面の性状や幅員など走行のスペースへの配慮が基本となる。車いすで

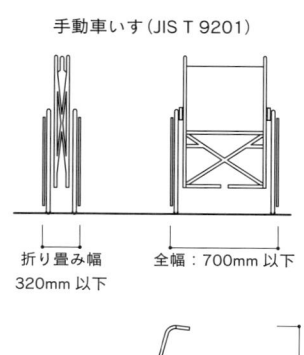

手動車いす（JIS T 9201）　折り畳み幅 320mm 以下　全幅：700mm 以下　全高：1,090mm 以下　寸法基準点　全長：1,200mm 以下

電動車いす（JIS T 9203）　全幅：700mm 以下　全高：1,090mm 以下　全長：1,200mm 以下

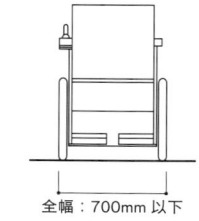

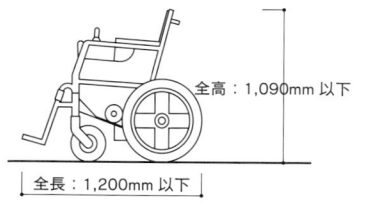

電動カート（JIS T 9208）　全幅：700mm 以下　全長：1,200m m 以下

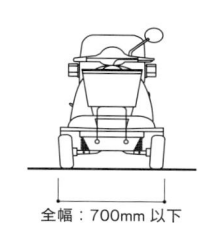

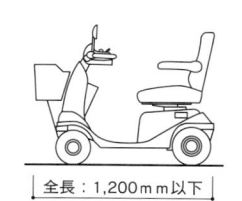

図8　各種車いすの寸法
（JIS T9201、T9203、T9208をもとに作成）

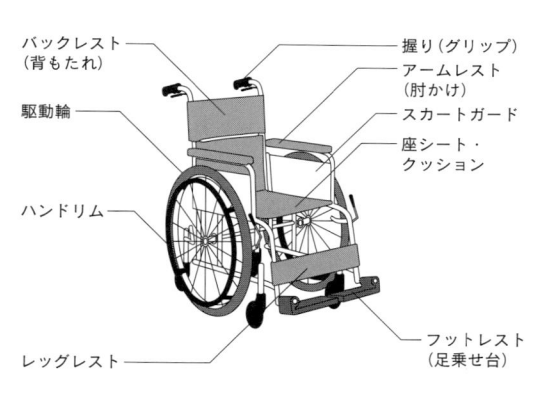

バックレスト（背もたれ）、握り（グリップ）、アームレスト（肘かけ）、駆動輪、スカートガード、座シート・クッション、ハンドリム、レッグレスト、フットレスト（足乗せ台）

図9　車いすの各部名称

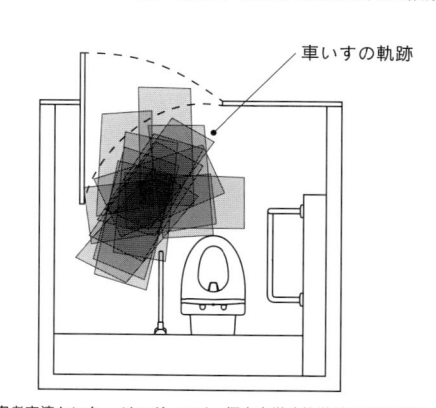

車いすの軌跡

（国際障害者交流センター ビッグ・アイ、摂南大学建築学科田中研究室）

図10　車いすから便器への移乗軌跡

は横方向に直接移動することができないため、移動には往復運動が繰り返され、手間がかかり、広いスペースが必要となる。ただし、このスペースは一律ではない。車いすからベッドや便座への移乗(トランスファー)の生活動作を理解することが重要となる(図10)。

車いす使用者の手の届く範囲は狭くなる。したがってコントロールスイッチや機械装置、カウンター上面や棚などの生活上必須の部分は、手の届く範囲内に配置する必要がある(図11、写真12)。

また、自走式の車いす使用者は移動時には両手がふさがる。当然のことであるが、意外とこのことを忘れがちである。たとえば、駐車場から建物内へ入る際、雨の日には傘がさせないため、屋根が必要となるが、まだまだ整備されていないのが現状である。

杖使用者

車いすを使用するほどではないが、歩行に困難が生じたり、危険を伴う歩行困難者には、片麻痺により杖を使用している人、足腰が不自由になった高齢者、怪我などにより松葉杖をついている一時的不自由者、義足をつけている人などが含まれる。

歩行を助ける補装具には、杖、クラッチ、歩行器など、さまざまな種類のものがある(図13)。

とくに杖使用者は細い杖先に体重をかけるので、床面の滑りにくさや形状への配慮が重要となるが、それ以前に足が床面より上がりにくい人も多いため、小さな段差や少しの起伏もつまずきの原因となるので気をつけたい。また、杖は横に開いて歩くので、歩行時に占有する幅が広くなることも想定しなければならない(図14)。

3. 上肢不自由者

上肢不自由者は、片側または両側の腕や手、指の一部などが欠損している人や、指の著しい変形、麻痺による高度の脱力、関節の不良肢位強直などにより、指があってもそれがないのとほとんど同程度の機能障害がある人などを指す。

障害は、ものを掴む、持ち上げなどのすべての機能が失われた状態の「全廃」、箸程度のものは持てるが、たとえば金づちを握って作業をすることができない

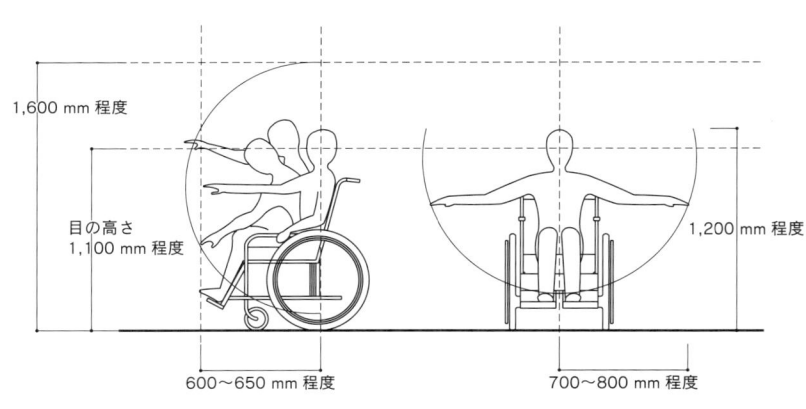

図11 車いす使用者の手の届く範囲

1,600 mm 程度
目の高さ 1,100 mm 程度
600〜650 mm 程度
1,200 mm 程度
700〜800 mm 程度

写真12 車いす使用者の手の届く高さの検証

図13 歩行困難者の補装具例

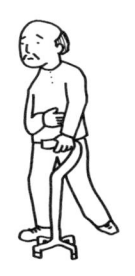

フロストランドスクラッチ　　多脚杖　　ステッキ　　前輪付き歩行器

図14 杖使用者の歩行時の幅

1,200 mm　　900 mm　　900 mm　　1,200 mm
両松葉杖　　片松葉杖　　杖(ステッキ)　　白杖

(図11、13、14とも荒木兵一郎・藤本尚久・田中直人『図解 バリアフリーの建築設計—福祉社会の設計マニュアル—第二版』彰国社、1995をもとに作成)

「著しい障害」、精密な作業が困難になる場合がある「軽度の障害」などに分けられる。原因はさまざまだが、大きく5つに分類される（表15）。

空間的な配慮では、スイッチやボタン、ドアハンドルなどの形状や操作性が大きく影響する。とくにトイレブースの鍵は一般的には小さくなっているので、上肢不自由者には掛けにくい（写真16）。エレベーターまわりなどのスイッチやボタンの大きさや突出具合も影響を及ぼす。

日用品の食器類やスプーンなどは、手の不自由な人を対象に共用品として普及しているが、公共施設における対応は、これら共用品より整備が遅れている。

4. 視覚障害者

視覚障害者は一般に全盲者（盲）と弱視者（ロービジョン）*に大別される。全盲は、視覚による日常生活が困難な場合を指している。一方、弱視は両目の矯正視力が0.1以下で、視覚による社会生活は可能であるが、著しく不自由な状態を指している。

全盲者には、視覚による情報の欠如を聴覚と触覚で補い、音声や点字などで情報提供される機器やサービスの充実が不可欠である。一方、弱視者や視力の低下した高齢者には、残された視力の活用と聴覚などによ

り、鮮明でわかりやすい形での情報提供・環境設定が有効である。

視覚障害者の対応には、点字ブロック（視覚障害者誘導用ブロック）や点字表示がある。

点字ブロックは、誘導用（線状）と警告用（点状）の2種類がJIS規格で規定されている。筆者らの調査によると、これらの点字ブロックが実際に役に立っている場所とそれほど役に立っていない場所があることがわかる（図17）。点字ブロックは誘導方法のひとつであるが、敷設方法によっては、他の歩行者への障害になっている事例も少なくない。多様な人の立場から有効な敷設方法の検討が必要である。またこれに代わる方法として、とくに建物内においては材質や色彩を変化させて誘導効果をもたせる手法などがある。

点字表示は、視覚障害者に対する情報伝達手段として一般的に優れたものである。しかし日本の視覚障害者のうち90％以上は点字が読めないといわれており、その多くは中途障害者であることに起因する。さらに実際、手すりや各種のスイッチボタンに設置された点

表15　上肢障害の主な原因

障害の状態	原　　因
欠損・損傷	交通事故などによるもの
麻痺	脳梗塞、頸椎損傷などによるもの
筋力低下	筋委縮性側索硬化症などによるもの
固縮・拘縮	パーキンソン病などによるもの
変形	リウマチなどによる指・肘関節などの変形

（田中直人編著『福祉のまちづくりキーワード辞典―ユニバーサル社会の環境デザイン―』学芸出版社、2004をもとに作成）

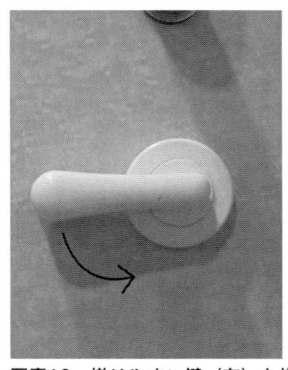

写真16　掛けやすい鍵（左）と掛けにくい鍵（右）
レバーに触れて力を入れれば鍵が掛かるタイプ（左）だと、無理なく使える。右の鍵はつかまないと使用できない。

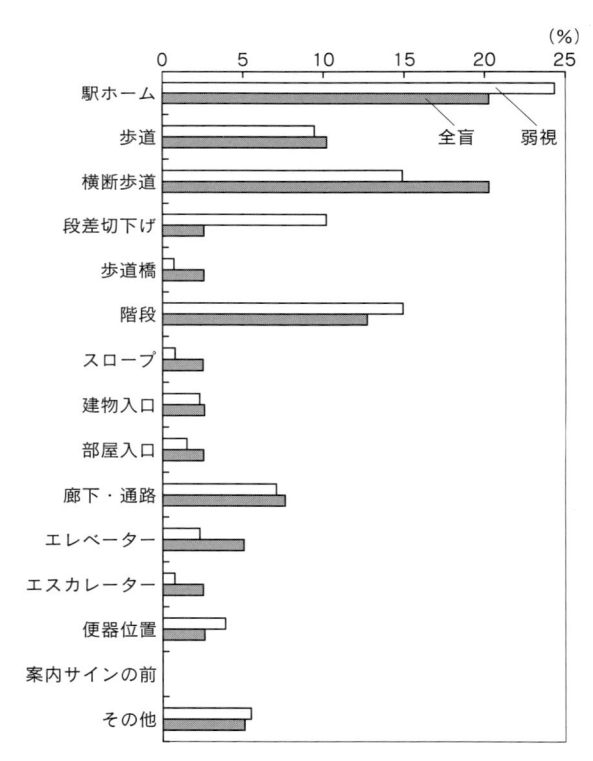

（田中直人、岩田三千子「視覚障害者誘導ブロックに関する敷設者と利用者の意識から見た現状と課題　福祉のまちづくりにおける高齢者および障害者を考慮したサインデザインに関する研究」日本建築学会計画系論文集502号、pp179-186、1997）

図17　点字ブロックの役立っている場所
駅のホームや階段などの転落のおそれのある場所、横断歩道など自動車や自転車と交差する場所で役に立っている一方、建物入口など位置や場所を示す場所では役に立っていないことがわかる。

字には、設置位置や表現内容などに問題があるものも多い（写真18）。

点字を短期間に体得することは困難であるため、音声や文字によるサポートシステムが必要になってくる。

5. 聴覚障害者

聴覚障害者とは、耳が聞こえない人、または聴覚に障害のある人のことである。この聴覚障害者には聾者、軽度難聴から高度難聴などの難聴者、成長してから聴覚を失った中途失聴者が含まれる。

聴覚障害者（聾）のコミュニケーションや情報取得は、口話、手話、文字など視覚を通じて行われる。したがって、手話通訳や文字放送・字幕付き放送などのサービスの充実が必要となる。

日常の生活環境とは異なる災害時の場合、伝達方法が困難で、通常の警報器が使えない。緊急時の警報・警告として、ホテルの部屋のように閉鎖された場所に一人でいる場合、点滅光のような視覚的シグナルや枕やベッドを振動させる装置を利用した情報伝達の工夫がある（写真19、20）。ファクシミリやパソコン通信、テレビの字幕付き放送、インターネット、携帯電話のメール機能などの普及は、聴覚障害者の情報面のバリアフリーに寄与している。ドアのベルや電話は聴覚的シグナルと同時に視覚的シグナルも必要である。ファクシミリの設置や難聴者用の拡声器付き受話器もある（写真21）。

＊　ロービジョン（low vision）とは、従来は弱視、低視力と呼ばれた状態の人のことで、病気や怪我、先天的な異常によって視機能が弱く、矯正もできない状態。見える範囲が狭かったり、日常生活に支障をきたす状態のこと。世界保健機関（WHO）では、視力が0.05以上、0.3未満の状態をロービジョンと定義している。日本では弱視、社会的弱視、教育的弱視と呼ばれるものに相当する。

弱視は、医学的弱視（amblyopia）を指すことが多い。日本においては昔から「一定限度以下の視力を有するものはすべて弱視とする」という定義（partially sightedness）。
弱視者と呼ぶ場合は、現状ではロービジョン者とほぼ同義として使われる。

写真18　設置位置が低い点字案内板
点字を読む際の動作・姿勢を考慮して設置位置を検討しなければ、全く利用できないものとなってしまう。

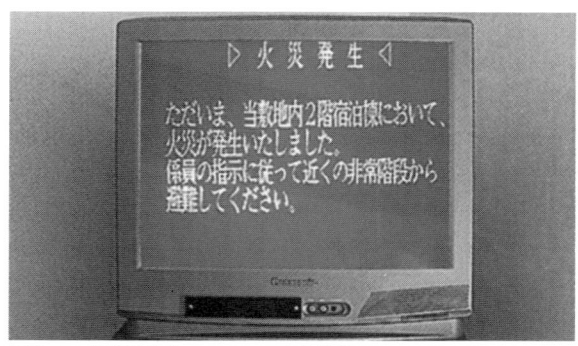

写真19　非常時案内システム・文字放送
火災等の緊急時、宿泊室内のテレビは自動的にONになり、文字が表示され、音声でも案内を行う。

写真20　トイレ内の緊急シグナル（イオンレイクタウン、埼玉県）

写真21　音量増幅機能付き電話を示すサイン（ラスベガス）

2. 身体機能別の環境対応

6. 内部障害者

　内部障害とは、身体の循環、消化、呼吸、排泄、免疫といった身体を維持するための機能に障害がある状態で、①心臓機能障害、②腎臓機能障害、③呼吸器機能障害、④膀胱・直腸機能障害、⑤小腸機能障害、⑥ヒト免疫不全ウイルス（HIV）による免疫機能障害の6つの機能障害の総称であり、循環・消化・呼吸・排泄・免疫といった身体を維持するための機能を持つ。臓器は個々に特有の働きをすると同時に、互いの機能を補っているため、ひとつの機能に障害が起こると、他の機能にも影響を及ぼす。

　心臓機能障害を持つ人は、症状の安定化のため、薬物療法、手術、ペースメーカーの埋め込みなどを行う。

　腎臓機能障害を持つ人は、腎臓がほとんど機能しない段階になると、人工的に血液中から老廃物や水分を排出させる人工透析を受けることが必要になる。

　呼吸器機能障害を持つ人は改善・安定化させる方法として、鼻にチューブを入れ携帯用ボンベから酸素を取り込む、在宅酸素療法を行う（図22）。

　膀胱・直腸機能障害を持つ人は、肛門や尿道から普通に便や尿を排出できない状態にある。オストメイトとは、病気などが原因でそのような状態になったため、腹壁に孔をあけ人工の排泄口の造設や、膀胱にカテーテルを留置している人を指す。

　近年、公共施設のトイレでは、オストメイトの利用に対応した流し台が整備されている（図23）。このようなオストメイト対応トイレが設置してある場合には、オストメイトマークを表示する（図24）。

　オストメイト用の流し台では、排泄物を受け止める袋（パウチ）に溜まった排泄物の処理やパウチの洗浄を行うため、自然排泄よりも若干、時間がかかる。また、においを気にする人もいるため、換気方法の配慮や、多少時間がかかってもゆっくり作業できるトイレ環境の提供が必要となる。

（田中直人編著『福祉のまちづくりキーワード辞典—ユニバーサル社会の環境デザイン—』学芸出版社、2004をもとに作成）

図22　酸素ボンベ運搬車

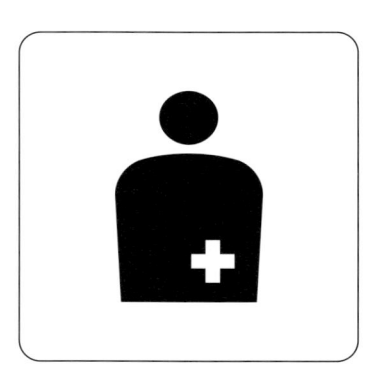

図24　オストメイトマーク
オストメイト対応トイレが設置してある多機能トイレ入口に表示されるピクトグラム（絵文字）

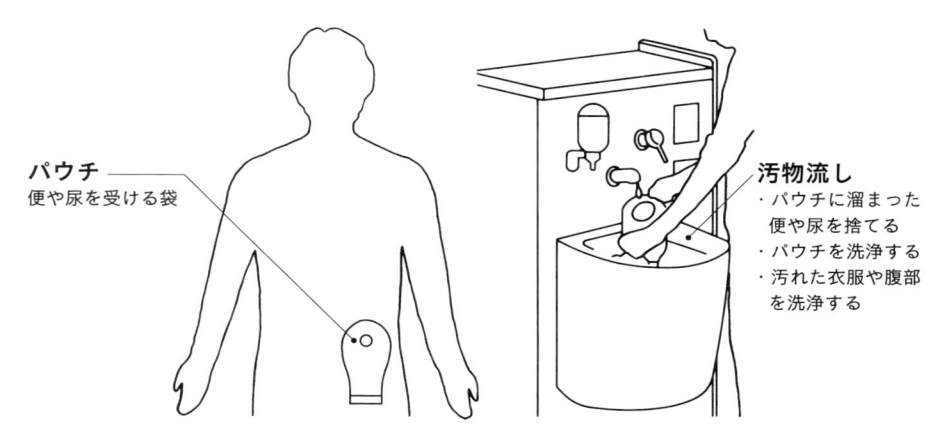

パウチ
便や尿を受ける袋

汚物流し
・パウチに溜まった便や尿を捨てる
・パウチを洗浄する
・汚れた衣服や腹部を洗浄する

図23　オストメイトの排泄方法

3 身体機能を高める手法

1. 身体機能と環境機能

「障害」への考え方は、障害のある人だけでなく一時的な障害を持つ人へ、さらにはすべての人へと変わってきている。

たとえば、松葉杖をついたり重い荷物を持っているとき、階段の上り下りが負担になる。妊娠、出産、怪我、病気、加齢によるハンディキャップを持つことは、特別なことではない。しかし、逆に特別扱いされると、ためらいを感じてしまう。環境が障害をつくるのであって、障害者がいるわけでない。

このように、「障害者」を生み出すその不自由の原因は、人間側の絶対的な状況だけに限らない。人間側の身体機能を高めるとともに、環境の機能を高めることによっても解消できる。多様な人間の存在を現実的に受け止め、これに対する具体的なデザイン手法を展開するには、人間と環境の機能向上を図る必要がある（図25）。

2. 身体機能を高める

人間と環境の関係を検討するにあたっては、まず、人間側の能力を高める方法がある。リハビリテーションによって、本人の身体機能を高めることができる。

移動にあたっては、多様な歩行者の身体機能を補うほか、安全確保のための機能を向上させる装置（もの）や介助者（ひと）の存在が欠かせない。介助は人だけでなく、犬などの動物による場合もある（写真26）。

装置（もの）は一般に補装具と呼ばれ、歩行や移動に関する代表的なものは車いすや杖である。また、外部空間の移動装置として、電動車いすや電動スクーターなどの乗り物の活用も普及してきている。水平移動だけでなく、座面が上下する車いすを使用することによって、カウンターなどの高さの不自由から解放される（写真27）。

さらに高度な機械技術を応用して、人に装着して動作に必要な大きな力を持たせたり、高速で移動できる

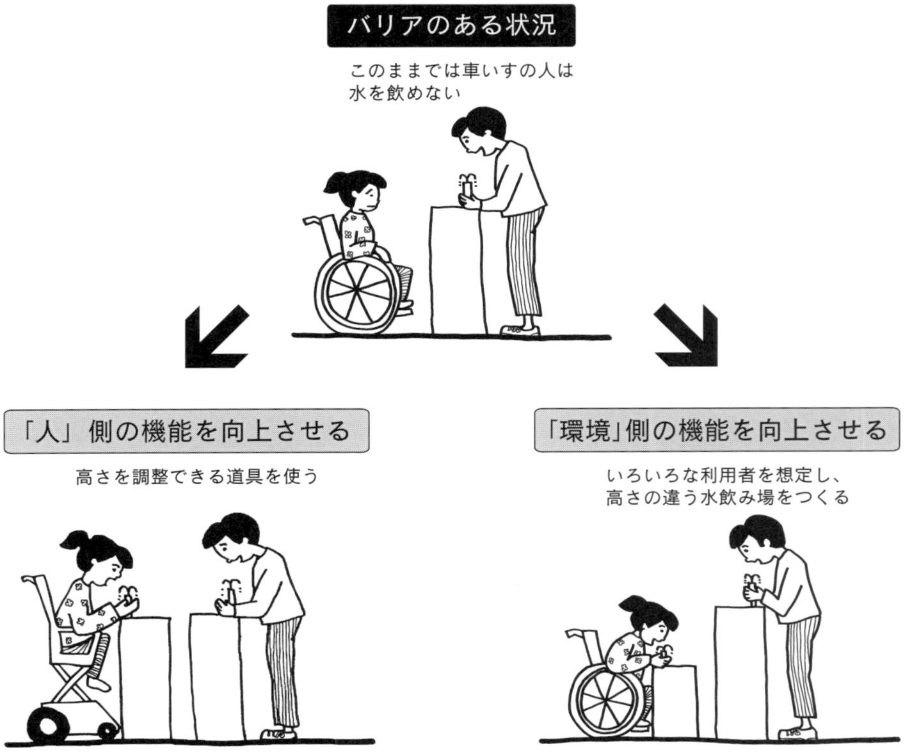

図25　環境と人間の相対的な機能向上

乗り物の開発が期待できる。

　移動のための、必要な情報を提供するものには、地図や携帯ナビ、ユビキタス端末などが役に立つ。多くの情報手段を個人で簡単に携帯することが可能になったため、瞬時に必要な情報を得ることができ、見知らぬ土地や不案内な状況においても自分がいる場所を知り、移動する方向を知ることができる。これら地図やナビ・介助者・介助犬などは、人間の移動能力を高める情報・誘導手段といえる。

3. 環境機能を高める

　次に、環境側の機能を高める方法がある。身体機能に合わせて環境機能を高める環境づくりは、身体機能を低下させる環境要因を除去することから始まる。つまり、身体機能に合わせて必要な空間の確保や設備を付加することである（写真28）。

　移動に必要な情報について、環境の場合は街中の案内サインといったパブリックサインとなり、より有効に情報提供するための周辺環境と合わせた整備が必要となる。タッチパネル式の情報案内も増え、パブリックサインの「パーソナル化」も進んでいるが、操作のしやすさに配慮しなければならない（写真29）。

写真26　盲導犬

写真27　座面が上下する車いす

写真28　高さの異なる水飲み場

写真29　タッチパネル式の案内サイン

第2章／身体属性と機能の環境への配慮

第3章
ユニバーサルデザインのプロセスと手法

ユニバーサルデザインを展開するために大切にしなければならないプロセス、参加のしくみ、協働による合意形成、情報の共有、デザインの評価の重要な考え方を示す。ユニバーサルデザインの手法として、展開手法のタイプを分類したのち、解決装置を付ける、建築と一体化する、五感を生かす、感覚のゆらぎを生かす、心理を読み込む、歴史の記憶と既存環境を大切にする、地域性（ローカリティ）を生かす、自然要素を生かすといった具体的な手法を示す。

1 ユニバーサルデザインのプロセス

1. プロセスを大切にする

これまでの福祉まちづくりでのバリアフリーに関する基準のように、それらのガイドラインは、ガイドするものであって、決してストップラインであってはならない。「もうこれでよい」「これさえすれば満足」という最終目標ではない。そして絶えず追い求めていくものである。モデルとされるものを単純にコピーしたり、「標準化」という名の安易な同質化は避けたい。柔軟にその時の状況に対して最適値を追求していく姿勢を放棄してはならない。

不特定多数の利用者が関係するまちづくりや公共施設の計画・デザインにおいては、多様な要求や条件をいかに合理的に展開するかが大切である。それはたとえば、住宅の計画や設計・デザインを行う場合、住まい手の要求や生活実態を適切に理解しながら作業を進めることと同じである。

デザインを行うには、手順を踏んだプロセスが重要となる。この過程があってこそ、デザインのスパイラルアップにつながる。プロセスには、PDCAサイクルをあてはめることができる（図1）。

2. 建築デザインのプロセス

ユニバーサルデザイン（以下、UD）の理念や基準づくりが広がった昨今、次に求められるのは、UDを具現化した挑戦的モデルづくりである。

PLAN（計画）のプロセスでは、現場でのワークショップやアンケート調査などで、現状の問題点や課題、利用者の意識などを整理するほか、これまでの利用の実績や将来の予測などをもとにして建築計画を作成する。この内容を具体化するために、基本設計や実施設計を行う。この段階では空間形態や仕上げ、構造や設備などについても検討を進める。UDとしては多様な利用者を前提に、起こり得る状況を想定した対策を講じる。詳細の内容は、細部まで決定しがたいことが多い。次の実行段階として、現場での施工につなげるためのモックアップ（実物大模型）などで仕様の細部を検討することが望ましい。

DO（実施）のプロセスでは、前段階での計画プロセスの検討結果に沿って、現場での施工を行う。施工の段階では、敷地に関する状況調査の結果に合わせて具体的な施工計画が立案されるが、同時に建築資材な

図1 PDCAサイクル
PDCAの4段階を利用者、設計者、管理者の参加のもと順次に行って、最後のActionを次のサイクルにつなげる。らせんを描くように1周ごとにサイクルを向上させて、継続的に評価検証しながら改善していく。

一般的な流れ

建築デザインを行う場合の流れ(例)

見やすいサイン導入のPDCA

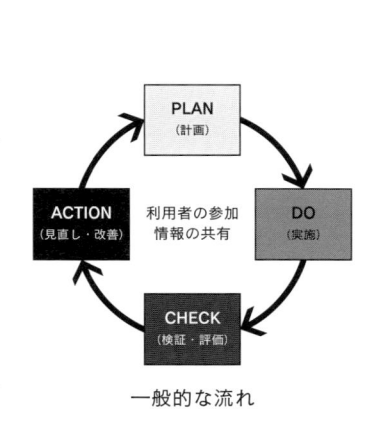

PLAN（計画）
来店者へのアンケート調査で現状のサイン環境の課題を把握

DO（実施）
意見を反映したサインの模型で施工時に最終的な検証を行う

CHECK（検証・評価）
完成した施設のサイン環境を来店者に評価してもらう

ACTION（見直し・改善）
"CHECK"で得た意見を反映させたサイン環境を他の施設に導入し、スパイラルアップを図る

どの材料調達や工場での生産体制についても検討する。現場では、計画や設計内容を実現するための空間や人・物の関係を時間やお金、実行組織のあり方から検討を行う。このプロセスでは、計画段階での結果の忠実な実施に加えて、安全第一の原則が重視される。

CHECK（検証・評価）のプロセスでは、現場での施工が計画や設計に沿っているかどうかを確認するために、各種の検査を行う。完成までの途中段階でも、目的に応じて点検や評価が実施される。PLAN（計画）のプロセスにおける事前の現状評価とは別に、この段階では、DO（実施）のプロセスの事後評価を行う。これに必要な確認方法と評価基準が重要である。多様な利用者の視点からの評価が加わることが望まれる。

ACTION（見直し・改善）のプロセスでは、CHECK（検証・評価）のプロセスで明らかになった現場での施工における計画や設計に沿っていない部分の処置を行う。このフィードバックは建設段階だけでなく、竣工後の管理段階においても必要なことである。施工だけでなく、管理運営やメンテナンスにおいて、種々の改善事項を真摯に検討し、処置しなければならない。

建築デザインのプロセスでは、これらの一連のプロセスにかかわる企画が重要である。絶えず追い求める姿勢が大切で、UDの実現に向けたプロセスでの多様な関係者参加のしくみづくりも重要なテーマとなる。

3. 参加のしくみをつくる

UDの試みとしてのアイデアは、計画段階から多くの関係者や利用者の声を取り入れるなど、参加のしくみなしには語れない。コンペや、近年、全国的に開催されているUDアイデアコンクールはその姿勢の現れである（図2）。

住民を含む多様な利用者には、国や行政、専門家などの他人任せの問題ではなく、自分自身が当事者であり、自分自身に必要なものであることを意識してもらうことが不可欠である。そして何より、当事者が計画に参加することで、これまでの専門家だけのアイデアや考え方だけでは気づかなかった視点を見出すことも可能になる。このような参加のしくみは、UD普及に大きな影響を与える（写真3）。

地域施設を実際に利用する人たちの参加を得て、デザインを進めていく試みがある。「学ぶ」「育てる」環境づくりとしての学校や幼稚園、保育所をはじめ、公園や広場などのオープンスペース、美術館などの文化施設において、子どもたち自身のアイデアや提案を持ち込んでいこうとするものである。また、子どもたちの利用する学校や施設で、子どもたちの絵や提案に基づいてデザインを展開した例もある（写真4）。これらは、わかりやすさよりも参加のプログラムから親し

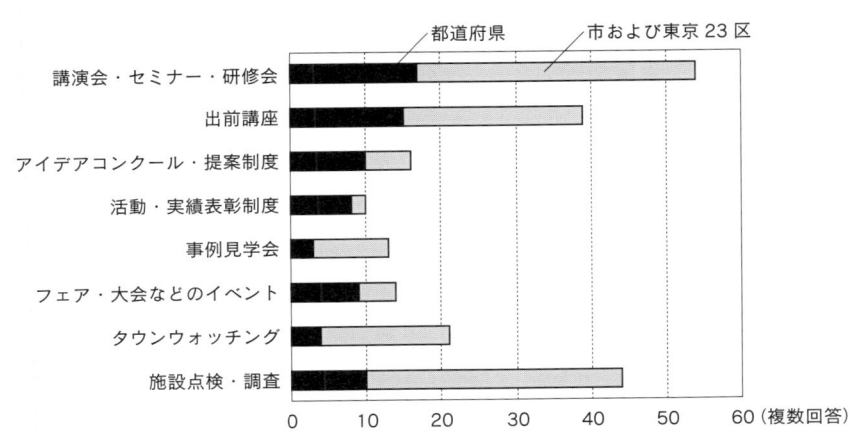

（田中直人「地域施設のバリアフリーおよびユニバーサルデザインへの取り組み状況と地方自治体担当者の意識」日本建築学会地域施設計画研究シンポジウム、2011）

図2 自治体におけるUD事業の実施状況
市などでは「施設点検・調査」といった実際の建築やまちを確認する活動が多く、都道府県では「アイデアコンクール・提案制度」「フェア・大会などのイベント」など啓発・啓蒙活動の実施割合が高い。

みやすさや愛着を生み出すことを狙ったものである。

公共的な施設は、修正可能な段階で、利用しやすいかどうかチェックするなど、利用者の視点に立って施設を点検することが大切である。施設の運営もNPOなどの市民団体に運営を任せるなど、市民の知恵や提案を生かしていきたい。

一方、別の参加の方法でUD普及に貢献している例もある。子どもの一時預かりなどを行う子育てサークルの普及活動や、ベビーカーが通行しやすい環境を訴える活動など、若い世代から自分たちのために、または同じような思いをしている人たちのために、「子育て」の視点からUDを進めている。さまざまな立場・視点でひとつずつ問題点を解決することで、全体の意識が高まり、UDの普及に大きな影響を与える。

参加のしくみづくりのひとつに「人づくり」がある。キーパーソンとなるべき人の存在づくりや関係者のコミュニケーションを円滑に図れる環境づくりが大切である。参加者同士が「話しやすい」「交流しやすい」環境も、UDを普及させる要となる（写真5、6）。

4. 協働により合意形成を図る

参加・参画とともに、各プロセスでは住民・利用者・専門家・企業・大学などの研究者の研究成果やノウハウを生かす協働（コラボレーション）が重要である。

UDを推進していくためには、強力な政策の展開、政治的な決断、あるいは専門家の卓越したデザイン提案や識見が必要になる場合があるが、住民や利用者など関係者の合意を前提としなければならない。

多くの関係者が参加・参画するプロジェクトにおいて、多くの意見やデータがあっても、それをひとつの方向性としてまとめなければならない。そのためには当初から合意形成の方法やプロセスを考慮しておく必要がある。

多くの意見や要求から合意形成を実現するには、通常は多数決のように多数派（マジョリティ）の意見を優先することが多いが、UDを進める上では、少数派（マイノリティ）の要求や特性を十分に理解して、両立する道を探らなければならない。

写真3　市民参加によるワークショップ
（神戸市立医療センター中央市民病院、兵庫県）
建設段階に市民参加型のモックアップ検証を実施することで、より多くの視点・意見を反映するとともに、地域で愛される施設づくりを目指している。

写真4　子ども参加によるワークショップ風景
（神戸市立井吹東小学校、兵庫県）
地域の小学生とのワークショップから出たアイデアを公園計画に反映している。また、園内のタイルの一部には、地域の小学生が手づくりで制作したものがある。

写真5　市民参加によるワークショップ（神戸空港、兵庫県）
市民の参加によって、利用者や管理者へのアンケートやヒアリングなど、専門的な調査や実験の場面を活用して体験・検証してもらい、意識を高揚させることもひとつの方法としている。

写真6　市民参加によるワークショップ（しあわせの村、兵庫県）
UDサポーターをはじめ多くの市民の参加により、施設内のサインの現状を調査し、問題点を整理し、改善のための提案を行う。

関係者の多様な視点を相互に理解し合い、調和させるためによく用いられる方法に、ワークショップがある。その進め方やポイントは、プロジェクトごとの特質に合わせて適切なものが選択されるべきである。一般的にはより多くの人が参加できる形式が望ましいが、形式だけで実効性のない利用者参画のプランニングは避けたい。また、これらのワークショップを効率良く進めるためのファシリテーターやコーディネーターの役割は大きい。

　UDを広く普及させるには、リーダーやアドバイザーなどの人材を育成したり、障害のある人が外出するときにサポートする、ガイドヘルパーやボランティアの人づくりを進めることが必要である。人材育成もUD推進にとって重要課題である（表7）。

　ワークショップやモックアップ（実物大模型）による検証は、関係者の意見の違いを超えて、共通の方向性を見出すための有力な手段のひとつである。専門家に依頼して、調査や実験を実施しただけで眠らせてしまうような無駄遣いは避けたい。

5. 情報を共有する

　まちづくりは、現在の状況や課題をまず知ることが大切であり、情報の種類や、情報の公開のあり方が問われる。情報共有に関して、その情報をどのように伝達し、広報・普及させるかという点が重要になる。

　情報を提供する時期については、プロジェクトのプロセスにおいて、①企画立案・計画段階、②決定後・実施段階、③実施後の評価・改善段階の、大きく3段階がある。

　手法には、掲示板、広報誌、ポスター・パンフレット、ホームページ、テレビやラジオなどの広報番組、報道機関への情報提供、メールマガジン、出前講座・出前トーク、説明会など多彩である。それぞれの特徴を生かし、各場面に対応した手法の導入が要求される。そして情報障害者も含む、より多くの人に正確な情報を伝えるためには、基礎的な配慮と同時にいかに興味を持ってもらうかの工夫が必要であり、情報のUDも検討すべきである。

表7　UD推進にかかわる多様な関係者

職能	内容
ファシリテーター（Facilitator）	ワークショップ（WS）において、話し合いの促進役、集団で問題解決していく場面での支援者として大きく下記の役割を担う。 ①参加者一人ひとりが思っていることを引き出し、表現できるように手助けする。 ②さまざまな意見を、参加者の合意を得ながらみんなで整理し、そこから新たなアイデアを生み出せるように支援し、WSのプロセスに対して責任を担う。
コーディネーター（Coordinator）	WSにおいて、その内容や進行についての方針を出し、企画・運営・取りまとめを行う。参加者や専門家とも中立の立場であることが不可欠である。また、さまざまなプロジェクトの遂行にあたっての総合的な進行役であり、ファシリテーターを兼務することも多い。
アドバイザー（Adviser）	WS参加者からの疑問に専門的知識をもって回答するとともに、ディレクターやファシリテーターの手助けを行う役割を担う。 WSでの議題・テーマに対し、複数の選択肢を提供できるだけの豊かな知識が求められる。また、さまざまな意見を総括するとともに客観的な立場をとる必要があり、WSのファシリテーター役を務めることのできる能力も求められる。
ディレクター（Director）	WS開催中、アドバイザーやファシリテーターの支援を受けながら、WSが主要な目的につねに焦点を合わせられるよう調整を行う。また議論が建設的に進行するよう心がけ、アドバイザーと共にWSの内容に対して責任を担う。WS終了後において、WSから生まれたプロジェクトの評価およびモニタリングの役割も果たす。
リーダー（Leader）	WSグループ内での司会進行や取りまとめ、意見発表などに向けたグループの意見集約などの役割を担う。一部の参加者ばかりが発言するのではなく、グループ全員が発言しやすい雰囲気づくりを心がけることが大切となる。また、WS終了後は得られた経験を生かし、地域の住民活動の中心的人物として活動することが期待される。

6. デザインを評価する

UDによる施設づくりを計画段階から目指しても、すべての利用者が満足できる状況は簡単に実現することはできない。「なぜ実現できなかったのか」を確認しておく必要がある。また、現状や提案したデザインを絶えず利用者の視点から、検証・評価することが重要である（図8）。

手法としては、当事者の視点で体験するために、高齢者や障害者の疑似体験装具が開発されている。また、これとは別に、当事者自身に検証へ参加してもらうプログラムもある。

計画段階の検証では、モックアップ（実物大模型）検証を行う。事前と事後の検証結果を比較検討することにより、適用しようとするデザインを評価できる。

これらUDの取組み実践モデルは、謙虚にその内容や検証効果を評価しなければならない。そのための検証や実験のプログラムや評価基準が大切になってくる。

このように、施設の完成後、そして運営後の利用しやすさについてデザインを検証・評価し、客観的に分析することこそ、UDに求められる「スパイラルアップ」につながる。

基準によるデザインに終始することなくスパイラルアップを図ろうとして、モックアップ（実物大模型）

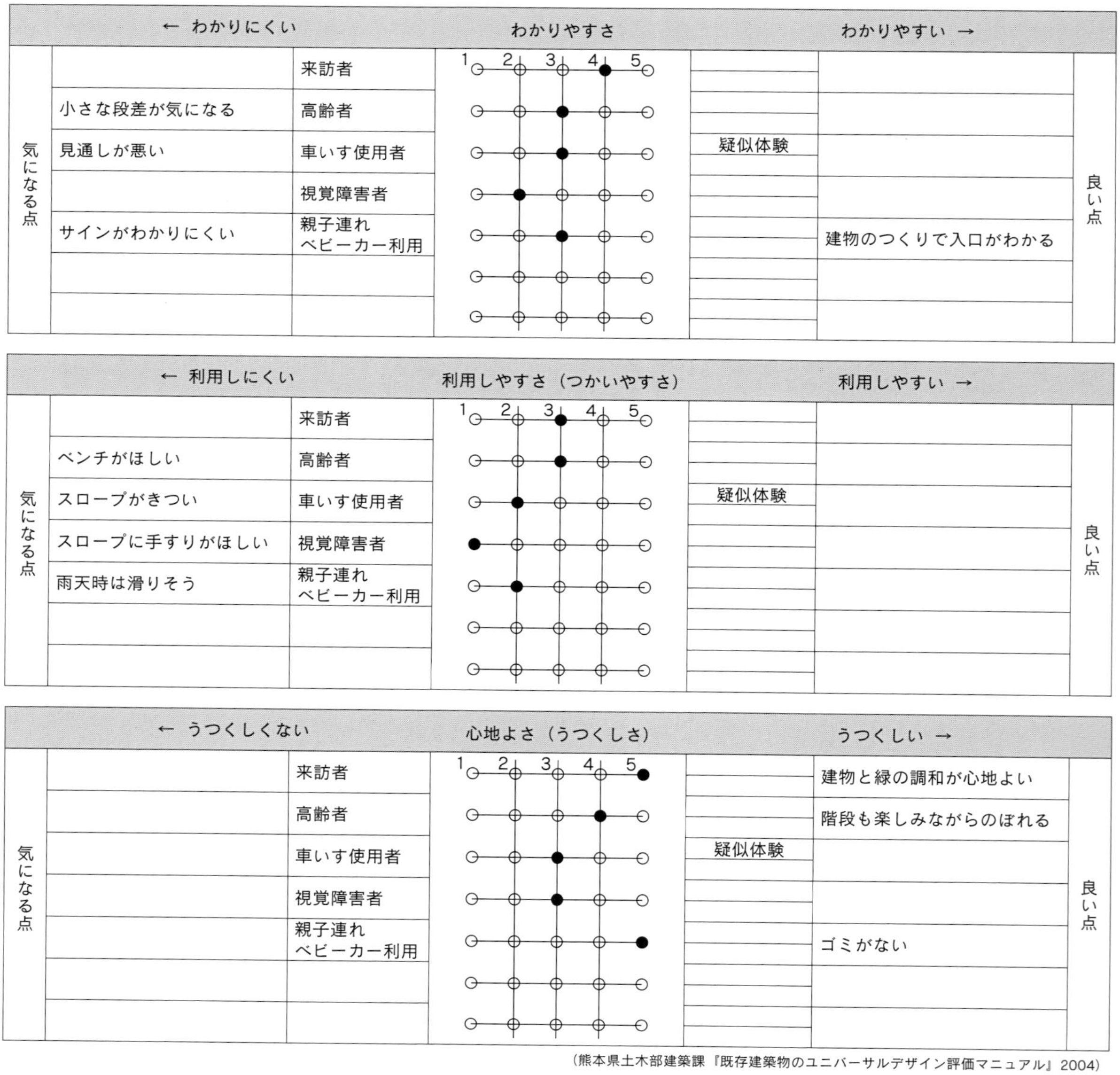

図8 UD評価シート
（熊本県土木部建築課『既存建築物のユニバーサルデザイン評価マニュアル』2004）

による検証実験を導入したのが、国際障害者交流センター ビッグ・アイでのUD提案である。周辺地区の面的バリアフリー整備の一躍を担う国連・障害者の十年記念施設として計画されたもので、利用者からは、これまでのバリアフリーに関する基準だけでなく、利用者の評価に基づく具体的な対応が求められた。

そこで、設計や工事の段階で、多くの障害者や関係者から意見を集めるためにモックアップ（実物大模型）が導入された（写真9）。モックアップとして、どの部分をどこまで・どのように製作するかは、検証を行う目的や時期にかかわるため、重要である。利用者の視点で見直していくと、いろんなパターンやアイデアが出てくる。一連の実験終了後に行った関係者への意識調査から、関係者の意見が設計の姿勢を変えるなど、ものづくりの考え方が反映し、変わるまでに影響を及ぼすことが確認できた。

設計関係の基準だけでつくってしまわないで、障害者などのユーザーを巻き込みながら進める手法は、協働（コラボレーション）の思想を具現化した本来のバリアフリーを目指したものである。

写真9　国際障害者交流センター ビッグ・アイのモックアップ風景
モックアップにおける各ステージでの検証内容。

第1ステージ（1997.7）
　予備実験は、宿泊室の浴室とトイレ、パブリックトイレを対象として実施された。これら3つのユニットのモデルについて、それぞれ実験を行った。その他は図面上でシミュレーションし、問題点、課題の抽出を行った。

第2ステージ（2000.3）
　本実験では、浴室やトイレにベッドルームを加えた宿泊室そのものと廊下、パブリックトイレを対象とした。いずれも予備実験での結果をふまえて仕様を検討し、最終案とした仕様で仕上げ・内装・家具などのインテリアのトータル評価（雰囲気の評価など）を実施した。

2 ユニバーサルデザインの手法

1. 展開手法のタイプ

UDでは、多様な人間のそれぞれの特性をよく理解し、それぞれが不自由なく、満足して利用できることが求められる。しかしながら、多様な要求を同時に満たす答えはそんなに簡単には見つからない。

多様な状況を大多数の平均的なものとしてとらえると、要求を満たされない利用者の層が多く残る。対象の多岐にわたる複雑な状況を均質なものに置き換えても同様である。答えとして何らかの具体的な対応を迫られるため、目安として基準を設定することが多い。一律に設定された規格では、基準化によって一定の性能の保証は実現できても、多様な人間に対するUDには至らない。むしろ、個々の人間やまわりの環境特性や事情を反映したデザインに至らない可能性が高い。

建築空間においてUDを実現するには、大きく3つの手法の導入が考えられる（図10）。

みんなが利用できる「共通型」

「共通型」とは、より多くの人が共通に利用できる機能・設備・空間などを提供する方法である。

これまで進められてきたバリアフリーでは、個々の利用者の要求に対し、それぞれの物理的対処を行ってきた。たとえば、車いすを使う人には床面の段差をなくすようにスロープなどを設置し、目の不自由な人に対してはその境界を示すために段差を残したり、点字ブロックの敷設を行ってきた。そのため、時としてある人には対応できても、別の人にとっては新たなバリアになることもあった。

「共通型」のデザインは、より多くの多様な人が共通に利用できる要素を抽出することで、特別なことをせずともそれぞれの人が利用できる汎用性の高いデザインである（写真11）。

「共通型」のもうひとつの対応策として、可動式の

		内容	効果	課題
共通型	UD（要求①、要求②）共通となる機能・設備	多くの人が共通に利用できるものを提案する方法	スペースやサービスがコンパクトにまとまる	・中途半端な対応となる ・新たなバリア発生の可能性
選択型	UD A、UD B 複数の選択肢から要求に合ったものを選択	各人が求めるものを選ばせる方法	個々の要求に応えやすい	スペースや方法が拡大する
付加型	UD①（要求①）＋UD②（要求②）＋基本となる機能・設備	基本となるものに加えて、各人の要求するものを付加する方法	基本となるものを共通に活用でき、かつ個々の要求に応えやすい	付加する要素の内容・選択の判断基準が複雑

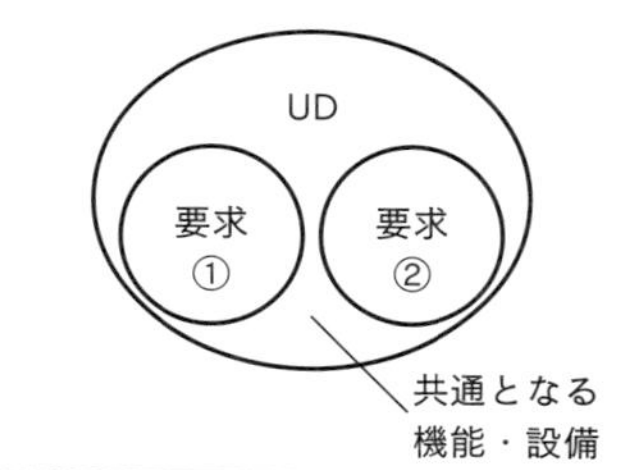

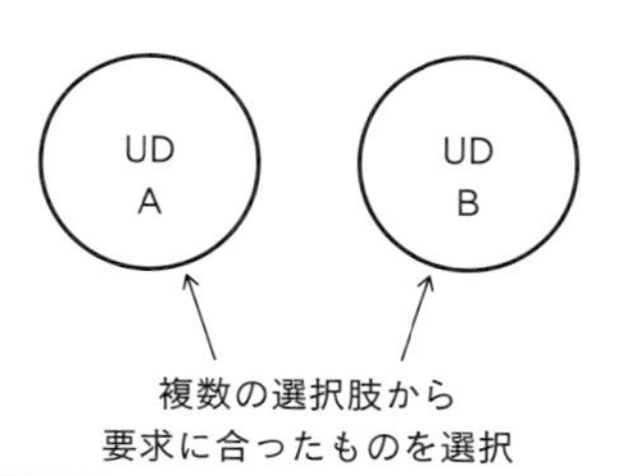

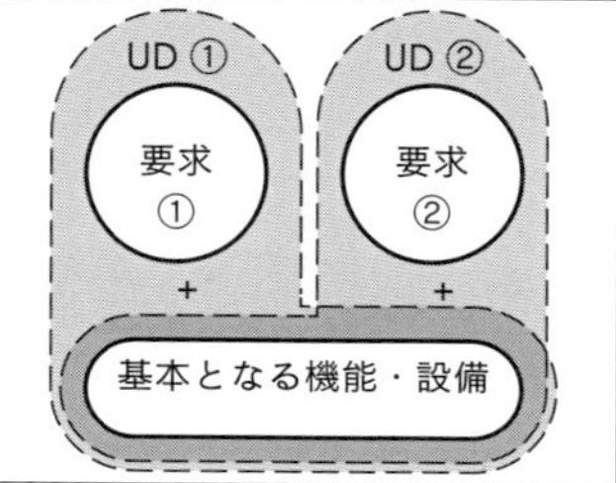

図10　ユニバーサルデザイン（UD）の展開手法のタイプ

機能を導入することでフレキシビリティを高める方法がある。一見すると便利であるが、操作のわかりやすさや使いやすさ、安全性などに十分配慮されていることが大前提となる（写真12）。

この共通に使えるデザインは、だれもが完全に満足できるのが理想であるが、欠点として個々の利用者にとって中途半端な利用しにくい状況をもたらし、本当に必要とする高度な要求に対して、ある程度の我慢を強いることもある。

たとえば、より多くの人が共用する多機能トイレは、共通に利用できることを目指しているが、重度の障害のある人など、利用者の完全な満足を得るにはまだ課題が残る。

すべてを「共通型」で実現できることは理想であるが、場合によっては特定の要求に応えていくものを専門的、個別に用意する必要もある。

多様な選択を可能とする「選択型」

「選択型」とは、それぞれ異なる要求に対し、いくつかの対応した機能・設備・空間などを整備することで、本人が最も利用しやすいものを選ばせる方法である（写真13）。

「選択型」を提供する際には、それと連動して、機能や設備の違いなどを明確に伝えるなどのわかりやすい情報提供を行うことで、選択行為そのものが円滑に行える環境整備が不可欠となる。

しかし、物理的・経済的な面でとりそろえることに余裕がない場合には実現しにくい。この解決策のひとつとして、「共通型」の整備内容をいくつかの機能別に分類することで、必要最小限の「選択型」が提供可能となる。

写真11　共通型の事例（歩道舗石のパターン）（デンマーク）
点字ブロックに代わり、中央のみに凹凸感のある舗石がライン状に敷設された歩道。目の不自由な人に配慮しつつ、他の人の歩行性を確保している。

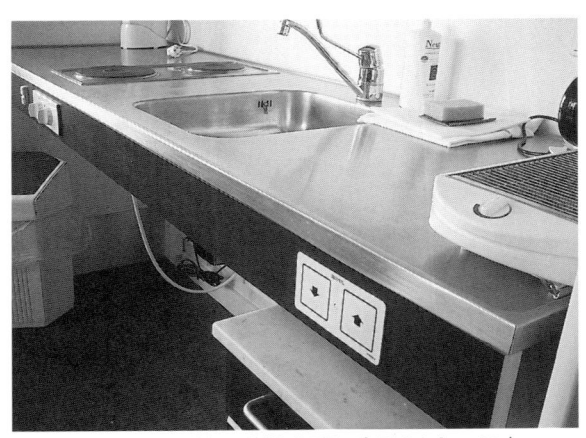

写真12　共通型（可動）の事例（天板が上下するキッチン）（デンマーク）
スイッチにより天板が上下するキッチン。共通の設備を用いながらより多くの利用者の身体的特性に合わせることができる。

写真13　選択型の事例（フィンランド）
階段・エスカレーター・エレベーターが同じ動線上に併設されており、利用者が必要に応じて容易に選択し、移動できる。

2. ユニバーサルデザインの手法

基本的配慮に個々の要求をプラスする「付加型」

「付加型」とは、すべてをそのまま選択肢として準備せず、基本となるものを用意し、これに個々の要求する機能や要素を付加するという方法である（写真14）。これには基本仕様としてどこまでの機能が必要か、付加する要素の判定はどのように行い、どのように準備しておくべきなのか、などの課題もある。

「付加型」のデザインには、多様な利用者に共通して必要とされる基本要素と付加要素の設定が重要となる。トイレを例にとれば、「共通型」は、だれに対しても利用しやすい多目的トイレのようなものを計画することであろうか。この場合、障害の程度によってはまだ使いにくい人がいたり、設置数が限定されていることで、本当に利用したい人が使えない状況が発生するなどの問題もある。

「選択型」は、いろんな利用者を想定して、それぞれのタイプを用意し、サインなどで内容を伝え、選ばせるというものである。

これに対し「付加型」は、基本仕様のトイレ空間に子ども用の便座を備えるなど、個々の利用者の条件から必要とする設備を用意することである。

これらの方法の適用にあたっては、それに要する経済性や必要とする空間量などを十分に考慮しなければならない。

全く配慮されていなかった状況を基準とするのではなく、これからさらに導入したシステムを改善し得るのかが問題である。基準や企画の順守に追われ、一体誰のためにこのような施設整備を実施しているのかを忘れることのないよう注意しなければならない。

2. 解決装置を付ける

バリアフリーの手法として一般的なのは、個々のバリアに対し装置を付けることで解決するものである。段差や階段がある場合、簡単なものでは手すり、わかりにくい場所ではサインがあげられ、大がかりなものではリフトなどがその例である（写真15）。

ユニバーサルデザインの場合、バリアフリーのように個々のバリアに対し個々の対応をするのではなく、ひとつの対応が複数のバリアを解決し、さらにデザインの質も向上させることを目指している。しかし、バリアに対する解決装置も、個々の機能を複合させるとともにデザインと一体化することで、コンパクトなユニバーサルデザインを実現することが可能となる。

この手法を導入するには、ある行動に対する人の一連の動作の流れを十分把握し、それに対応した機能をひとつにまとめることが求められる。

3. 建築と一体化する

照明や案内サインをはじめ、装置を付けることで、建築空間として必要な機能を満たすことができる。しかし、これらの装置は個々の目的を充足できても、ひとつの建築デザインとして見た場合、調和していない場合が多い。とくに案内サインなどは、建築空間が完成した後に設置される後付けの場合が多い。

当初から各装置の役割を想定し、建築と一体的に計画する、いわゆる建築化デザインを行うことが重要である。これは単にデザインの調和の良さだけでなく、合理的な計画につながるとともに、後付けによる問題やバリアの発生を防ぐことにもつながる（写真16）。

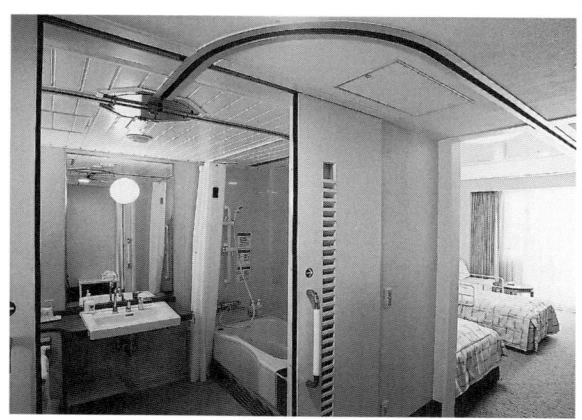

写真14　付加型の事例（国際障害者交流センタービッグ・アイ、大阪府）
基本的な配慮に加え、より重度の障害者の介護に対応するため、ベッドから浴室へ天井走行リフトが設置された宿泊室。

写真15　階段昇降機が設けられた地下鉄の階段（韓国）
階段昇降機などの設備を設置する際は、安全性や使いやすさなどを十分に検討する必要がある。

4. 五感を生かす

　私たちの生活で得られる情報の80％以上は、視覚によるといわれている。安全やわかりやすさ対策における整備内容も、色や形などによる視覚を前提とした要素が多い。階段での転落事故を防止するために、段鼻（階段の先端部分）の色を変える注意喚起はその代表例である。視覚の活用として、対象物の大きさや形とともに、色彩をはじめとする光環境条件を検討しなければならない。視覚を活用したデザインのさらなる検討から生み出される工夫は数多くある。

　UDでは、色覚に異常をきたす人や弱視者など、視覚機能が低下している人を含めた視環境の整備が求められる。その対応策として、視覚に限らず、聴覚や触覚など人間の持つ多様な感覚機能を活用する手法がある（写真17、18）。

　聴覚障害者の場合、聴覚の代わりに視覚や触覚による情報を必要とする。逆に視覚障害者の場合は聴覚や触覚による情報を必要とする。点字や点字ブロックは、触覚を生かしたデザインの代表例である。

　視覚障害者が歩行する際、手がかりにしていると考えられる事物についての調査を行った。その結果、触覚の違いや自然のにおい、空間から感じる感覚に至るまで、有効な配慮事物になることがわかる（図19）。

　手がかりになっているこれらの事物は、計画当初から導入を検討することで、前述の建築化デザインの手法と組み合わせた結果、ユニバーサルデザインの目指す「より多くの人」に対し、「ひとつのデザインがあらゆる面において、新たな使いやすさや魅力的な空間機能を生み出す」ことにつながる。

　しかしながら、五感の建築空間における活用については現実的には課題も多く、音にしても、においにしても、度を過ぎれば騒音になり、悪臭となる。また、限度も人によって異なるので難しい。

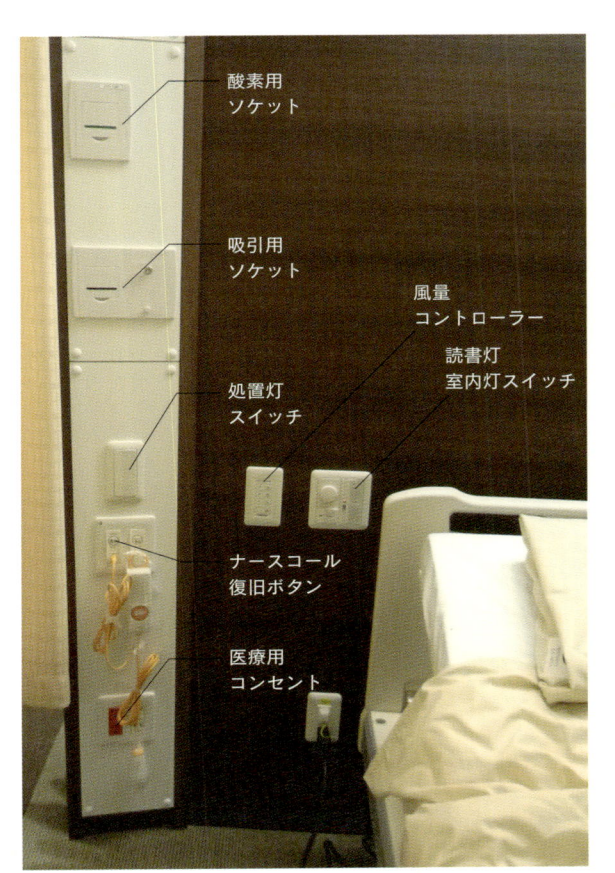

写真16　ユニット型ベッド
（神戸市立医療センター中央市民病院、兵庫県）

写真17　コントラストをつけたサインと水の音で曲がり角を示す視覚障害者施設（デンマーク）

写真18　異なる石の貼り分けで交差部分を示す路面（デンマーク）
遊歩道の交差部分に他の部分と異なる舗装（石）をし、歩行感の違いにより交差部分を示す配慮が行われている。

5. 感覚のゆらぎを生かす

UDでは、日常生活でのストレスを癒すための物理的な環境整備だけでなく、精神的な生活での配慮も必要である。建築やまちづくりにおいても生活上のマイナス要素を減らし、ストレスを和らげるデザインが求められる。

なかでも癒しの方法として五感を活用したセラピー（療法）が注目されるが、建築計画においても園芸療法やガーデニングなど緑環境の導入、アニマルセラピー（動物介在療法）、ペット共生における環境整備のあり方が問われる。これらの自然や生き物たちとのかかわり方を、生活者との集住体である生活環境のデザインとして検討していく必要がある。

高齢者や障害者に限らず、多くの人たちに安らぎと憩いを与える概念として、「スヌーズレン」がある。もともとオランダ語の2つの言葉を合わせた造語であるが、光による視覚刺激、音楽による聴覚刺激、振動や水の動きによる触覚刺激などを備えたトータルリラクゼーションの空間で、心地よい環境を楽しめる。

建築空間に、こういった微妙な変化のリズムや調和を生み出す多彩な刺激環境のしかけを組み入れたり、内外の空間のつながりや構成を工夫して感覚のゆらぎを生かすとよい（写真20）。

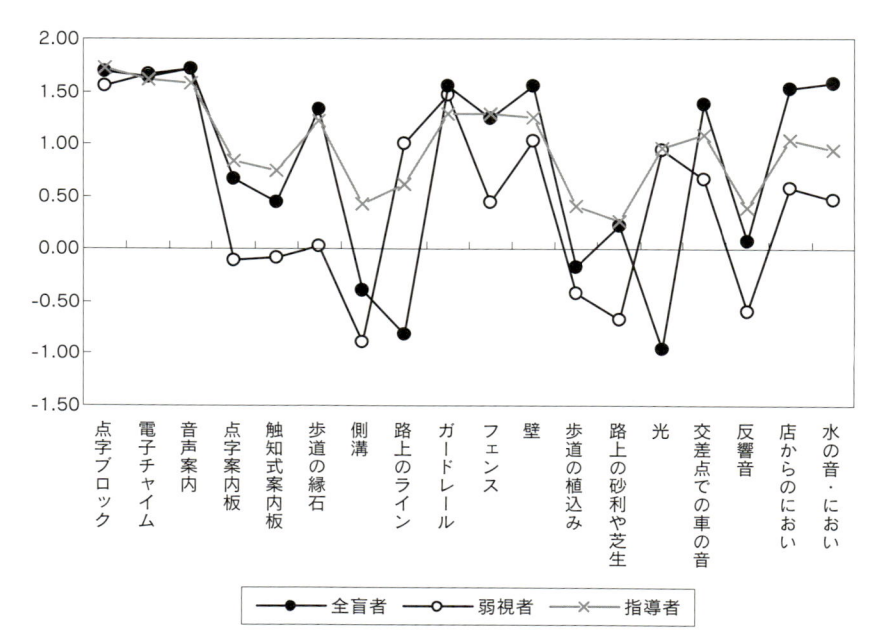

（田中直人・老田智美・彦坂渉「視覚障害者の生活訓練指導者の意識から見た歩行支援事物の有効性と因子―五感を活用した歩行支援法に関する調査　その2―」日本建築学会大会学術講演梗概集、PP 909-910、2007.8）

図19　視覚障害者の歩行手がかり役立ち度

写真20　スヌーズレンの事例（オランダ）
感覚のゆらぎを生かすため、視覚・聴覚・触覚などの刺激を活用し、心地よい環境を提供する試みを行っている。

6. 心理を読み込む

うれしい、楽しい、悲しいなどの喜怒哀楽をはじめ、きれい・汚い、安心・不安、楽・面倒などの感情は、性別、年齢、国籍、身体的な違いにかかわらず共通してある。

たとえば、多機能トイレがあったとする。ここには一定のスペースと手すりや手洗い器、ベビーシートなどが備わっているため、車いす使用者も、ベビーカーで赤ちゃんを連れている人も「だれでも利用できるトイレ」である。しかし、この多機能トイレが薄暗い場所にあったり、メンテナンスが行き届かず、汚れていたり臭かったりすれば、人はだれでも「利用したくない」と思うだろう。同一人物、同一空間であっても、空間の使い方は異なる。しかし「利用したいと思う空間」には、利用することによって得られる何らかの心理的条件にかかわる要素があるので、この条件をまず把握する必要がある。

UDとしての空間を提供するということは、「利用できる空間をつくる」だけではなく、心理的配慮も含めて「利用したいと思う空間をつくる」ことが重要である。

また、ひとつの動きには必ず関連する動きが存在し、ストーリーがある。そのため、空間を利用する行為そのものをデザインすることも必要である（写真21）。

心理を読み込むデザインを実行するには、まず「人」を知ることから始まる。これはUDの基本でもある。

7. 歴史の記憶と既存環境を生かす

新規に計画するプロジェクトだけでなく、既存の建築を増改築や改修する場合においても、UDの導入は不可欠である。その際、足腰の弱った人のために既存環境の階段に加えて、エレベーターなどの新たな設備を付加することで、利用しやすい空間が実現できる。

それにとどまらず、既存の事物を活用し、持続させ、新旧とのつながりを配慮しながら、歴史的背景も楽しみ、利用しやすい環境を提供することも大切である。地域にはそれぞれ固有の文化的特質や社会活動状況がある。それらの歴史的な記憶を生かしながら、地域のアイデンティティを高めると同時に、多くの人のアクセシビリティを高める工夫が考えられる。それは、過去の生活事物や風景を保存・再生し、居住者らの歴史的記憶を呼び起こし、心理や生活にプラスに作用させるレミニセンス（回想法）の手法である。歴史的に長く生活環境として親しまれてきた事物を全く消し去るのではなく、新しく整備された水辺の公園・広場のモニュメントとして活用することにより、多くの市民に親しまれ、愛される空間にする。自然環境から得られるアメニティ（快適性）だけでなく、市民の歴史や文化の記録を環境デザインの中で生かしていく試みである（写真22）。たとえば、史跡や文化財等で石畳のアプローチ空間はよく見られるが、石の種類や大きさを貼り分けることで、歴史的景観を守りつつ、車いす使用者やベビーカーでの走行も可能になる（写真23）。

写真21　駅前に設けられた駐輪場（オランダ）
駅に近接した広場に設けられた駐輪場は、だれもが気軽に停めてみたくなるアクセスのしやすさや、整然とした視覚的なデザインの工夫が見られる。

写真22　レミニセンスの事例（オーストラリア）
かつて鉄道が走っていた鉄橋の一部を、撤去後も、歴史を感じさせるモニュメントとして広場の環境デザインに組み込んでいる。訪れる人の中には懐かしくも思う人もいるだろう。

これは、景観というものの意味を単に美しさだけを愛でるものではなく、過去から現在、未来へと続く生活者の歴史の価値を見出すものとして、すべての人の財産とすべきという考え方によるものであろう。

レミニセンス（回想法）は、高齢者福祉の分野で導入されているケアの手法のひとつである。認知症高齢者の日常生活におけるアクティビティを高める効果が報告されている。そして、生活者本人の過去の記憶を呼び起こすことは、アクティビティを高めるだけでなく、本人の必要とする場所の認識や識別にもつながる（写真24）。画一的で単調になりがちな高齢者の居住施設の環境デザインを工夫する手法のひとつでもある。

8. 地域性（ローカリティ）を生かす

UDは、地域の個性を否定するものではない。むしろ地域の実情や長所を生かしつつ、欠点をも逆に活用することが大切である。

地域により異なる気候や地形などの風土とともに、まちの形成のされ方や、用いられた建築技術も異なる。言い換えれば、個々の土地に合った知恵や技術が反映されている。これら地域の持つ資源をUD手法のひとつとして活用することは、まちづくりとしての展開とこれまでの福祉のイメージを超えた歴史や自然、文化の香りのするデザインにつながる。

地域性の導入は、一見気づかないくらいに地域の味わいに溶け込んだ配慮がなされた、真に住みよい環境づくりへと進化させることができる（写真25、26）。

写真23　お城のアプローチ空間（デンマーク）
歴史的な環境の特質を生かして、自然石の組合せで、車いすやベビーカー使用者にもやさしい誘導性の高い床舗装を生み出している。

写真24　レミニセンス事物を活用した事例（ドイツ）
高齢者居住施設の廊下や居室の入口には居住者の若き時代の思い出の品々が展示され、記憶を呼び起こす動機づけや入居者との会話のきっかけづくりに役立っている。

写真25　温泉街の一角にある、地域住民のための公共洗濯場（熊本県）
この場所は、地域の人たちが洗濯をしながら集まるコミュニティ空間でもある。

写真26　ガジュマルの木の下で休憩する人々（奄美大島）
大きなガジュマルの木の下は、南国の厳しい日差しや暑さをしのぎ、地域の集落の住民にとって語らい・休息することのできるオアシス空間となっている。

9. 自然の要素を生かす

　高齢者や障害者施設では、施設内外の自然環境が利用者の心理に大きな影響を及ぼす。もともとの地形や自然の要素を巧みに取り込んで、建築空間の質を高めることが期待される。癒しの環境要素としての自然を生かし、既存の樹木を可能な限り保存する方向で建築配置を検討した施設事例がある。しかもそれぞれの樹木には工事中から名前をつけるなど、徹底した緑との共生を図っている。ここで注意しないといけないのは、自然の要素である緑や水辺に生息する生き物の生態系を十分に理解してデザインすることである。生きている要素は変化する。この変化に対応する適切なメンテナンスやサービスを備えることも、忘れてはならない。

　高齢者施設などでは、園芸療法や入所者や来所者の観賞を目的に、緑空間が計画されることがある（写真27、28）。ハーブ系の香りを感覚的サインとしてデザインしたり、水音や風による葉ずれの音を楽しませるような事例もある。センサリーガーデンのように、微妙な五感にアピールする事例も多くなってきた（写真29）。

　利用者の中には、物理的な環境の性状から心理的な要素に大きく左右される人がいる。これまで注目されなかった環境心理の側面からデザインのあり方を検討する必要がある。

　癒しの要素として影響を受ける環境心理の領域では、生活環境に共存する他の生物とのあり方も重要なテーマとなる（写真30）。

写真27　園芸療法ルーム（オランダ）
園芸療法を取り入れ、その緑空間を施設関係者のみならず、来訪者に対しても開放している。

写真28　吹抜けに水と緑が計画された特別養護老人ホーム（オランダ）
ロの字型に配された居室の中心に吹抜けの広場を設け、広場には水や緑の自然要素や小動物が出入りできる自然環境を生み出している。

写真29　センサリーガーデン（デンマーク）
都市公園の一角に、五感を刺激することをテーマに多様な床仕上げや植栽、楽器となるモニュメントなどを配して、感覚刺激を楽しむことができる「感覚の庭」。

写真30　アニマルセラピー（フィンランド）
高齢者の居住する施設には、動物を飼育する庭があり、入居者や家族がその動物とのふれあいから癒される効果を発揮している。

コラム●だれもが暮らしやすいまちを求めて－ユニバーサルデザイン活動❶

UDワークショップや出前授業など学習活動を広く展開（こうべUD広場）

　2004年5月、阪神・淡路大震災を契機に神戸では、年齢・性別・文化・身体の違いを超えてみんなが助け合う取組み「神戸を世界一ユニバーサルなまちにしていこう！」という市民への呼びかけを行い、「こうべUD広場（こうべユニバーサルデザイン推進会議）」（田中直人座長）なる市民活動団体が発足した（2012年現在でUDサポーター約6,000名）。ユニバーサルデザイン（UD）の基本方針を広く市民に知ってもらおうと呼びかけ文を作成するなど、関連イベントやまちづくり学習活動にも精力的・継続的に取り組んでいる。

　2005年8月、第3回目となる「ユニバーサルデザイン全国大会in神戸」の実行部隊としても活躍、その後、毎月の定例会議のほか、年1回のこうべユニバーサルデザインフェアの企画・実施、市民向けのUD大学、小学校など子ども向けUD出前授業、市内施設のUD検証ワークショップ（WS）などを実施、市民の参加を得ている。2012年2月には、阪神・淡路大震災の震災復興を経て始まった「こうべUD広場」のUD活動によるまちづくりに対して、総務大臣表彰を受けた。

神戸空港におけるWS風景。ドアが開いた直後の衝突を防ぐため、向こう側の見通しを確保したデザインをみんなで確認。

しあわせの村（子どもからお年寄り、障害のある方にも楽しめる花と緑の総合福祉ゾーン）におけるWS風景。車いすやベビーカーを使用し、移動しやすさ、居心地のよさなどを調査していく。

使いやすさ＋五感の感覚機能を活用した事例、そのための活動

静岡県立総合病院UDサイン。光の点滅で非常時を知らせるマスコットマークとともに、色彩・数字を利用した五感に訴えるデザイン。

熱海市観光サインWS風景。案内などの誘導サインについて、来訪者を対象にモックアップ検証。こういった地道な調査がじつは一番大切。

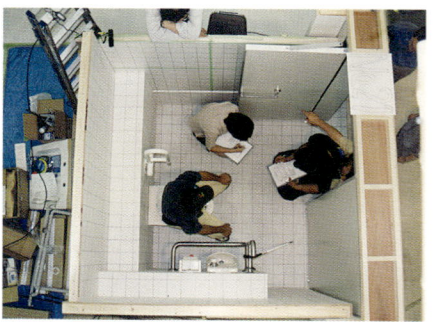

（右上）国際障害者交流センタービッグ・アイ。バリアフリー宿泊施設と多目的ホールなどからなる、UDを目指す日本最初の多目的文化活動支援施設。
（右）障害者を被験者にしたモックアップ（実物大模型）検証。建設にあたって、早い段階から積極的に使い勝手などの意見を反映させた。この施設では、建設後も導入した設計内容の妥当性を調査し続け、設計時には見えなかったUDに関する評価を行うなど、今後のあるべきUD計画・設計のヒントを数多く得ている。

第4章
外部空間のユニバーサルデザイン

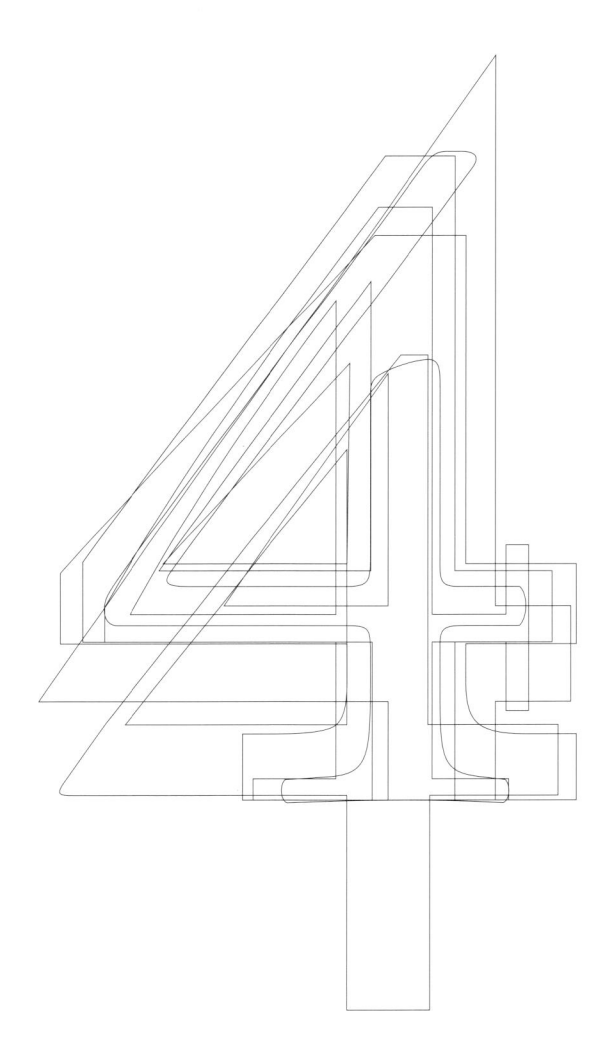

自然地形や気候条件の違いといった、風土や地域特性による外部空間からの影響と役割など、建築を取り巻く外部空間のユニバーサルデザインについて考える。
具体的には、歩行空間に求められる機能とアメニティや誘導性を高めるための歩行空間に続き、歩道橋や地下道、スカイウォーク（ペデストリアンデッキ）などの立体移動空間、広場や遊び場、緑地・公園などオープンスペースのデザインの考え方と事例を紹介し、それらの標準計画を提示する。

1 風土や地域特性のユニバーサルデザイン

1. 外部空間の影響と役割

　建築には、外部からの厳しい気象条件や外敵から守るという基本的機能が求められる。このために、時と場合によっては外部空間から遮断、あるいは分離するデザインを導入する必要がある。

　大雨、大雪、強風、地震、津波など災害時においても、生活者に安全な空間を確保しなければならない。一時的に避難する場合においても、だれもが円滑に安全な場所に移動できることが必要である。

　一方、外部空間は、建築を計画した残りの付帯的空間ではなく、積極的に建築の機能を周辺環境と有機的につないでいく重要な空間である。建築内で完全なバリアフリー環境が実現できても、生活環境としては外部環境と一体的につながっていなければ、地域全体でのアクセシビリティは高くない。どのようにそれぞれの建築を外部空間とつなぎ、一体化させていくかが求められる。

　また、建築と建築をつなぐ外部空間では、自然地形や気候などの影響を受けるので、それによる移動の際のマイナス要素を除去し、安全性・利便性・快適性を確保しなければならない。

2. 自然地形の違い

　これまで人間は緑豊かな山地を切り開き、海や湖沼の水辺を埋め立てるなど、自分たちの都合に合わせて、ずいぶん多くの自然地形を改変してきた。基本的なバリアフリーの考え方が考慮されないまま造成がなされた結果、高齢化の進展する中で傾斜のきつい道路や前面道路との高低差が大きい宅地の問題点が指摘されている。また、大地震によって液状化現象が発生し、建築物や道路などに大きな被害を及ぼす事例も多くなっている。このような環境変化によってアクセシビリティが損なわれ、生活の不自由を強いられる。そのため自然地形の改変によって利便性を高めるだけでなく、地形の特質を理解し、地域の特性を生かしながら、アクセシビリティを高めるデザインが求められる。

　外部空間の自然地形は、平地もあれば、傾斜地もあり、そこには多くのバリアが存在する。傾斜地の敷地には高低差が生じ、道路は坂道となる場合が多い。坂道の傾斜を緩くするにも限界がある。坂道の多い街では、高低差を解消する設備技術の導入や休憩空間の整備を図る。傾斜地に接した敷地では、アプローチ部分のスロープ位置や方向を工夫する。

　建築と建築をつなぐ移動空間は、通常は地上面の道路を基本とする。しかし、周辺の地形や相互の建築の位置関係から、必ずしも地上面の道路に限定しない計画が求められる。たとえば、一方は地上面で、他方はそれより高い上層面やそれより低い地下という場合もある（図1）。このような場合でも多様な利用者の立場から円滑に移動できる空間の配慮が求められる（図2、写真3）。

　多くの自然の力によって、自然地形が変質することも多い。バリアフリーも考慮し、所定の床勾配に配慮し、平滑に舗装し、緑や花いっぱいに整備した歩道であっても、樹木の根が張り、段差や亀裂を生じている場合がある。自然の生命力と繊細さをどこまで理解して、安全・快適な生活環境を持続的に実現するかが課題となる。自然の力の大きさやスケールの違いを再認識し、人工物の限界を知るべきである。元の自然環境とともに新たな人工環境としての地形をどのように生み出し、維持していくかが問われる。

写真3　土地の高低差を解消する公共エレベーター（スウェーデン）

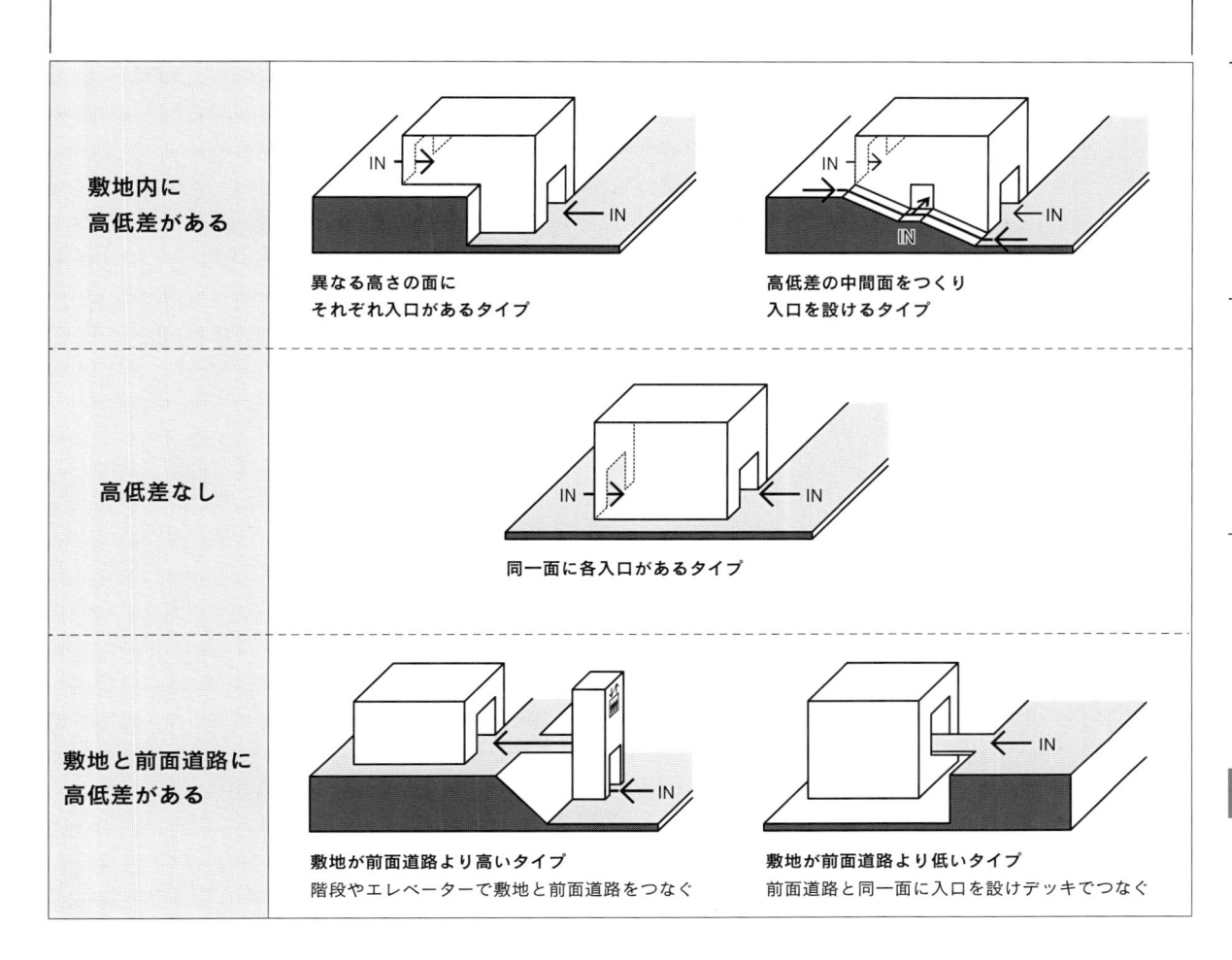

敷地内に高低差がある	異なる高さの面にそれぞれ入口があるタイプ	高低差の中間面をつくり入口を設けるタイプ
高低差なし	同一面に各入口があるタイプ	
敷地と前面道路に高低差がある	敷地が前面道路より高いタイプ 階段やエレベーターで敷地と前面道路をつなぐ	敷地が前面道路より低いタイプ 前面道路と同一面に入口を設けデッキでつなぐ

図1　斜面地に建つ建築の出入口のパターン

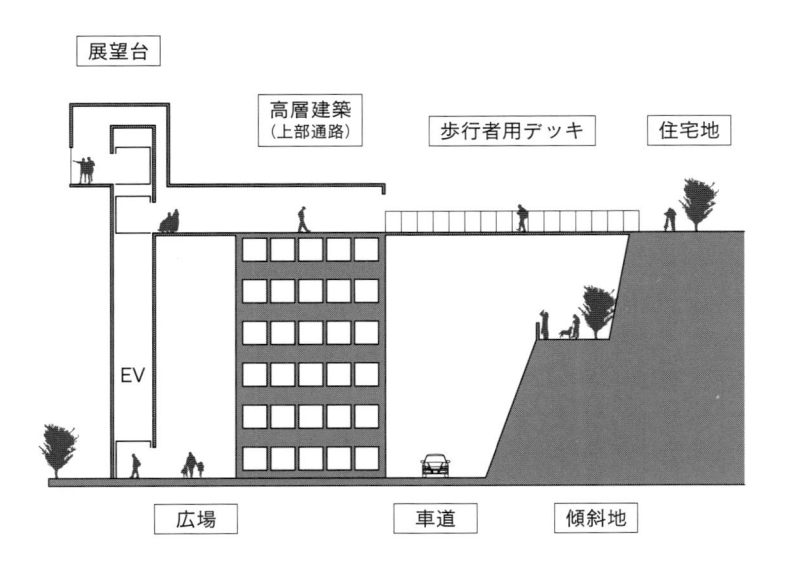

図2　インフラとしての垂直移動の考え方
エレベーターをシンボリックなインフラ設備とし、地域の中心的広場と高台の住宅地をつなぐ（写真3）。高層建築と歩行者用デッキを含むこれらの動線は、地域の重要な歩行者道として機能している。

1. 風土や地域特性のユニバーサルデザイン

3. 気候条件の違い

　季節の違いや、昼夜の時間帯、または地域によって、気候条件は異なる。外部空間の明るさや気温、風雨や雪などの多様な気候条件の変化は、多くの人の生活行動に影響を及ぼし、多様な環境を生み出す。

　寒暖の差や降雪・降雨の気候の違いは、歩行する路面の性状などを変化させ、歩行時の安全性や快適性に影響するところが大きい。ユニバーサルデザイン（UD）の環境を実現するためには気候の変化や違いをも考慮することが前提となる。

明るさ

　外部の安全・快適さが求められる歩行空間においては、一定の照度が必要となる。たとえば弱視者（ロービジョン）においては、明るさが確保される環境では視覚情報を得られる人もいる。しかし気候の違いや、季節による日照時間の違いなどで、同一の時間帯でも光環境は異なる。そのため、外部空間における昼間の自然光がつねに一定であることを前提に光環境を計画するのは問題となる。

　一般に夜間の場合も含め、照明設備で光環境は補完されている。しかし、場所によっては十分な照明設備を導入しがたい状況も多い。そこで歩行空間における路面の形状、仕上げ、色彩の配慮はもとより、それらに付随するガードレールやボラードの色彩のコントラストなどへの配慮が必要である。

　一方で、外部空間に設置された案内サインを有効に利用するための考慮も必要となる。昼夜を問わず視認できる十分な光環境の確保はもとより、長期間の自然光照射により退色や材質の劣化が問題となる。持続的に自然共存できる耐候性のあるデザインやメンテナンスも、外部空間に設置する場合には求められる。

暑さ・寒さ

　外部環境では、暑さや寒さなど空気の熱環境変化が大きく左右する。日射が強ければ、その熱量や紫外線の影響は大きい。たとえば、歩行空間や公園に配置される触知式（手で触る）タイプの案内サインの場合、熱を吸収する素材を使用すると、夏場は火傷をすることもある。シェルターを設けるか、日陰になる場所に設置する。この場合、暑さ対策のみならず雨除けにもなる（図4）。また、車いすやベビーカーが走行しやすいアスファルトは夏場、最も日差しの照り返しの強い舗装材である。歩行空間の要所に木陰空間はもとより、照り返しの弱い路面エリアも確保したい（図5）。

　寒さ対策としては、温室効果を活用できるガラススクリーンやシェルターの設備がある。歩行空間で待つ行為が発生するバス停などで考慮したい。

雨・雪

　降水量の多い地域や多雪地域において、バリアフリーの設備が時としてバリアになる場合がある。

　降水量の多い地域では歩車道の段差切下げ部に水たまりができるため、水処理を困難にしない配慮が求められる。降水量の多さから歩車道の段差が大きくなるので、歩者道の段差切下げに代わって、横断歩道の高さを歩道に合わせ、車道ではハンプ（路上のコブ）の

図4　屋外の触知図などへの配慮
設置場所が日陰となるように配慮することで、夏季の日差しによって盤面が熱くなるのを防ぐことができる。

図5　夏季のアスファルトからの照り返し
車いす使用者やベビーカーの乳幼児などにとって、地面に近いほど強い照り返しや輻射熱を受ける。木陰のベンチなど休めるスペースが求められる。

役割とするのもよい。

　多雪地域では、側溝にかかるグレーチング（格子状に組んだ溝蓋）が除雪作業にはバリアとなる。除雪作業時に視覚障害者のために敷設した点字ブロックが破損するなどの問題もある。また、積雪時において路面凍結により、滑り、転倒事故につながる危険性がある。道路脇の融雪溝は積雪時には転落の危険性がある（図6）。地域によっては、雪に関係なく歩行できる「雁木空間」が存在する。先人の知恵を見直し、この機能を果たす空間の確保も必要である（図7）。

風

　換気として必要な空気の流れも、台風や竜巻などの気象変化により生命に危害を及ぼす要素となる。歩行空間には街路樹や看板があることから、強風による飛来物で歩行者が負傷したり、路面の障害物とならないような配慮が必要である。

　集合住宅の上層階のバルコニーでは、洗濯物を干したり、植物の栽培などに活用されることもあるが、強風時には落下や飛散などの危険がある。

図6　北国での融雪溝の安全性
雪が降っていないときは融雪溝の存在を確認することができるが、積雪時は融雪溝の上部に積もった雪により融雪溝に気づかず、転落の危険性がある。

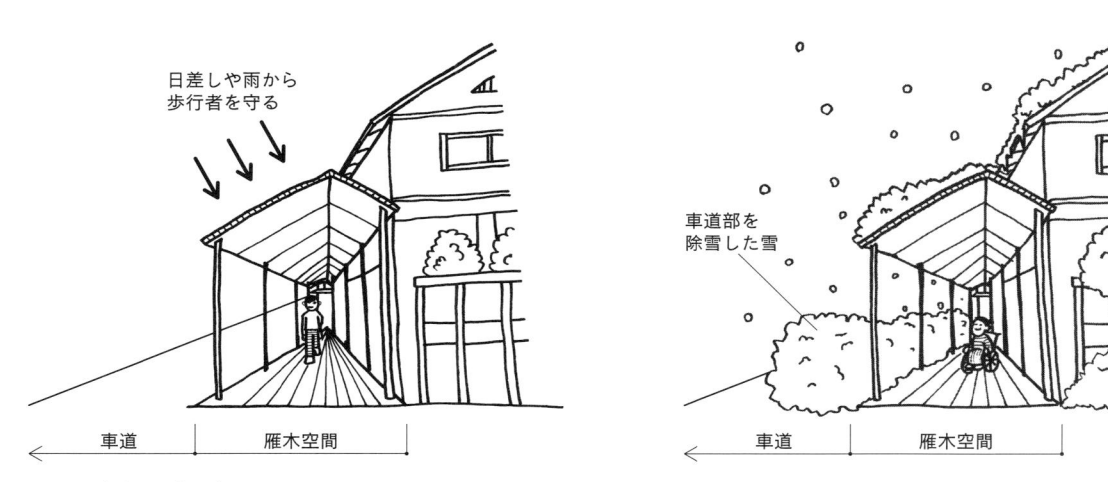

図7　雁木空間の考え方
雁木空間は、夏季には強い日差しを遮り、積雪時には歩行空間を確保する。建物の1階部分には商店が連なり、歩行空間と一体的な賑わいのある空間となっている。

1. 風土や地域特性のユニバーサルデザイン　059

2 歩行空間

1. 歩行空間に求められる機能

　歩行は、人の基本的な移動手段である。しかし、歩行者それぞれの身体能力は異なる。歩行空間の違い、歩行時間の持続性の違いなども考慮した上で、歩行空間には次に示す基本的な機能が求められる（図8）。

安全性

　自動車や自転車、バイク、他者との接触、衝突などによる危害を受けず、安心して歩行できる区画が必要となる。併せて見通しが重要となり、歩道上の突出物などが視線を遮ったり、死角をつくらないことが求められる。死角は犯罪の誘発にもつながる。また、上部の構築物や上部からの衝突や落下によっても危害を受けない配慮が必要である（写真8-1）。

健康性

　歩行空間は衛生的でなければならない。多くのごみやたばこの吸い殻、犬の糞尿などが出ることが予測される歩行空間においては、それらが放置されないためのごみ箱や喫煙スペースなどの整備が必要となる（写真8-2）。そしてその位置は、歩行の邪魔にならないように考慮しなければならない。

　また、歩行空間は、単に目的地に至る歩行のための機能的な空間というだけではない。休憩をとるのはもちろんのこと、散歩やジョギングなど、健康増進のための貴重な空間でもある。

　付加機能として公衆トイレなどが求められる。日本の公衆トイレは公園内に設置されていることが多い。公共物の破壊行為や犯罪が日本よりも顕著なヨーロッパでは、歩行空間に有料型のユニットトイレが整備されている。通行人による監視性と自動洗浄機能がついているため、つねに清潔が保たれており、防犯やメンテナンスの観点からヨーロッパの広い範囲で整備されている。このようなトイレは身体的に健康な人のみならず、移動に困難な車いす使用者がバリアフリーでない建物内でトイレを探す時間を軽減し、気軽に利用できるトイレとしても期待されている（写真8-3）。

利便性

　歩行空間は、目的地に至るための合理的な動線でなければならない。また、歩行による移動から、バスや電車などの公共交通による移動へと切り替える場所にもなる。したがって、バス停や駅などへ合理的に移動できる動線の確保も重要となる。

　人の心理として、早く、安く、楽に目的地に到達できることが基本である。車の動線が主として考えられている昨今、UDの観点からは、身体に負担の少ない最短距離で、心理的に面倒に思わない歩行空間の整備が求められる。併せて、無駄な動きや間違いを起こさないために遠目からも視認しやすい案内サインなどの情報提供も必要である（写真8-4）。

快適性

　長く果てしなく続く歩道や、高低差の大きな階段が多い歩道、傾斜のきつい坂道は、体力的・視覚的・心理的に苦痛を伴う。このような歩行空間には、より歩行者への快適性の重視が求められる。階段の多い歩道や坂道なら踊り場部分に休憩スペースを設けたり、傾斜の途中に眺望を楽しめるスペースを設けることで、快適性を得ることができる（写真8-5）。またこのような空間の点在は、街の魅力の向上にもつながる。

　歩行空間の路面性状は、多様な歩行者の特性を考慮して、機能面だけではなく美観的にも快適なものを目指すべきである。

2. 人にやさしい歩道デザイン

歩車分離の歩道

　道路は車優先につくられていることが多い。交通事故を回避するには基本的には安全・快適に通行できる有効幅員を確保した歩車分離が必要である（図9）。安全確保のための歩車道境界部の形状は、大きく3つのタイプが用いられる（図10）。

　マウンドアップ方式は、車の出入口のために段差の切下げが行われると、歩道があっても、路面が傾斜して波打つ状況（波打ち道路）になり、とくに車いす使用者やベビーカーを押している人などは走行しにくい

[快適性]　　　　　　　　　　　[利便性]　　　　　　　　　　　[健康性]

写真8-5　休憩スペース（カナダ）
道の途中や信号待ちの空間に休憩スペースを設置すると、体力に不安のある人の外出を促すことにもつながる。

写真8-4　横断歩道付近の案内サイン（東京都）
主要な歩道の交差点部分に案内サイン等を設置すると、初めて街に訪れた人など、安全な場所でゆっくりと現在地や目的地を確認することができる。

写真8-2　喫煙コーナー（兵庫県）
遠くからでの喫煙コーナーがわかる場所に設置することで、「歩きタバコ」を抑制することができる。

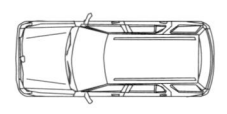

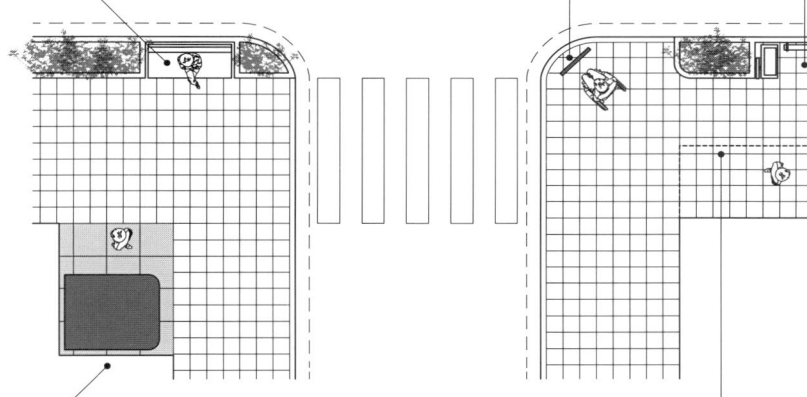

[健康性]　　　　　　　　　　　　　　　　　　　　　　　　　　　　　[安全性]

写真8-3　歩道上のユニットトイレ（デンマーク）
ユニットトイレの出入口を歩道側に設置することで、防犯の観点から、歩行者やドライバーが「監視役」となるようにする。
ヨーロッパでは、ユニットトイレと一体的に休憩スペースを設置している場合が多い。

写真8-1　落下防止の庇（兵庫県）
安全性を確保するとともに、歩行空間のアメニティを確保する。

図8　歩行空間に求められる機能

2. 歩行空間

状態が生まれる（図11）。

現在では、段差や勾配を小さくでき、かつ、歩車道境界部が認識しやすいセミフラット方式が用いられることが多い（図12）。

フラット式は、車いす使用者や高齢者にとっては段差がなく、歩行しやすい。しかし白杖を頼りに歩行する視覚障害者は、段差がないことで歩車道の区別がしづらくなるという問題がある。

一方、段差の切下げ後やフラット方式の場合に車の進入を防止するため、ボラード（車止め）を設置する。しかしこのボラードの設置も、車いすやベビーカーが通れる幅員が確保されているか、配慮すべき点は多い。

ガードレール

車の進入を防止する方法のひとつに、ガードレールの設置がある。基本的に、ガードレールの形状は歩行者を傷つけないように配慮する。色彩を考慮したガードレールを連続させることによって、弱視者への誘導効果を持たせることも考慮する（図13）。多雪地域においては、白い積雪と見分けられるよう、黄色のガードレールを導入しているところもある。

ボラード

車の進入を防止するもうひとつの方法に、交差点部分へのボラード（車止め）の設置がある。

ボラードは車いすやベビーカーが通れる幅員の確保はもとより、点字ブロックの敷設を前提に、点字ブロックの線上を外すように設置する。しかし、ボラード自体の配慮には工夫の余地がある。弱視者の場合、ボラード自体が小さかったり、路面の色に対して目立ちにくい色の場合、その存在に気づかず、ぶつかったり、転倒したりする場合があるので、その形状や色彩に配慮する（図14）。とくに、景観形成の観点から、ボラード自体を目立たせたくないとする設置者の意図もあるが、夜間の歩行者に対する安全確保が重要である。

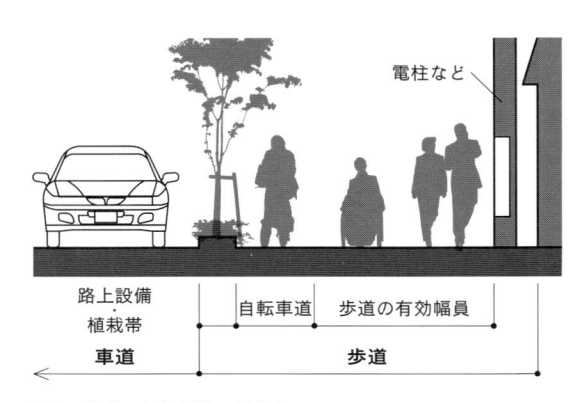

図9　歩道の有効幅員の考え方
歩道の有効幅員は電柱や路上設備・植栽帯などを除く部分で、利用者が安全・快適に通行できるように考える。

		マウンドアップ方式	セミフラット方式	フラット方式
	略　図	歩道／縁石／車道	歩道／縁石／車道	歩道／縁石／車道
	浪打ち	発生する場合がある	発生しない	発生しない
車両乗入部	視覚障害者	―	縁石構造によっては、横断歩道接続部との区別がつかない場合がある	歩車道境界の認識がしづらい
車両乗入部	車いす使用者	擦付け勾配の発生のため、通行性劣る	―	―
車両乗入部	高齢者	擦付け勾配の発生のため、通行性劣る	―	―
横断歩道接続部等	視覚障害者	―	縁石構造によっては、確認しづらい	歩車道境界の認識がしづらい
横断歩道接続部等	車いす使用者	段差と勾配により通行性劣る	フラットと比較すると歩行性劣る	―
横断歩道接続部等	高齢者	段差と勾配により通行性劣る	段差によりつまづく可能性がある	―
	排水処理	―	―	雨水が車道側から流入する場合がある

図10　歩道と車道の分離方式
形式により「車両乗入れ部」「横断歩道接続部など」における特徴が異なる。従来は「マウンドアップ方式」が用いられていたが、近年では「セミフラット方式」が主に用いられる。

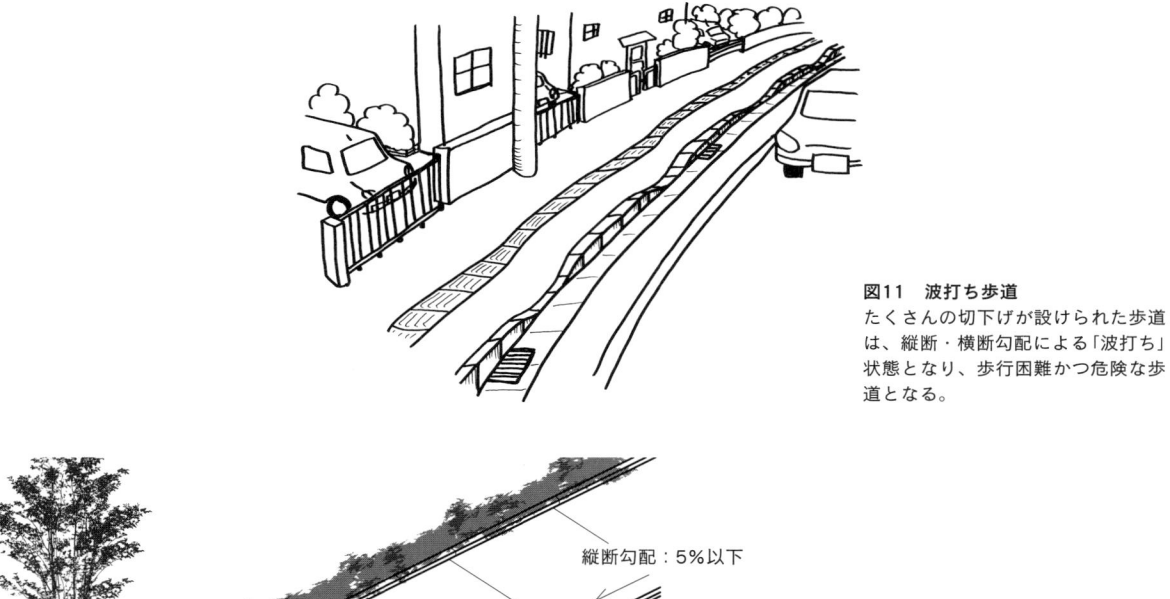

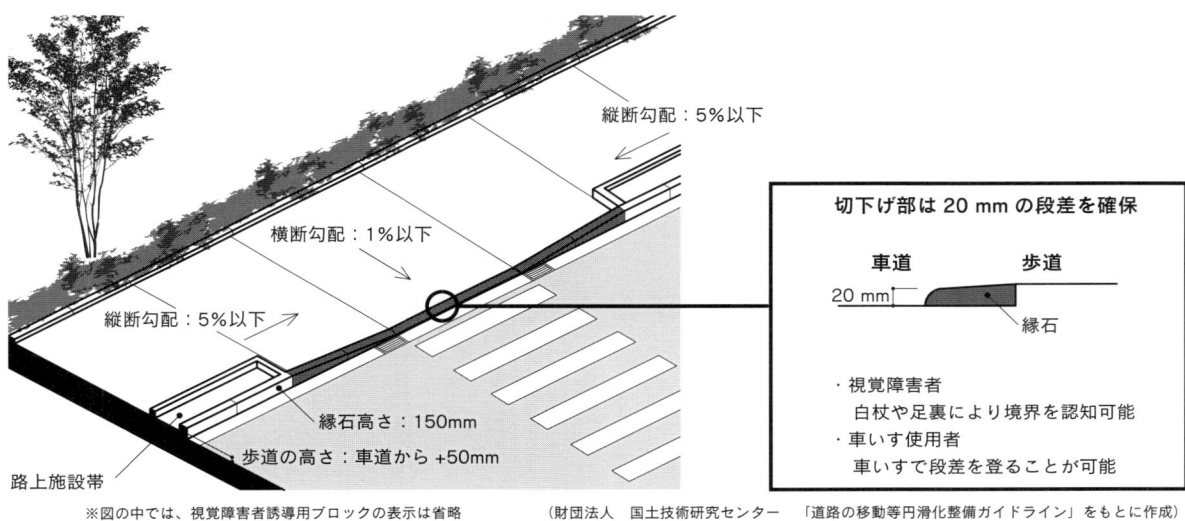

図11 波打ち歩道
たくさんの切下げが設けられた歩道は、縦断・横断勾配による「波打ち」状態となり、歩行困難かつ危険な歩道となる。

※図の中では、視覚障害者誘導用ブロックの表示は省略　　　（財団法人　国土技術研究センター　「道路の移動等円滑化整備ガイドライン」をもとに作成）

図12 基準による歩道整備
歩道整備は段差や波打ちの発生が少なく、歩道の境界部を識別しやすい「セミフラット方式」を基本に計画する。

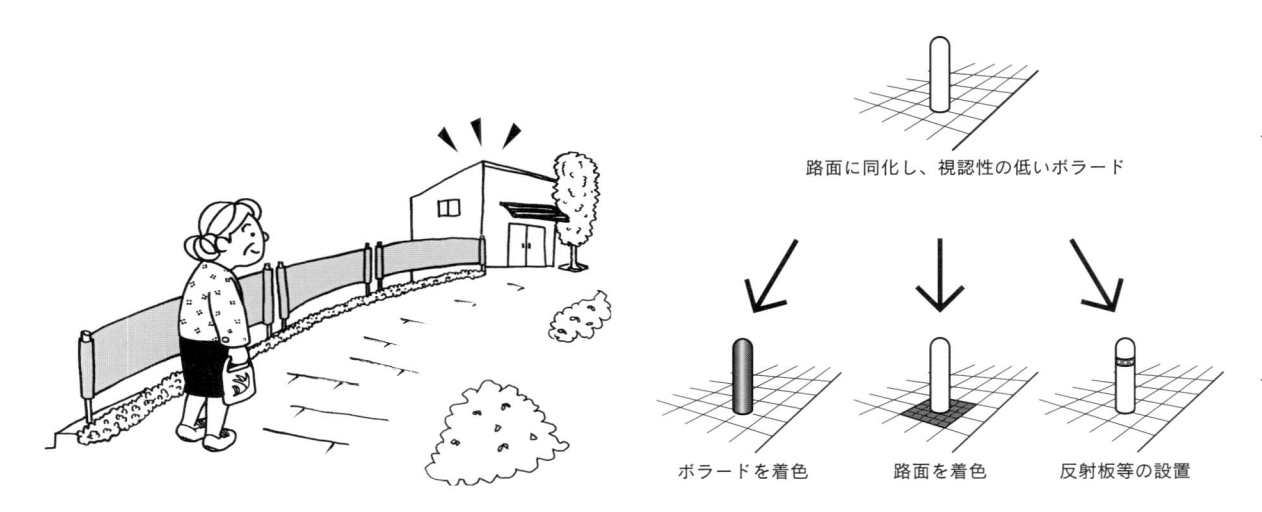

切下げ部は 20 mm の段差を確保
- 視覚障害者　白杖や足裏により境界を認知可能
- 車いす使用者　車いすで段差を登ることが可能

縦断勾配：5%以下
横断勾配：1%以下
縦断勾配：5%以下
縁石高さ：150mm
歩道の高さ：車道から +50mm
路上施設帯

図13 ガードレールの誘導効果
ガードレールを手すりと一体的な形状にすることで、連続的な歩行補助設備になる。また、色彩を考慮することで視覚的誘導としての効果が期待できる。

図14 ボラードの視認性を高めるための配慮
環境に応じて手法を検討し、視認性を確保しつつ、アメニティを損なわないデザインを採用する。

路面に同化し、視認性の低いボラード

ボラードを着色　　路面を着色　　反射板等の設置

2. 歩行空間

3. 歩道のアメニティ機能

アメニティ性

歩道には、安全性の確保に加えて、利便性や快適性を向上させるわかりやすさやアメニティの充実も必要である。このため、歩道には案内サインや電話ボックス、郵便ポストをはじめ、ベンチなどが設置される。

これら設備の設置には、歩道の有効幅員を確保するだけでなく、植込みや街路樹で視界を妨げないことが求められる。また、遠くからでもそれらの存在を視認でき、かつ、美しい街並み実現への配慮も必要である。

植込み

緑豊かな都市環境は潤いあるまちづくりの実現につながり、歩道においても種々の樹木や草花が配置される。しかし、歩道の幅員や樹木の種類によっては、歩行ゾーンの目線高さに張り出した枝や葉が顔に当たることもあるので、歩行上の支障をきたさない配慮が必要となる。とくに視覚障害者は、白杖でこの状況を避けることができない。また、車の運転者からの視界を妨げる植込みの高さや配置は、事故のおそれがある危険な環境となる（図15）。これは植込みに限らず、看板や電柱などの歩道上の事物についても同様である。

植込みの樹木や草花の種類には、歩道上に四季折々の多彩な景観や香りの違いを生み出すように工夫する。視覚だけでなく、交差点部分などには香りの強い花や色が強調される花を配すると、嗅覚的な街角のランドマークとしての演出ができる（表16、図17）。

休憩エリア、ポケットパーク

長距離の歩道や坂道の歩行は疲れやすい。高齢者をはじめ歩行者が、休憩できる場所を適当な距離ごとに計画しておきたい（図18）。歩道には移動だけでなく、滞留する機能も果たす。ちょっとしたポケットパークを歩道と一体的につくることが望ましい。しかし車いす使用者の場合、休憩場所として気軽に喫茶店を利用するのがアクセス上、難しい場合が多々あり、探すことで疲れてしまう。お店の前に休憩場所を提供したり、商店街の中にベンチを設置したりしている例もある。

交差点など横断に際して、待ち行為が発生するような場所に休憩する広場を計画し、その場所を街角のランドマークとすると、多くの人のオアシス空間となる。階段の場合は踊り場に休憩スペースを設けるか、腰をおろして休めるベンチ、休み石などを設置する。

景観や街並みから生み出されるやさしい配慮は、住む人の誇りと愛着につながり、訪れる人には街歩きの魅力の要素になる。

図15　歩道上の危険要素
顔の高さに突出した木の枝は非常に危険である。とくに白杖を使用する視覚障害者はこれらを感知することが困難である。
また、交差点のコーナー部分に密集した背の高い植栽などは死角になるおそれがある。

突出した木の枝

交差点にある密集した植栽

表16　嗅覚を刺激する樹木

季節	花に特徴的な香りのあるもの	葉に特徴的な香りのあるもの
春	スイセン、ヒソップ、ツルバキア・フラグランス、ドイツスズラン　など	アップルミント、オレガノ、スペアミント、レモンハーブ、マジョラム　など
夏	ヤマユリ、キバナシュクシャ、ハカタユリ、チョコレートコスモス　など	セージ、キャットニップ、モラルダ、サントリナ　など
秋	キンモクセイ、ヒイラギ、ヒイラギモクセイ　など	サントリナ、カツラ、タムシバ、サンショウ　など
冬	スイセン、ジンチョウゲ、ウメ、ロウバイ、シマナンサク　など	ミカン類（実）　など

（(財)都市緑化技術開発機構公園緑地バリアフリー共同研究科編　『公園のユニバーサルデザインマニュアル　人と自然にやさしい公園をめざして』　鹿島出版会をもとに作成）

図17 嗅覚を活用した歩行支援
「におい」に特徴のある植物を特定の場所に植えることによって、嗅覚で場所を知る手がかりとして活用できる。また、お店からのにおいなども場所を特定する大きな手がかりとなる。

交差点

休憩スペース

階段や危険な場所

お店など特定の場所

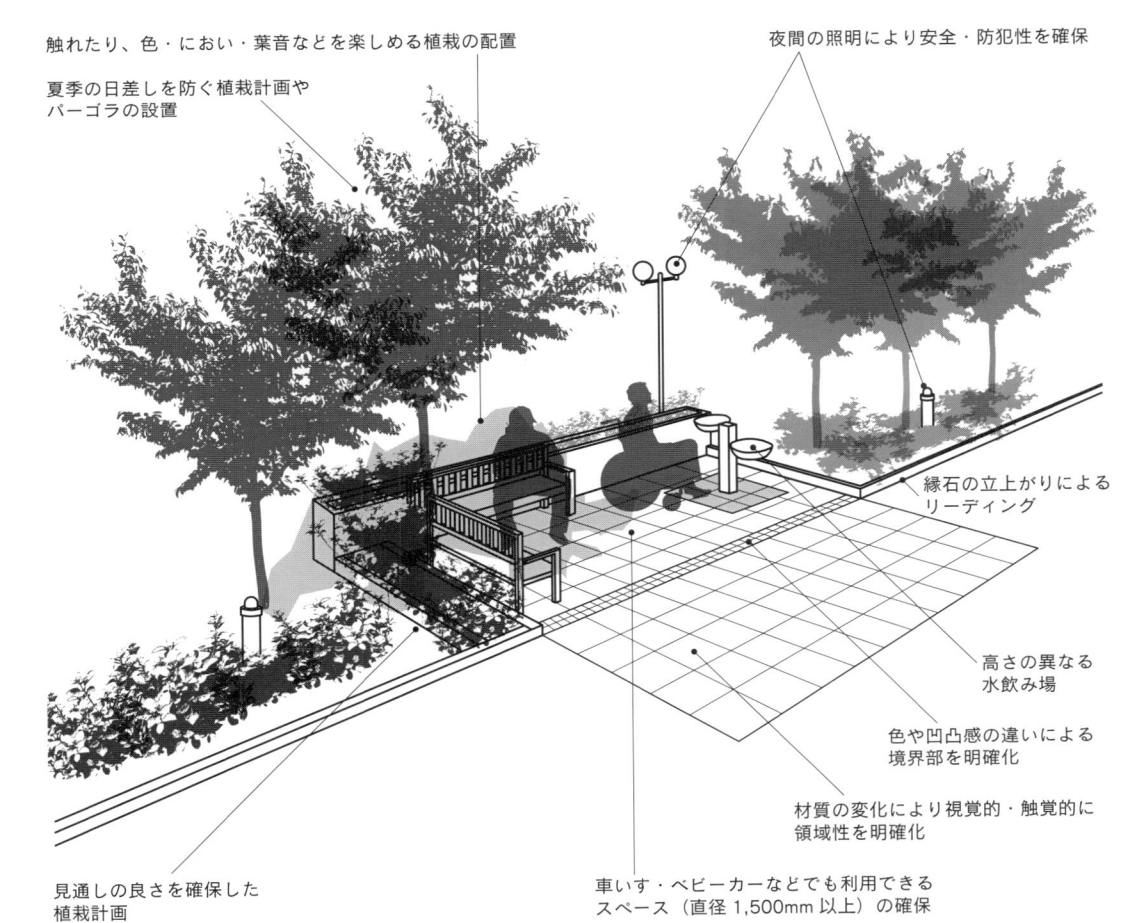

触れたり、色・におい・葉音などを楽しめる植栽の配置

夏季の日差しを防ぐ植栽計画やパーゴラの設置

夜間の照明により安全・防犯性を確保

縁石の立上がりによるリーディング

高さの異なる水飲み場

色や凹凸感の違いによる境界部を明確化

材質の変化により視覚的・触覚的に領域性を明確化

見通しの良さを確保した植栽計画

車いす・ベビーカーなどでも利用できるスペース（直径1,500mm以上）の確保

図18 ポケットパークの配慮事項

2. 歩行空間　065

4. 誘導のための路面の工夫

わかりやすさ機能の向上のために、歩行空間には案内サインや視覚障害者の歩行に役立つ点字ブロック等の誘導機能を導入する。

福祉のまちづくりで歩道整備を行う場合、点字ブロックが敷設される。点字ブロックの正式名は視覚障害者誘導用ブロックという。線状の「誘導」の機能を果たすものと点状の「警告」の機能を果たすものの2種類があり、歩道上に誘導の点字ブロックを敷設するのに対し、警告の点字ブロックは横断歩道境界部の段差切下げ部分などに敷設する。

これまで多種多様な形状の点字ブロックが開発され敷設されてきたが、現在ではJIS T 9251：2001において「視覚障害者誘導用ブロック等の突起の形状・寸法及びその配列」でその規格が決められている（図19）。

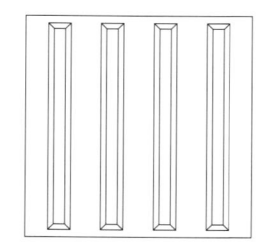

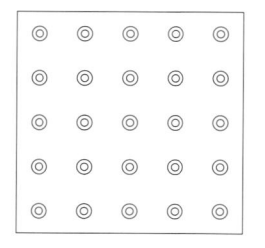

線状ブロック（誘導ブロック）　　点状ブロック（警告ブロック）

図19　点字ブロックの規格（JIS T 9251：2001）

図20　バリアとなる歩道上の事物
歩道上に敷設された点字ブロックも敷設方法や場所によって、つまずきや雨天時の滑りによる転倒の危険性が発生する。
また、点字ブロック上に置かれた看板や壁面からの突出物、さらには植込みの枝などは視覚障害者にとって危険な要素となる。

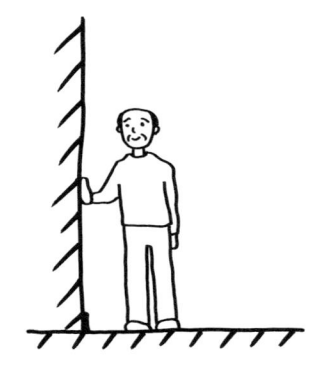

図22　視覚障害者が歩行時に活用する歩行空間の事物
歩行空間では、点字ブロック以外にも連続して立ち上がりのある事物が歩行時に活用される。

点字ブロックは、各地で敷設整備が進んでいるが、課題もある。とくに幅員の狭い歩道では、点字ブロックが歩道の中心を占め、車いすのキャスターの引っかかりやベビーカーのガタつき、雨の日の滑りなどの問題点があげられる。一方で、点字ブロックを頼りに歩行する視覚障害者にとっては、街中の場合、点字ブロック上の自転車・バイクや商店の看板などが障害になる（図20）。

　視覚障害者に対する調査では、視覚障害者は、点字ブロックだけでなく、歩行空間の種々の事物を歩行時に役立つものとしていることがわかる（2章 2参照）。この結果を生かし、たとえば点字ブロックを縁石に近い側に敷設することで、点字ブロックが不要な人の歩行幅員を確保するとともに、視覚障害者は点字ブロックの凹凸と縁石の立ち上がりを手がかりに機能を補完しながら歩行することが可能となる。途中で歩道が途切れ、点字ブロックが敷設できない場合でも、たとえば点字ブロックの延長線上に歩車区分の白線が来るように配慮することで、少なくとも弱視者には、白線が一時的なリーディング（誘導）ラインとなる（図21）。

　点字ブロックは、弱視者にとっては昼間のみに役立つものである。夜間における行動範囲を広げるためには、夜間も安心して利用できる点字ブロックやそれに代わるリーディングラインが必要となる。すべての歩道に敷設することはできないが、視覚障害者の訓練施設周辺の歩道など、より必要性の高い場所への敷設が期待される。

　誘導のためには視覚障害者のための点字ブロックだけでなく、すべての人にとって有用で景観を損なわないような美しい誘導効果が発揮できる工夫が必要である。また、それは路面のみならず壁面や手すり、柵などにも誘導機能を導入したい（図22）。

図21　歩行に役立つ歩道上の事物
触覚・聴覚・嗅覚などの感覚を活用することにより、歩道上のさまざまな事物が歩行に役立つ。

5. 歩道と自転車利用

自転車道

歩道に自転車が混入すると事故や危険な場面が多く、歩行者は安心して歩行できない。また歩道上には放置自転車も発生する。歩道上の放置自転車は多くの歩行者にとってバリアとなる。とくに車いす・ベビーカー使用者にとっては通行が非常に困難となる。歩道の幅員が狭い場合は、放置自転車を避けるために車道に下りることを強いられ、非常に危険となる（図23）。筆者らの調査では、自転車は歩道上に設置される公衆電話ボックスやパブリックアートなどの間の隙間に放置される傾向が確認されており、これらの配置を考慮することも大切である（図24）。

自転車道があっても現状は自転車置き場になる場合が多いので、それぞれのエリアが明確にわかるような区分表示やサイン、縁石などによる歩道と自転車道との区切りが必要である（図25）。

駐輪場

自転車は簡便で、地球環境にもやさしい乗り物として多用されている。しかし、駅周辺をはじめ、街のいたるところで放置自転車が視覚障害者をはじめ多くの歩行者にとってのバリアとなり、問題となっている。

利用客が集中するために多層化する立体駐輪場や地

図23　放置自転車などの問題点
歩道上の放置自転車は通行の妨げになるばかりでなく、迂回のために車道の歩行を強いられる場合があり、非常に危険である。

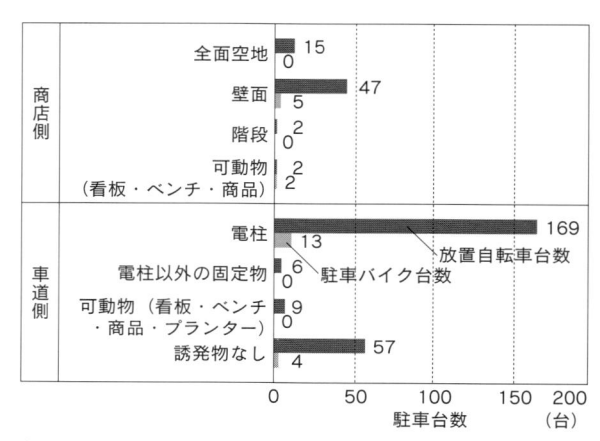

（田中直人、上島喜登「高齢者や障害者のための都市施設の面的整備指針の検討に関する研究―その3　豊岡市の商店街街路における放置自転車の発生状況―」　兵庫県福祉のまちづくり工学研究所報告集　ASSISTECH　Report 1996をもとに作成）

図24　放置自転車の発生傾向
放置自転車は歩道の車道側に設置された電柱や固定物・可動物に添うように発生する傾向が見られる。

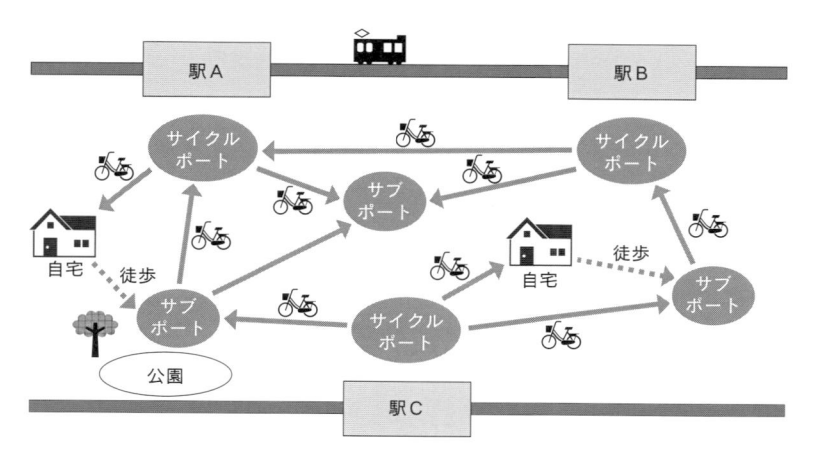

図26　コミュニティサイクルシステム
単独のレンタルシステムではなく「サイクルポート」と呼ばれる拠点を点在させ、システムとして結びつけることにより、自転車の乗り捨てを可能にしている。多くの拠点を整備することで、自動車に代わる新しい交通システムとして期待される。

写真27　自転車レンタルシステム
利用者登録や使用時ごとに料金を払うことで、だれでも利用することができる。

下駐輪場がある。入出場の労力を軽減するためにスロープにベルトコンベアを設置することもある。土地を立体的に有効活用できる機械式駐輪場では機械で格納するため、盗難をはじめとした防犯効果が非常に高い。利用者の心理に沿った計画でないと想定どおりの利用が実現できない。大規模で自転車を停めに行くことが面倒な駐輪場だけでなく、手軽に駐輪できる駐輪スペースを街角に点在させるように計画したい。

駐輪器具と空間デザイン

自転車の利用が盛んなヨーロッパでは、路上駐輪場が多く、前輪を固定するためのポールやラックなどの駐輪器具を設置して利用者の便宜を図っている。また、駅周辺などには駅と一体化した大規模駐輪場が、修理や販売・レンタルなどのサービスも行う「自転車サービスステーション」として位置づけられているところもある。

駐輪場は、地下式であっても死角の少ない空間デザインの工夫が求められる。防犯カメラなどの安全対策の導入とともに、ガラス屋根で明るくするなど、空間として心地よく利用でき、防犯効果も高めることを検討したい。

レンタサイクルと都市交通

個人が自転車を所有して利用するだけでなく、市内の主要箇所に駐輪場を設け、レンタルシステムとして共用する方法がある（図26、写真27）。

放置自転車対策としての駐輪場の増設だけに依存しない方法である。その場合のチケットなどの管理販売に関する機器については大型ディスプレイで案内表示し、リモコンによる操作を実現するなど、利用しやすいシステムの導入を検討したい。

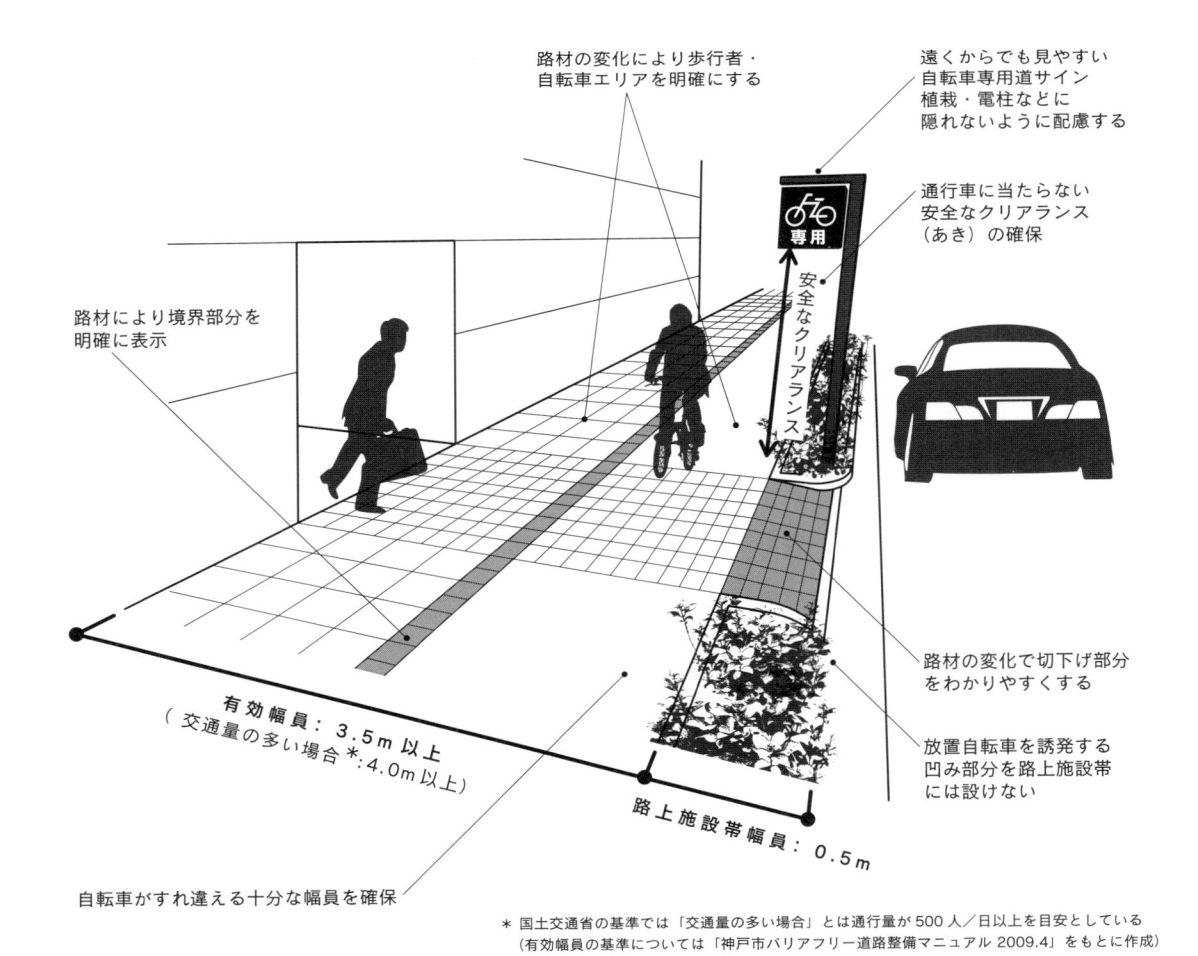

図25　歩道・自転車道の配慮事項
自転車道サインと併せて、異なる路材の貼り分けによる歩道と自転車道のエリアを示す。また、放置自転車の誘発を防ぐ路上設備や植栽の配置計画を行う。

6. 歩車融合（歩車共存）の歩道デザイン

　生活道路は、比較的狭い幅員の街路で構成されている。自動車交通の利用は生活の利便性を向上させた。しかし、交通安全の問題が絶えず、社会問題となる。

　ラドバーンシステムと呼ばれる街路網計画は歩車分離を図る計画として有名である（図28）。一方、完全に歩車を分離するのではなく、自動車の走行を環境のつくり方の工夫でコントロールし、歩車の融合を図るデザイン事例として「ボンネルフ」がある。ボンネルフは歩行者と自動車が共存できる歩車融合型の道路である。語源は、オランダ語で「生活の庭（woonerf）」。「woon」が「居住」、「erf」が「中庭」。街路を蛇行（クランクやスラローム）させたり、ハンプ（路上のコブ）を設けたりして、通行する車のスピードを抑制している（図29）。歩道を設けずに、生活者の快適性や子どもが遊べる安全性の確保と、景観形成が重視されている。完全なボンネルフまで整備しなくとも、自動車交通における安全対策と利便性の追求をどう共存させるかのデザインが必要である（図30）。

　このほか、交通規制による対策などが提案・実施されている。たとえば、交通静穏化という考え方でコミュニティゾーン形成事業を面的に導入する手法がある。

　歩行空間においては、歩行者の自動車やバスの利用を可能にする歩車道境界部分の配慮も忘れてはならない。車寄せ（Kiss & Ride）のスペースやバス停などの計画においても、歩行者に考慮する。バス停ではバス車両のタイプにも合わせたアクセスのための配慮が必要である。

　自動車で駐車場に入るときのアプローチ（車路）と、人が歩いてエントランスに行くまでの歩行者路が共通しているケースを歩車共存（融合）型という。利用者は住む場所や働く場所の近くに駐車スペースがあるので、荷物の出し入れや車の乗り降りには便利である。ただ、歩行者と自動車が交差するため、安全性に対する配慮が求められる。通路を曲げたり、ブロック敷きやデコボコを付けたりして、車のスピードを落とす工夫が必要となる。歩行空間は安全・快適であることを前提に、場合によっては自動車交通との接続を必要とする空間である。

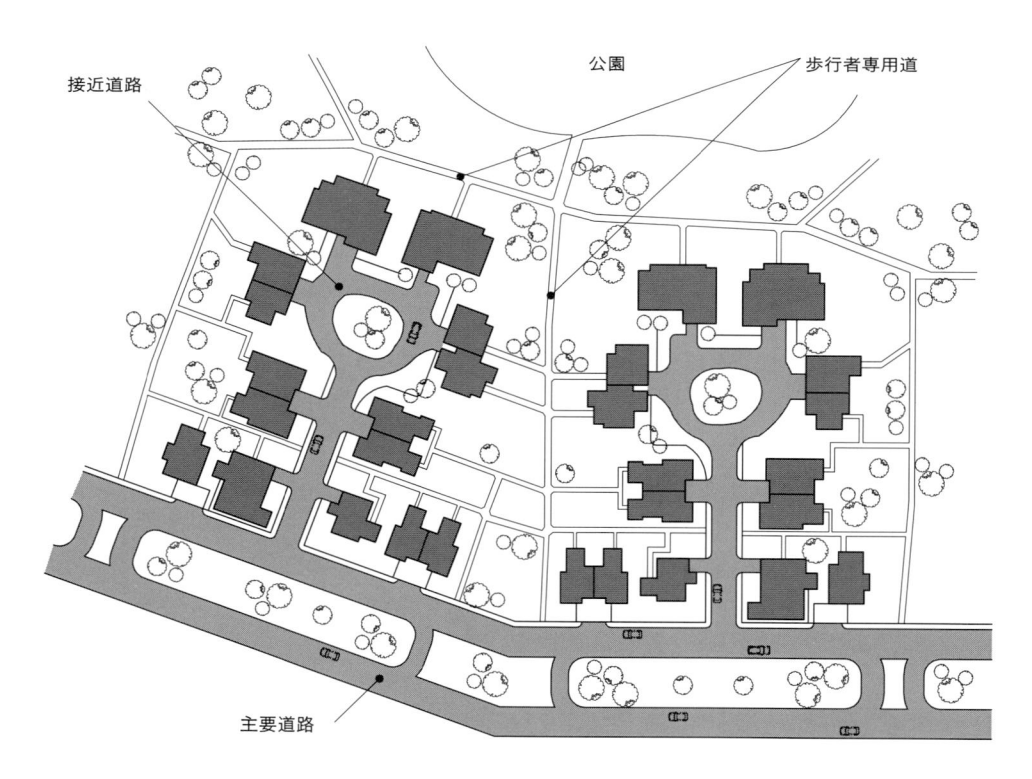

図28　ラドバーンシステムの手法を取り入れた住宅地における歩車分離計画
1920年代、アメリカ・ニュージャージー州のラドバーン地区において、ヘンリー・ライトとクラレンス・スタインの設計で実現したまちづくり手法のひとつ。住宅地内における歩行者と自動車のアクセスを完全に分けた、歩車分離の代表的な考え方である。
自動車は、主要道路から接近道路によりアクセスする。近接道路は、クルドサックと呼ばれる袋小路となっており、通過交通を排除し、終点部で車の方向転換が可能となっている。街区内には各住戸にアクセスする歩行者専用道路が設けられ、歩行者は車と反対側から出入りできる形式が多く見られる。隣り合う街区へは歩行者専用のアンダーパスで移動できるようになっており、歩車の完全分離が図られている。

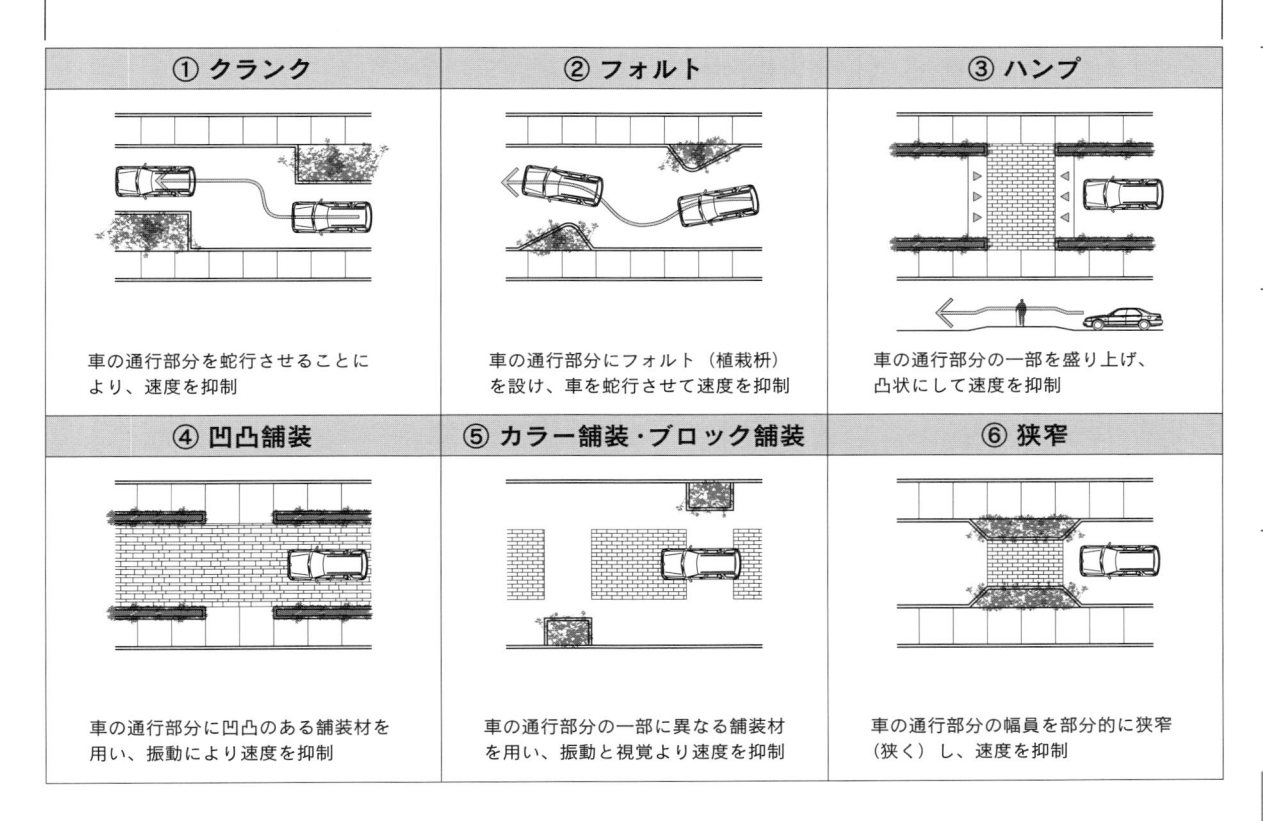

① クランク	② フォルト	③ ハンプ
車の通行部分を蛇行させることにより、速度を抑制	車の通行部分にフォルト（植栽枡）を設け、車を蛇行させて速度を抑制	車の通行部分の一部を盛り上げ、凸状にして速度を抑制
④ 凹凸舗装	⑤ カラー舗装・ブロック舗装	⑥ 狭窄
車の通行部分に凹凸のある舗装材を用い、振動により速度を抑制	車の通行部分の一部に異なる舗装材を用い、振動と視覚より速度を抑制	車の通行部分の幅員を部分的に狭窄（狭く）し、速度を抑制

図29　ボンネルフの手法
平面・立体形状の変化に加え、材質の変化などさまざまな手法がある。計画時にはこれらの手法を組み合わせて用いる。

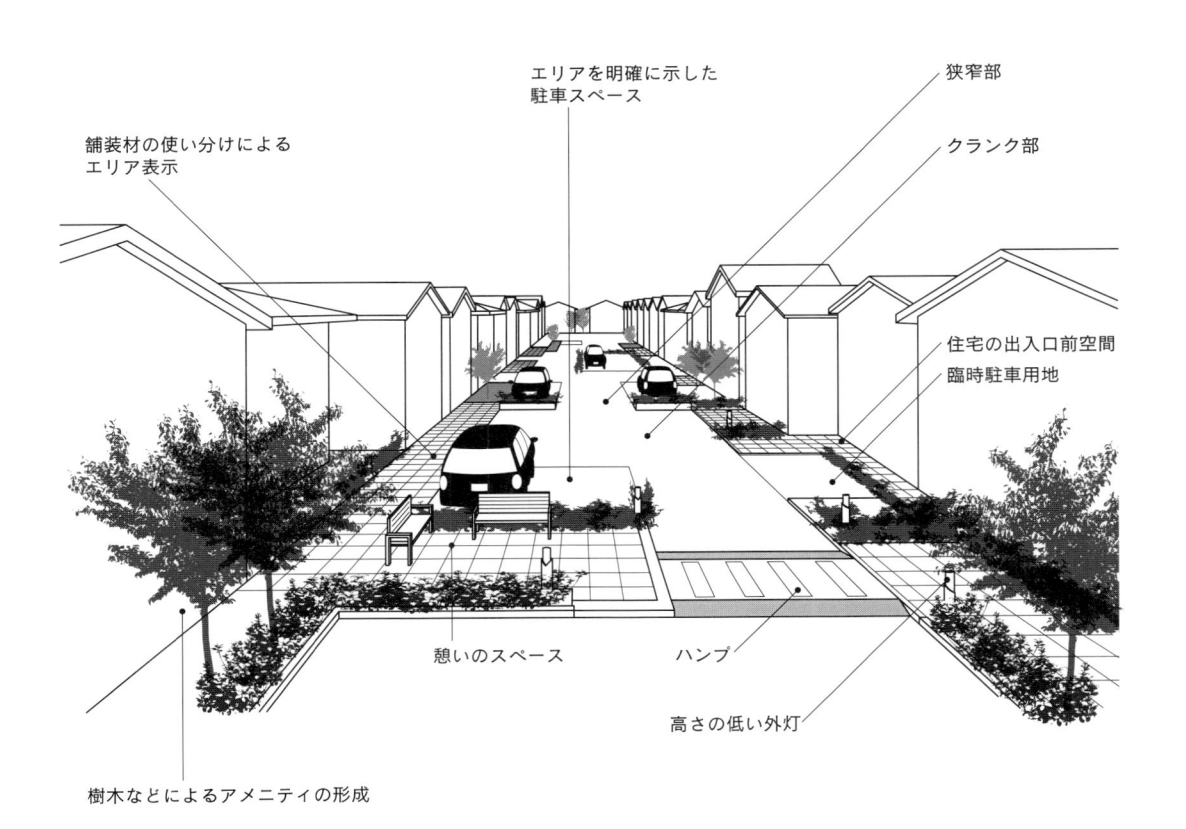

図30　歩車融合の配慮事項

2. 歩行空間　071

7. 横断歩道

自動車と平面交差せざるを得ない場所は、横断歩道として、多様な歩行者の安全で円滑な横断が行えるように考慮する。

近年では、視覚障害者に対応した音響式信号機が一般的に設置されており、海外では振動音の場合もある（写真31）。日本では鳥の声による音声誘導となるが、都市部の繁華街では、大型ビジョンや店舗からの音楽など周囲の物音で音声誘導がかき消されることがある。基準に準じた一律の整備には問題がある。また、横断交通量が多くないところでは押しボタン式にしてもよいが、高さや位置を適正にし、点字ブロックなどで、その立ち位置の所在を知らせる必要がある。

横断歩道に接するマウンドアップ方式の歩道の段差切下げ部分はスロープ状になる。ここでは縁石も切り下げるが、車いすやベビーカーで円滑に昇降できる形状とする。縁石と周囲の路面の形状によっては、車いすでの走行が困難になったり、雨天時に水たまりにならない配慮を行う（図32）。

視覚障害者に歩道と車道の区分がはっきりわかるように、2 cm以下の段差を設けることに加えて、点字ブロックなどで境界を明瞭にする（図33）。また、横断歩道の範囲を示すため、境界線に点字鋲を打つなど、足の触覚で判断できるような工夫も検討しておきたい。横断歩道上にも点字ブロックの役割を果たす表示のある誘導が望ましい。

道路幅が大きい幹線道路上の横断歩道では、歩行困難者などが短い信号間隔では渡りきれないので、途中に一時待機のプラットフォーム（島）が必要となる。この場合も、歩車道間に段差がないように配慮する（図34）。

一方、道路幅が狭い住宅街にある横断歩道では、横断歩道部分を歩道の高さに合わせて高くし、車道におけるハンプ（路上のコブ）とすることが望まれる。これにより車いすやベビーカーなどが通行しやすくなり、車の走行速度抑制にもつながる（図35）。この場合、視覚障害者にとっては車道部分と歩道部分が区別しにくいので、その境界部分において、触覚的な表示などで情報提供を行うことが求められる。

写真31 さまざまな信号機 （左からイギリス、日本、フランス、ドイツ、台湾）
誤認を防ぐため、太陽光の反射を防いだり、見える方向を限定するためのつばが付いたもの、信号が変わるまでの秒数が表示されるものなど、さまざまな形式・形状が見られる。また、色に加えて「人の形」を表示し、より直感的にわかりやすくなるよう、配慮された信号機も見られる。これらの中には「歩く人」の動きがだんだん早くなることにより、信号が変わるまでの時間を示すものもある。

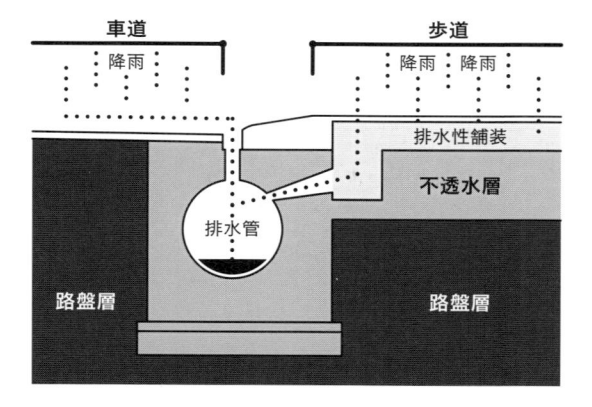

図32 切下げ部分の水たまりへの配慮
歩行のバリアにならないための排水処理が必要。

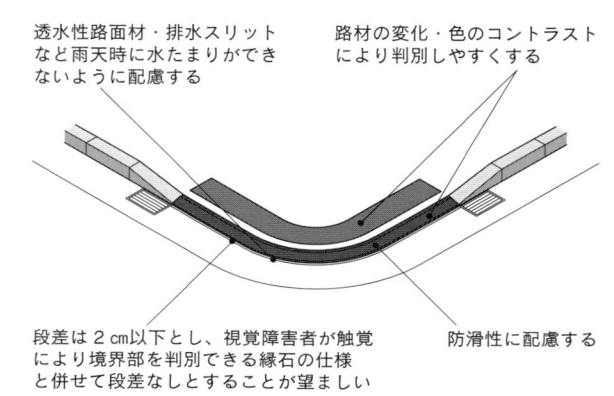

図33 境界部分のわかりやすさへの配慮
境界部には認識しやすく、安全に通行できるよう処理が必要である。

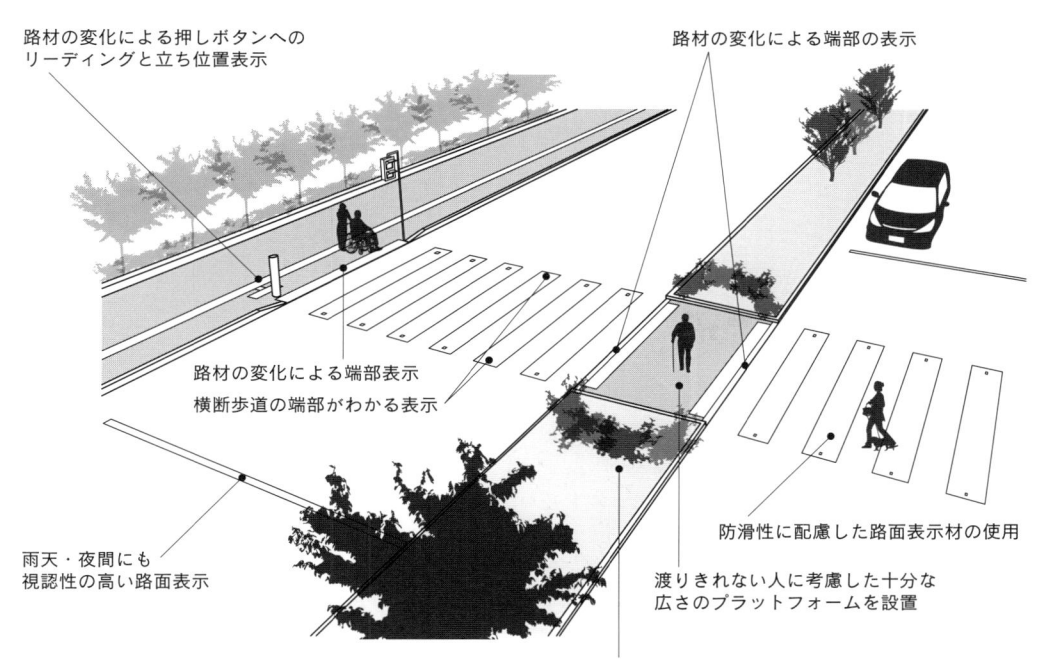

図34　横断歩道の配慮事項
多様な歩行者とは、身体的な違いだけではなく、歩行速度の違いも大きい。とくに距離の長い横断歩道では、この歩行速度の違いに考慮した配慮や整備が必要となる。

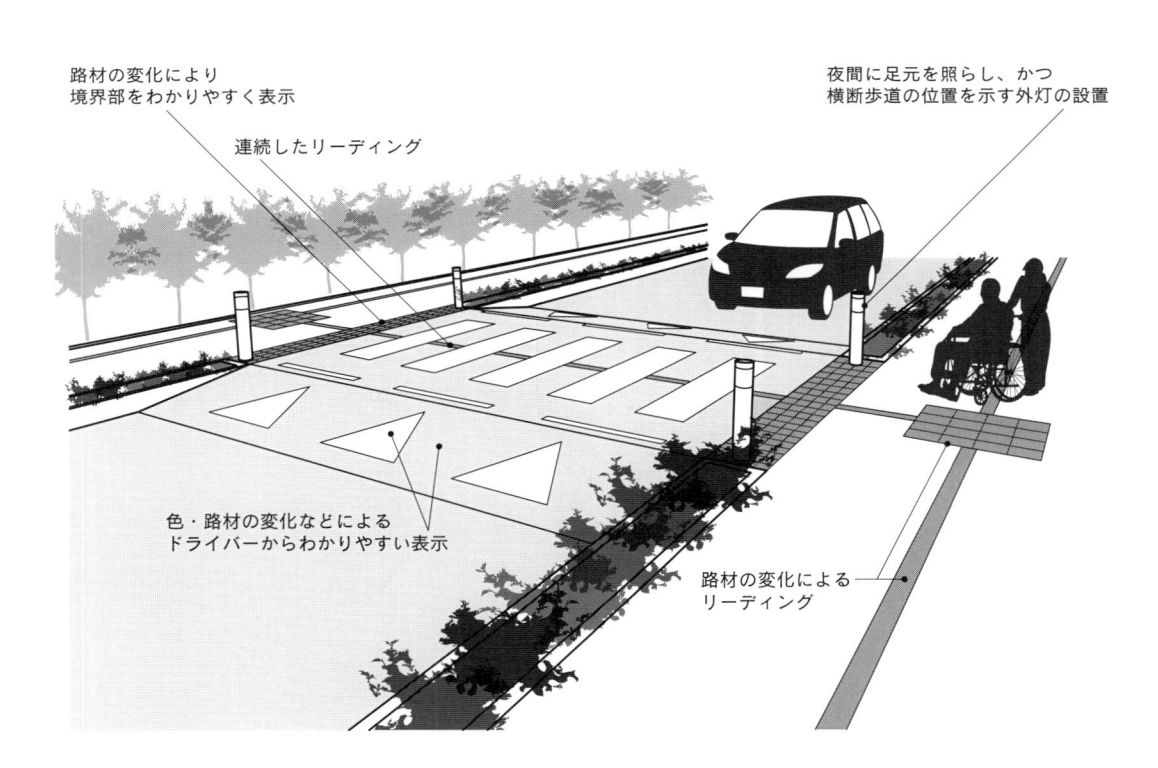

図35　ハンプを用いた横断歩道の配慮事項
ドライバーに対しては、ハンプの存在を知らせるための視覚的配慮が必要になる。一方、視覚障害者には歩道と横断歩道の違いがわかるよう、触覚的・聴覚的配慮を行う。

2. 歩行空間　073

8. 歩道上の設置物

バス停留所

　地域でのバス交通利用を図るバス停留所は、歩道上に設けられる場合がほとんどである。バス停留所には、雨風や夏季の日差しなど、気象条件から利用者を保護しながら待つことや休憩できる待合所としての機能が求められる（図36）。さらにバス利用に関するものに限らず、利用者に情報を提供する機能も求められる。初めてこの場所のバスを利用する人にも直感的にわかりやすいバス系統や時刻表などの表記や設置場所を含め、見やすさへの配慮も必要である。バス停留所は地域の大切な交通拠点である。この場所が遠目からも見つけやすいよう、サインの設置や特徴的な形状など、見え方に配慮する。

　乗り場で列をなして待っているときにも、背もたれのある座るスペースを設けるなど、長い待ち時間でも楽に過ごせる配慮をする。

　バスの運行状況を示すバスロケーションシステムなどの即時性のある情報提供によるストレス緩和も心理上の UD として大切である。

街路灯

　街路灯などの照明も歩道を安全・快適に利用するために役立つ。

　夜間の歩行を安全に手助けする街路灯は、車の運転者だけでなく、歩行者の視点からも検討して整備する。光源によるグレア（不快感を伴う見えづらさ）に注意し、必要な明るさを確保して歩行時の安全誘導を助けたり、歩道の雰囲気を向上させるものを導入したい。

　サインや歩道の空間形状が変化する場所など、ポイントになる場所には空間形状を理解するのに効果がある照明を付加するとよい。

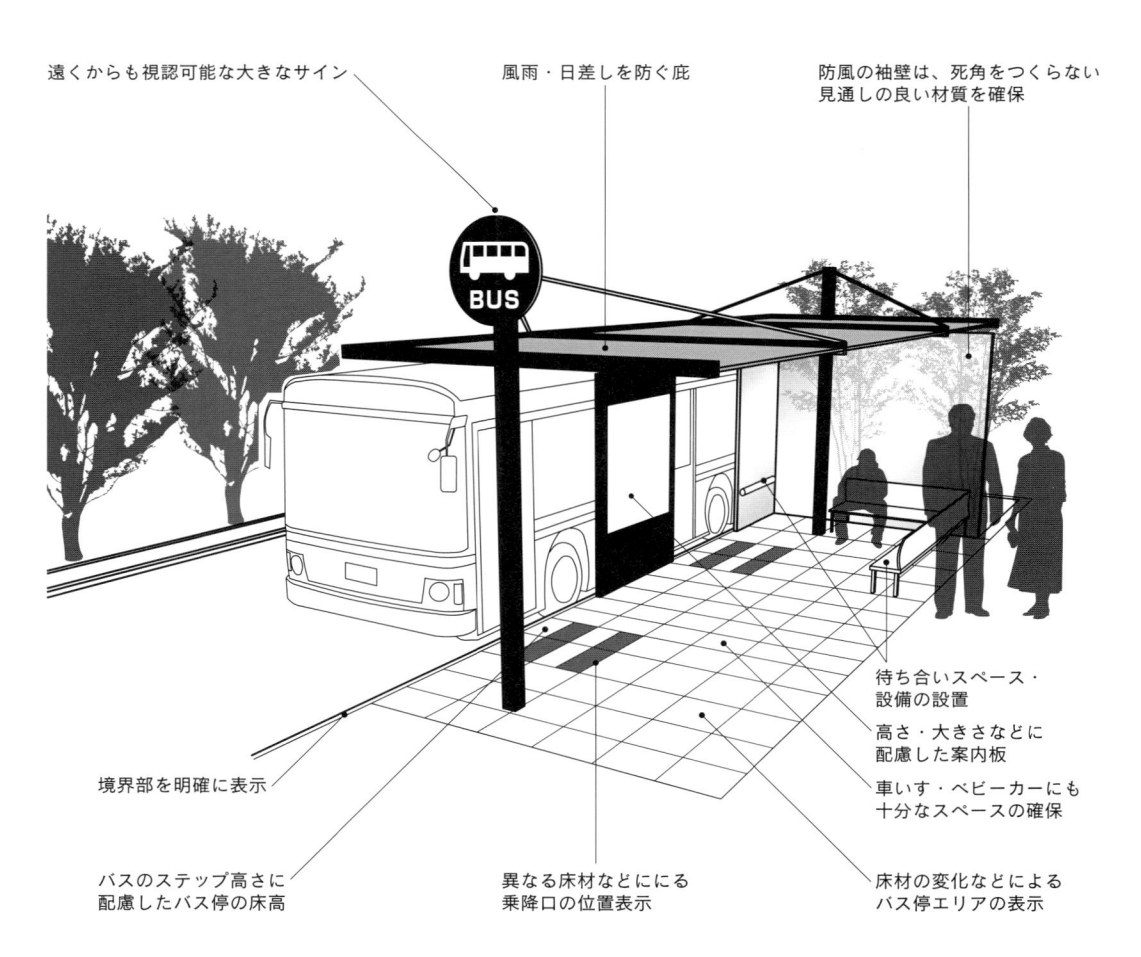

図36　バス停における配慮事項
車いす使用者などの利用も含め、広さや待ち合いスペースの確保、わかりやすい表示など、総合的な空間づくりが必要である。

街路樹

歩行空間の景観形成や自然環境としての調整機能がある。高齢者をはじめ、歩道の休憩空間の要素として、緑陰や季節感を味わう癒しの役割も果たす。樹種の選定は他の事物とともに配置に留意する。生き物であるから、十分なメンテナンスが不可欠である。

パブリックアート

彫刻をはじめ、種々のアートで歩道を彩ることで、楽しさや文化的な景観の創出につなげたい。しかし、その配置やデザインの内容で歩行空間の安全性など基本を損ねてはならない。

配置によっては放置自転車などを誘発する空間を生み出す。また、見るだけでなく触れたり、座ったりするファニチャー的なデザインもあるが、歩行者の顔や目に当たるなどの危険がないように気をつける。床面の舗装仕上げで仕上げたアート表現においても歩行者に視覚的な混乱を与えないよう配慮したい（図37）。

公衆電話・緊急通報

携帯電話の普及で設置が少なくなった公衆電話ではあるが、携帯電話が使用しにくい人や事故や災害など緊急時のことを考慮して、歩道上のわかりやすい場所に設置するべきである。この場合、長時間の立位姿勢が困難な人への腰掛けや背もたれを設置する配慮を加える。

電気設備

無電柱と引替えに歩道上に設置されることの多い電気設備は景観上、また歩行空間のスペースや安全へ視界確保の視点から、高さや配置を考慮する。

ランドマーク的機能（視界には近づくことはできない）

止まり木的機能（荷物の整理・一時的置き場など）

居場所形成的機能（休憩・待ち合わせ・会話など）

遊具的機能（親子で遊ぶなど）

図37　パブリックアートの種類と機能
パブリックアートは、使われ方によって4つに大別される。これらの機能の違いを考慮して設置することで、総合的な空間計画において、より効果的な環境要素として活用することができる。

3 立体移動空間

1. 立体移動空間に求められる機能

都市空間では地下化や高層化が進み、大規模で複雑な建築物が増加している。都市環境の中で建築を計画する際には、地上部や地下部をどのように建築の外部とつなげるかが基本的な課題である。そのため、自動車交通との交差を避け、安全で快適な歩行を確保する立体移動空間の役割は大きい。

立体移動空間には、横断歩道橋（以下、歩道橋）、地下横断歩道（以下、地下道）、ペデストリアンデッキ（以下、スカイウォーク）がある。

これらの空間は外部空間と建築を立体的につなぐアプローチであり、単体の建築が点から線、面へとつながることにより、個々の生活空間はよりいっそう利用者に便利になる（図38、39）。

建築物は法的には接道義務があり、何らかの形で道路と敷地はつながらなければならない。接している道路とつなぐ場合、多様な歩行者のアプローチを考慮するため、周辺環境との関係から検討する。最終的には必ずしも1階だけに限定せず立体的な移動空間も含めて計画を進める。

移動空間には、UDとして追求した工夫がさりげなく美しく備わっていることが基本である。また、アプローチの動線には次の機能が求められる。

①**安全な動線** 自動車などの交通との事故のおそれがなく、安心して歩行できるように配慮が必要である。
②**わかりやすい動線** 迷わないで移動できるわかりやすい動線による移動空間とし、複雑な迷路構造でなくシンプルな構造にすべきである。
③**みんなが同じ動線** 基本的にみんなが同じ動線を利用できるよう配慮する。たとえば、車いす使用者だけ離れた別のルートを利用させるような特別扱いは避けるべきである。
④**連続性のある動線** 途中でふさがることなく目的とする場所まで連続的に構成されるようにする。
⑤**移動の身体的な負荷の少ない動線** 水平・垂直の移動距離を短くし、移動の面倒さや負担を軽減するよう、設備機器などの導入と併せて配慮する。
⑥**楽しさや魅力を備えた動線** 単に移動するだけでなく、市民の生活空間として、一時的な利用を含めて、移動によって楽しさや興味を持つことのできる魅力を備える。
⑦**天候など気象条件に左右されない動線** 雨、雪、風などの気象条件や暑さ寒さなどの気温を気にしない快適さに配慮する。
⑧**都市の広場機能を受け入れる動線** 円滑な交通に支障のないよう配慮する中で、各種のイベントや人々の憩いが満たされるように工夫する。

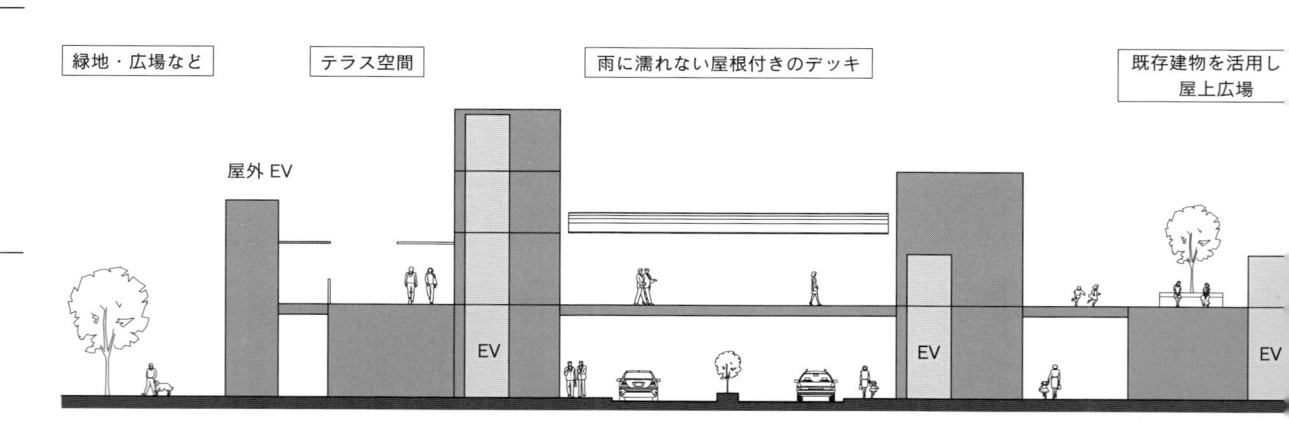

図38　建物の立体的な接続
既存建物・施設の活用を含め、さまざまな機能を持った空間をつなぐことにより、立体的かつ面的に広がりのある都市空間を形成する。

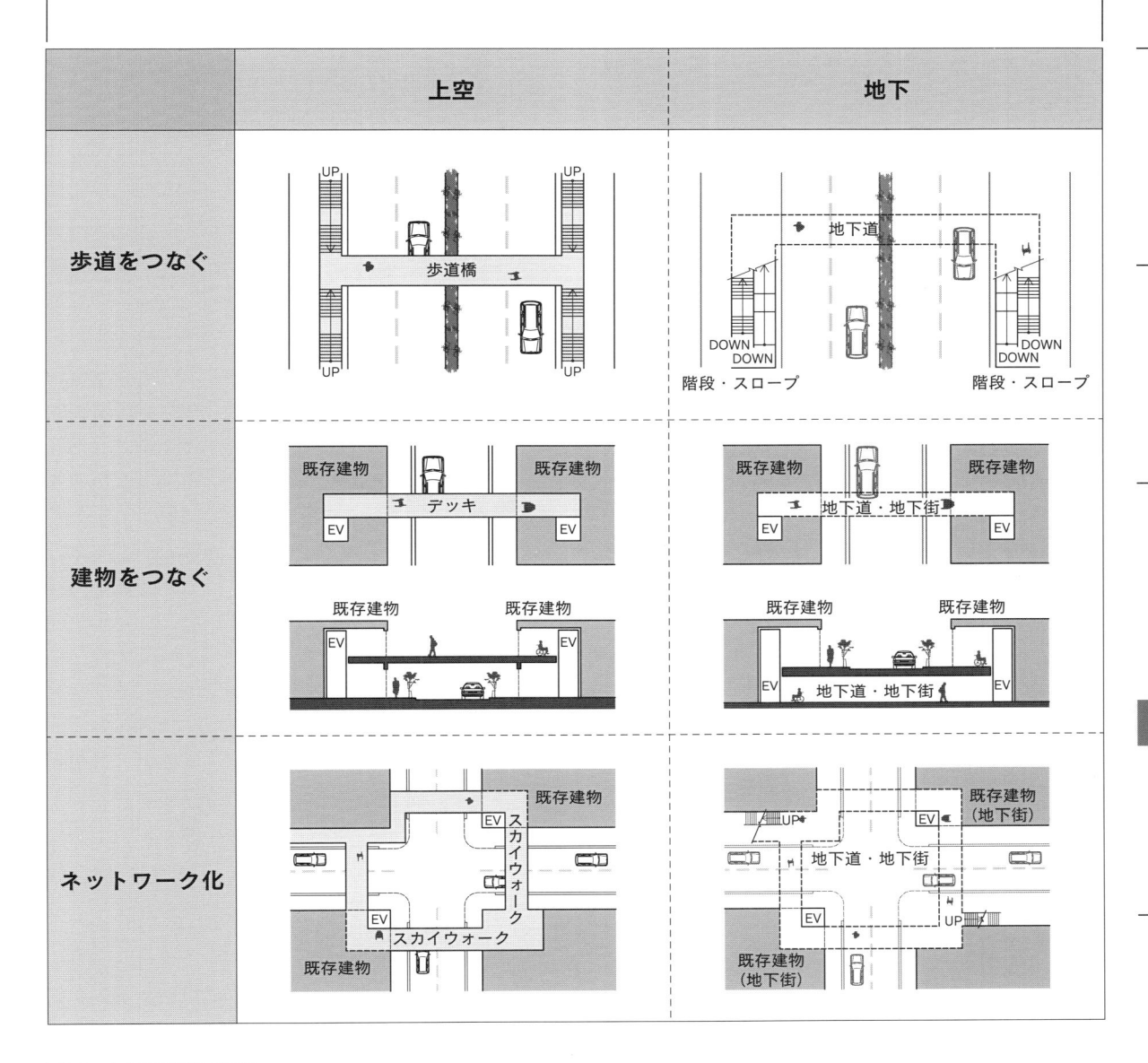

	上空	地下
歩道をつなぐ	歩道橋	地下道 階段・スロープ 階段・スロープ
建物をつなぐ	既存建物 デッキ 既存建物 既存建物　既存建物	既存建物 地下道・地下街 既存建物 既存建物　既存建物 地下道・地下街
ネットワーク化	既存建物 スカイウォーク スカイウォーク 既存建物	既存建物（地下街） 地下道・地下街 既存建物（地下街）

図39　立体移動空間の種類

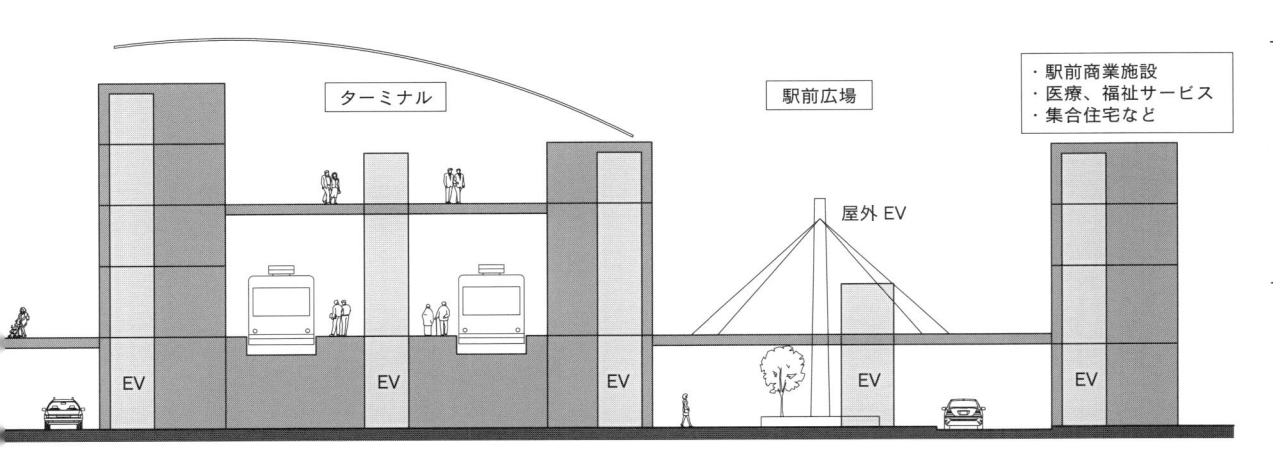

ターミナル　駅前広場　・駅前商業施設
・医療、福祉サービス
・集合住宅など

屋外EV

バスターミナル、タクシーなど

3. 立体移動空間

2. 歩道橋

車優先から、人にやさしいデザインに

歩道橋は、道路施設として歩車分離された立体横断施設である。しかし、歩道橋自体大きな垂直移動を伴うことが多く、歩行者にとってあまりやさしいものではない。また、階段下の空間は死角になったり、ごみ捨て場や放置自転車の誘発場所にもなる（図40）。

歩道橋に関する階段やスロープ、エレベーターなどの施設整備については、公的な基準による。UDの視点から歩道橋と隣接する建築とのあり方を検討する。建築を隣接する歩道橋と連結する計画であっても、床の高低差を生じることが多い（図41）。

高齢者や車いす・ベビーカーなどの使用者は階段のみの歩道橋を利用することが困難である。スロープやエレベーター、エスカレーターを設置することが望まれるが、その際、それぞれの乗り場の整備に工夫が必要となる（図42）。

エレベーターの乗降口は死角になる場所を避ける。スロープやエスカレーターの位置や方向は、階段の上り口と並列に配置することで、迂回させることなく、移動距離の負担感を軽減させる工夫が必要である。

垂直移動のバリアフリー

基本となる階段の蹴上げ、踏み面の寸法の組合せは安全に上り下りしやすいものとし、これらの寸法は同一の階段で変化させてはならない。とりわけ、階段の上り口や下り口に付随する高低差処理のための階段や周辺の地盤の変化で急な寸法変化を生じないように配慮する。

歩道橋に設置するエレベーターの出入口位置の組合せは、周辺との動線の関係から適切な方式を選定する（図43）。待ちスペースや庇の設置などとともに、内外からの見通しを確保する。

歩道橋に設置するエスカレーターは、とくに外部空間に設置するので、雨風に対する配慮を行う。濡れずに移動できる連続動線としたい。ステップの踏み面は、平坦さや滑りにくさに配慮する。

色と照明

階段やスロープなどの高低差のある床の形状が、鮮かな色彩のコントラストや照度分布で注意喚起を促す配慮が大切である。エレベーターについては、死角とならないような見通しを夜間でも確保できる照明の工夫が必要である。

図40　こみや放置自転車を誘発する歩道橋下の空間
歩道橋下の空間は死角やデッドスペースとなりやすいことから、不法投棄や放置自転車を誘発することが多い。見通しの確保やしつらえ、夜間の照度を上げるなど、薄暗いイメージをなくすことが大切である。

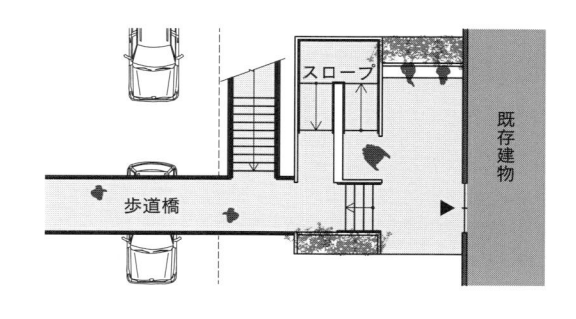

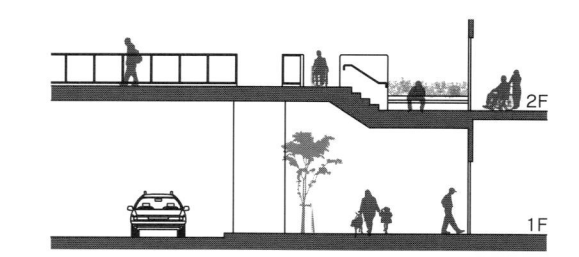

図41　歩道橋と既存建物とのつながり
歩道橋下部に必要なクリアランス（あき）と建物の階高の違いから、接続部分に段差が生じることがある。スロープを併設する際は大きな迂回路とならないようにする。

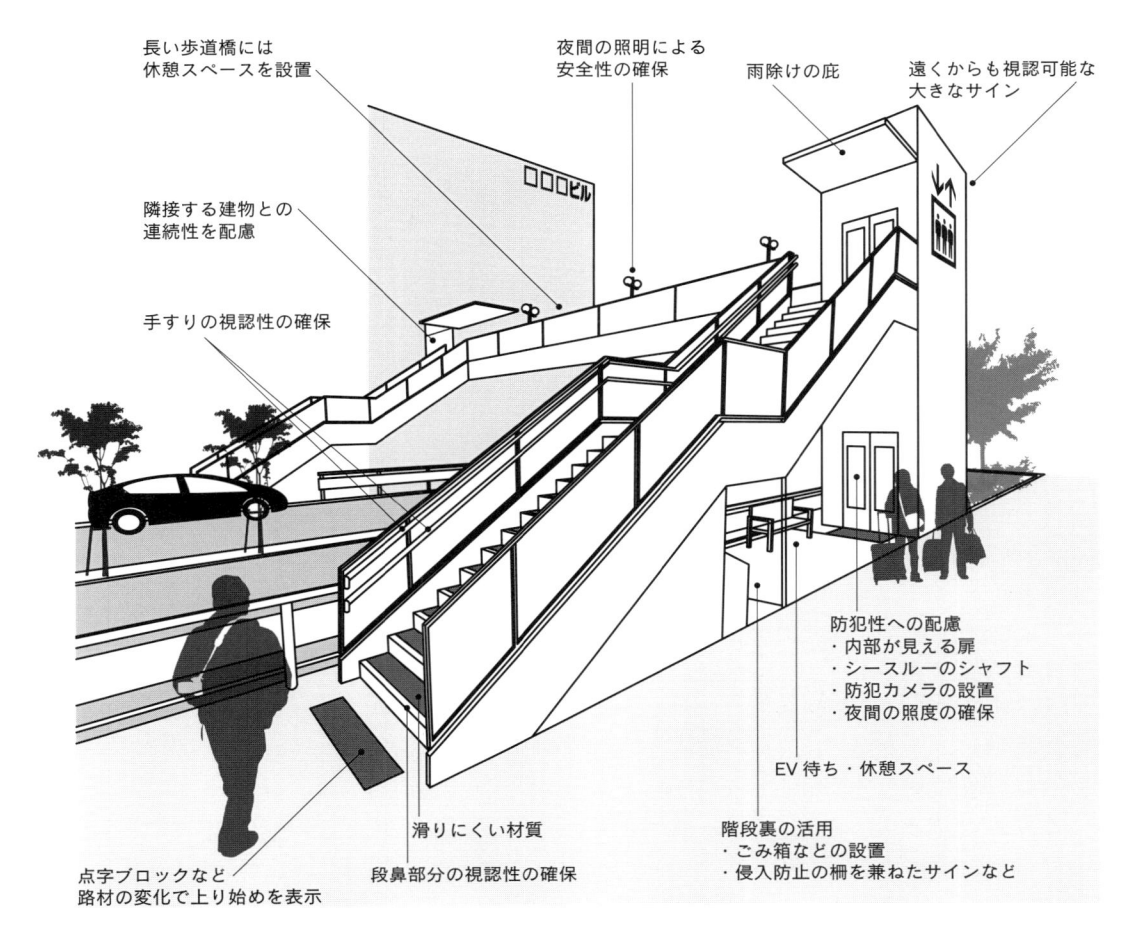

図42　エレベーターと一体整備された歩道橋の配慮事項
基礎的な安全性に加え、歩道橋の下部空間の活用や、歩道橋とエレベーターの位置関係などの動線的な利用しやすさにも配慮する。

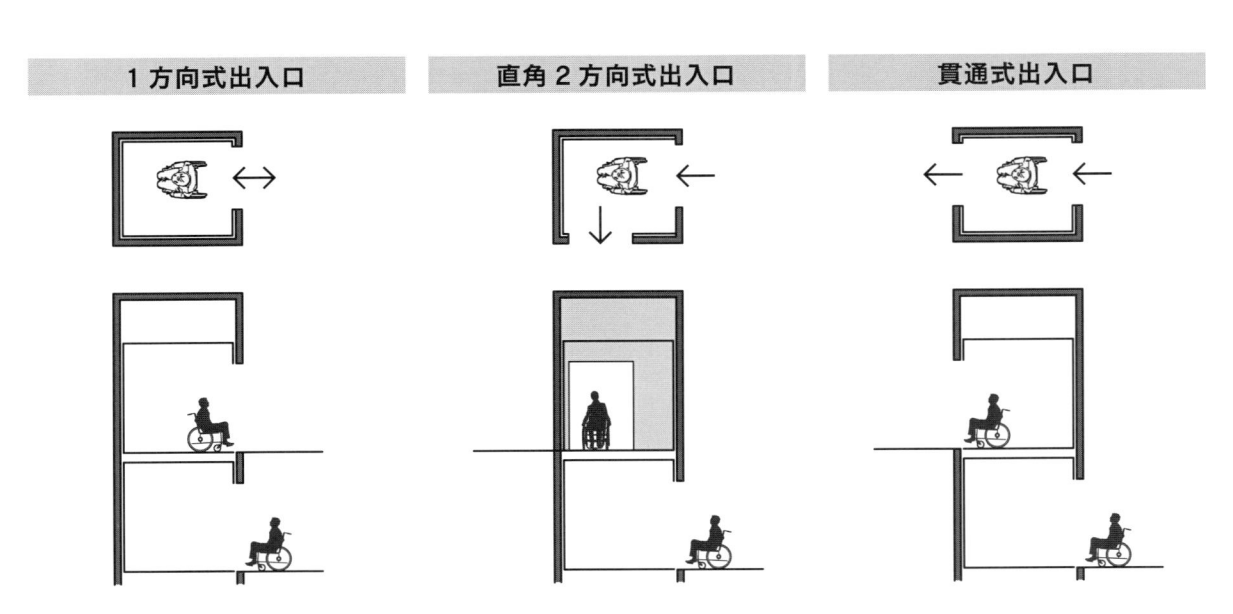

主な配慮事項：
- 長い歩道橋には休憩スペースを設置
- 夜間の照明による安全性の確保
- 雨除けの庇
- 遠くからも視認可能な大きなサイン
- 隣接する建物との連続性を配慮
- 手すりの視認性の確保
- 防犯性への配慮
  ・内部が見える扉
  ・シースルーのシャフト
  ・防犯カメラの設置
  ・夜間の照度の確保
- EV待ち・休憩スペース
- 階段裏の活用
  ・ごみ箱などの設置
  ・侵入防止の柵を兼ねたサインなど
- 滑りにくい材質
- 段鼻部分の視認性の確保
- 点字ブロックなど路材の変化で上り始めを表示

1方向式出入口
最も一般的な形式。車いすがかご内で旋回できない場合は、後ろ向きに降りることになる。

直角2方向式出入口
乗り口と降り口の位置が90°異なる形式。小回りの利きにくい電動車いすや大型の車いす使用者には移動が困難な場合がある。

貫通式出入口
乗り口と降り口の位置が向かい合う形式。通り抜けられるので、車いすがかご内で旋回する必要がない。

図43　エレベーターの開閉位置の組合せ

3. 立体移動空間

3. 地下道

地下で複雑に広がる都市空間

　都市空間は、地下空間へも広がりを見せている。地下に駐車場や駐輪場を設置する事例も多い。スペースの確保だけではなく、人と車の分離による安全性の確保や外部の厳しい気象条件から生活を守る快適性の確保からも、地下道や地下街の地下空間が活用される。

　地下道は、過密化した地上部の道路横断を改善するために地下部分に設けられたものである。しかし、地下には都市のインフラとしての設備や交通施設など既存の都市施設が多く、その構造は複雑になりやすい。垂直移動や水平移動における多様な歩行者の身体条件や心理面を考慮する環境デザインが必要となる。

垂直移動のバリアフリー

　地下道は通常は歩道空間の制約もあり、大多数の地下道は階段のみの垂直移動である。

　地下道から、避難階となる1階などへのアクセシビリティを高めるために階段、エレベーター、スロープなどの垂直動線の空間構造や形状のバリアフリーが必要である。隣接するビルとの接続においては地下道とビルとの間での段差処理が確実に実施できることが肝要である。段差がある場合はできるだけ見通しがよくなるよう留意して、スロープを設置する。

わかりやすい空間の実現

　地下道に隣接する目的の建築物へ至る出入口や地上への出入口の位置は、わかりにくいことが多い。どのようにわかりやすさを確保するか、サインや記憶のランドマークのデザインが重要になり、エレベーターや階段などを併設して利用者が見つけやすくすることも必要である。壁や天井におけるアートや形状、仕上げの工夫は、不慣れな環境において目的地を探す行動を意味するウェイファインディングとして、わかりやすい移動空間の実現にもつながる。人間が本来持っている、空間を把握する能力を活用できるようなデザイン上の工夫が期待される。

　もとより、地下道のルートが複雑に分岐しないように、直感的にその方向や位置関係が把握しやすくする空間配置が重要であることは言うまでもない。

地下空間の安全

　安全性の確保には、犯罪からの環境的配慮と災害時などの安全な避難という点が重要である。

　犯罪については防犯環境設計手法CPTED（Crime Prevention Through Environmental Design）の考え方による配慮とともに、人的な配慮や設備が求められる。死角になりやすく、人通りの少ない地下空間の安全性を確保する対策が必要である。防犯カメラの設置だけでなく、店舗や案内所などを置いて人気を感じさせることも対策のひとつである。

　地下空間では大雨の時など防水や排水が重要で、雨水などが浸入してこない水仕舞いに配慮する。一方、この水仕舞いが新たなバリアとなって移動困難者を生み出してはならない（図44）。

　避難については、移動制約や情報障害などによって「災害弱者」が発生しないよう、普段からの配慮が欠かせない。特殊な避難ルートを設定するよりは、日常的に使用する動線を基本に計画したほうがよい。

地下空間のアメニティ

　地下空間では、換気や空調が重要である。夜間などは人通りが少なくなることから、放尿など不衛生な行為の発生を抑制する配慮も必要である。

　単調で長い距離の地下道には、単調さから脱却するデザインが求められる。単純な通行のみではなく、広場的な休憩空間やベンチ、植栽、噴水、アートなど必要な装置のためのスペースを検討するなど、休息スペースを考慮した移動空間の実現を図りたい。そのためには、UDとして次の方法を検討する（図45、46）。

① 色彩や光を活用する
② 距離・時間を緩和する補助手段を導入する
③ 吹抜け空間などといった空間形態に変化をつける
④ 休息や遊びなどの広場空間をつくる

写真46　地下空間
単調な地下空間の壁面に変化をつけるだけでなく、交差部では、ランドマークとなる広場としてのデザインを施している。

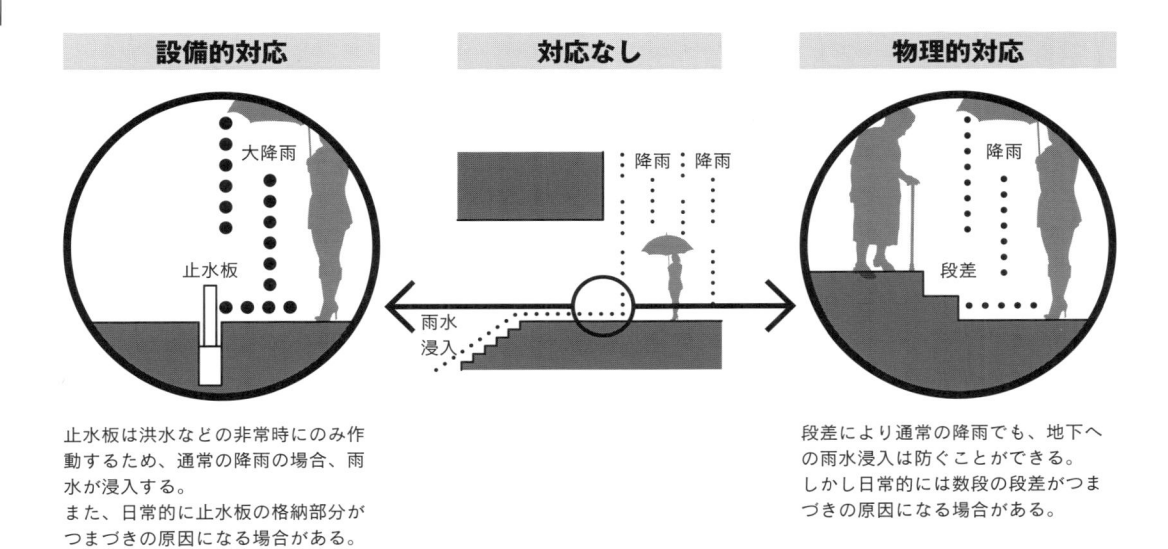

設備的対応	対応なし	物理的対応
大降雨／止水板	降雨	降雨／段差

止水板は洪水などの非常時にのみ作動するため、通常の降雨の場合、雨水が浸入する。
また、日常的に止水板の格納部分がつまづきの原因になる場合がある。

段差により通常の降雨でも、地下への雨水浸入は防ぐことができる。
しかし日常的には数段の段差がつまづきの原因になる場合がある。

図44　地下道の入口の形状と雨仕舞い

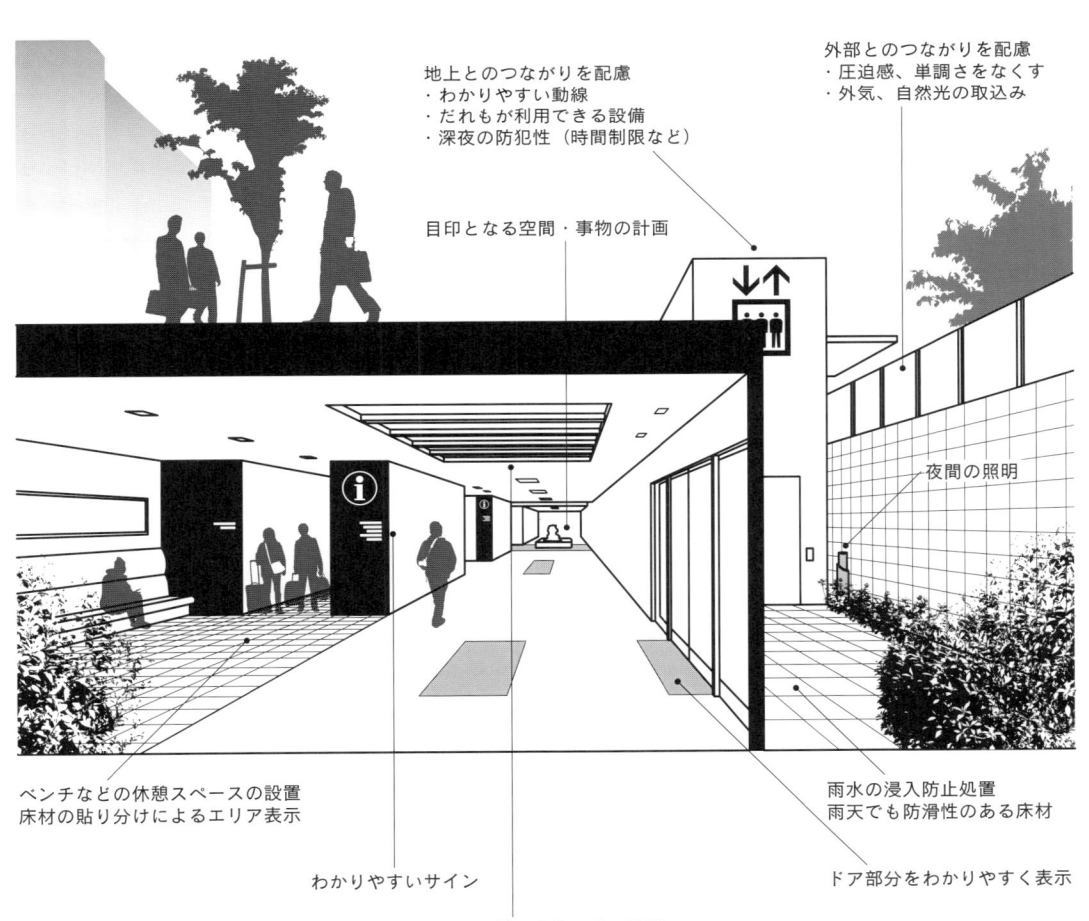

地上とのつながりを配慮
・わかりやすい動線
・だれもが利用できる設備
・深夜の防犯性（時間制限など）

外部とのつながりを配慮
・圧迫感、単調さをなくす
・外気、自然光の取込み

目印となる空間・事物の計画

夜間の照明

ベンチなどの休憩スペースの設置
床材の貼り分けによるエリア表示

雨水の浸入防止処置
雨天でも防滑性のある床材

わかりやすいサイン

ドア部分をわかりやすく表示

天井の変化による演出
トップライトなどによる自然光の取込み

図45　地下道の配慮事項
利用の際のわかりやすさや圧迫感、単調さを感じさせないための空間の変化などの配慮が大切である。加えて夜間の安全・防犯性や緊急時の避難経路などをわかりやすくする。

3. 立体移動空間

4. スカイウォーク（ペデストリアンデッキ）

建築を上空でつなぐ

近年、都市における建築は大規模化、複合化され、隣接施設との連結が一般化しつつある。より多くの建築を点から線、面へと安全・快適につないでいくことで、多様な機能を充足する有機的な都市環境の実現を図る。上空で建築物をつなぎ、歩行者の一体的な往来を確保する連結空間をスカイウォークと呼ぶ。

鉄道駅や旅客船ターミナル、空港など交通ターミナルには不特定多数の利用者が集中し、多くの関連する施設が隣接する。ここにおいて発生する種々の乗換えなどの移動行為は、より円滑に快適に行えることが求められる。このようなターミナル空間において多様な動線を立体的に処理する手法としてスカイウォークの導入が有効である（図47）。

既存施設を活用したスカイウォーク

地域の低層建築群の屋上空間をつないでスカイウォークとしたり、既存の歩道橋を活用して新たに増設した建築と一体化することでスカイウォークとして機能させることもできる。

既存施設は建築だけでなく、鉄道や道路などの土木施設を対象として計画することもできる。都心部にあった鉄道高架橋が使用されなくなったので、解体撤去せずに高架部分にあった市民の散策や休憩広場となるウォーキングウォークとし、下部空間は改修して、ギャラリーや店舗とした例がある。隣接する建築とのアプローチが設けられているところもあり、地域のスカイウォークとして機能している（写真48）。

快適性の追求

地上面から高く上がった場所は、眺めがいいので休憩機能や地上から独立した広場機能を生み出すこともある。ストリートパフォーマンスや露天商が店を開くのもこのような空間の特質からであろう。

スカイウォークの空間を歩行スペースのみならず、不特定多数の人たちの休憩スペースとして活用する。場合によっては、休憩用のために腰掛けることのできる場所や自然の緑や水辺などの快適性向上のための環境デザインを導入する。

通行の支障になることは、公共的な通行空間の本来の目的に合わないが、都市空間における新たな魅力空間になる可能性を示している。

スカイウォークの上部からの雨や日差しを防ぐ必要がある部分においては、庇やシェルターを計画することが、車いす使用者など傘などで対応できない歩行者にとって便利であるだけでなく、他の利用者にとっても快適な歩行を実現することにつながる。

非常時のバリアフリー

スカイウォークは非常時において、避難階となる1階とは離れた空間からの避難になるので、その間のアクセシビリティを高めるためのバリアフリーが安全上重要である。階段やスロープに加え、エレベーターやエスカレーターなどの昇降設備の配置、その位置を示すサインやランドマークのあり方が重要になる。しかし一般に、非常時においてはエレベーターやエスカレーターなどの昇降設備は使えなくなる。基本的にはより安全・快適に避難行動が行える階段やスロープの計画を優先すべきである。

不特定多数の避難行動を円滑に実現するためには、特別な避難行動を前提とする行動ではなく、日常からよく使い慣れ、知られた動線を活用する計画を中心にし、だれもがわかりやすく、避難行動しやすいものとする。

写真48　空中プロムナード（フランス）
旧鉄道の高架橋を、全長4.5kmの緑と花の遊歩道に再開発し、市民の憩いの場にしている。高架下のアーケードには、アトリエショップやブティックが建ち並んでいる。

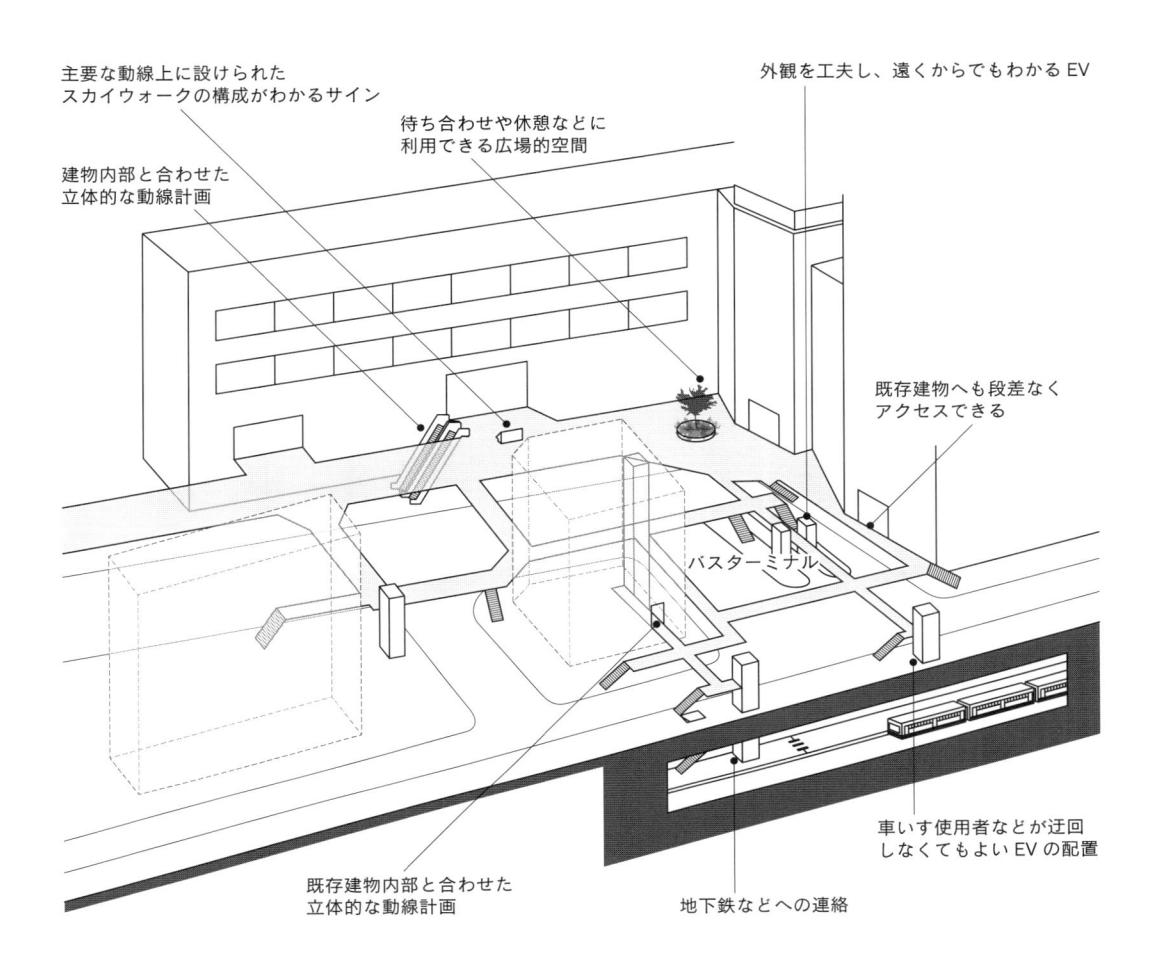

図47 スカイウォークの配慮事項

図中ラベル:
- 主要な動線上に設けられたスカイウォークの構成がわかるサイン
- 建物内部と合わせた立体的な動線計画
- 待ち合わせや休憩などに利用できる広場的空間
- 外観を工夫し、遠くからでもわかるEV
- 既存建物へも段差なくアクセスできる
- バスターミナル
- 既存建物内部と合わせた立体的な動線計画
- 地下鉄などへの連絡
- 車いす使用者などが迂回しなくてもよいEVの配置

3. 立体移動空間　083

4 オープンスペース

1. 建築とオープンスペース

オープンスペースの役割

オープンスペースは、多様な利用者に安全性や快適性をもたらす。また、自然環境としての癒し要素とともに、集まり空間としての広場性やコミュニティ性、遊び心が発揮できる場でもある。敷地に対して建築空間をどのような配置計画で進めるかによって、生み出されるオープンスペースの状況が決まる。周辺に空地を残す方式と、外周壁面をそろえ、中庭などの囲みの空地を生み出す方式に大別できる。

周辺に空地を残す場合、壁面後退空間による敷際の空地の活用が重要である。総合設計制度などによって、確保された公開空地なども単なるオープンスペースではなく、より多くの利用者の利用できる空間として計画したい（図49）。

中庭などの囲みの空地は西欧の国々でよく見られるが、壁面のそろった景観を生み出すとともに、アクセスしやすい通路ができれば、地域の人たちを受け入れるオープンなコミュニティ空間を確保することができる（図50）。

建築の外周空間のバリアとバリアフリー

建築の外周に外敵の侵入を阻止するための塀や門などのバリアを設置する。植込みや生け垣で塀や門を緑化したり、水辺を配置することで自然のバリアを導入する事例も多い。逆に、多くの人のアクセスを容認するためにこれらのバリアをなくし、建築の内外空間を視覚的、動線的につなぐバリアフリーによる環境デザインがある。

侵入を阻止するバリアと進入を円滑にするバリアフリーは、プライベートな空間を守る安全確保の考え方とより多くの人とのふれあいや交流を図ろうとするコミュニティづくりの考え方にそれぞれ対応する概念である。これらの概念を、オープンスペースの環境デザインとしてどのように具体化するかが、UDとして問われるところである。

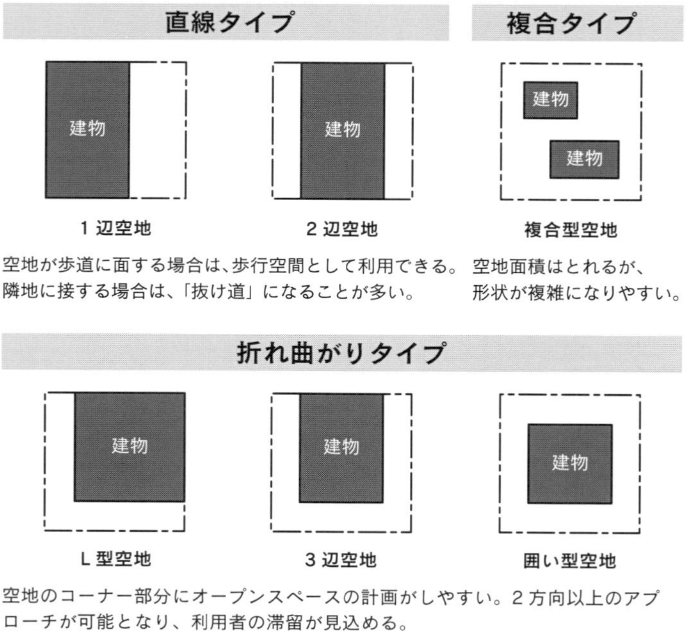

図49　オープンスペースの配置パターン
敷地と建物の関係、さらには接道や隣地との関係により、オープンスペースの特徴は異なる。

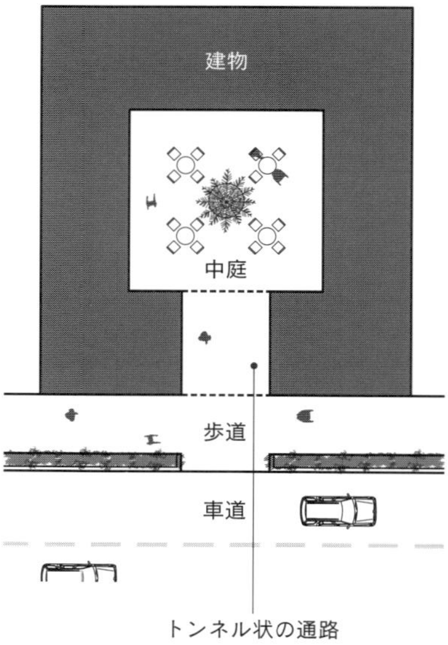

直線タイプ
- 1辺空地
- 2辺空地

空地が歩道に面する場合は、歩行空間として利用できる。隣地に接する場合は、「抜け道」になることが多い。

複合タイプ
- 複合型空地

空地面積はとれるが、形状が複雑になりやすい。

折れ曲がりタイプ
- L型空地
- 3辺空地
- 囲い型空地

空地のコーナー部分にオープンスペースの計画がしやすい。2方向以上のアプローチが可能となり、利用者の滞留が見込める。

図50　囲み配置の中庭
囲み配置とすることにより、中心的機能を持った中庭（広場）とすることができる。

2. 広場のデザイン

日本には広場がないと言われるが、UDの視点から、建築や都市空間には、多様な人たちが利用できる広場空間が求められる。

外部空間でオープンスペースとして設置される広場は、集会機能や展示機能、休息機能など積極的にコモンスペースをつくるものが多い。群集行動と感覚機能に応じた人間工学やコミュニケーション、憩いの視点から、多くの利用者に対する空間的配慮が必要となる。

広場に求められる機能に応じて必要なスペースを確保するとともに、照明やベンチ、トイレなどの設置も併せて検討する。広場床面の舗装材料や形状が、多くの利用者に支障が出ないよう配慮する。

3. 遊び場のデザイン

道路は、「みち」の空間として、地域の住民によって自動車交通に邪魔されず、コミュニティ活動や遊び空間として機能していた時期があった。今や公園や広場などの限定された空間にその機能を求めている。

その遊び場や遊具は特定の人が楽しむだけでなく、五感を刺激し、年齢や性別、身体条件を超えて、市民が利用できる環境の創造を目指したい。遊具は危険が伴いやすいので組織的に配置し、親や管理人、あるいは周囲の人たちの目が届くようにする（図51）。

子どもの遊具を考える場合、安全性を確保し、身体状況の差を越えて一緒に遊べるデザイン配慮が期待される。それは自然からの癒しだけでなく、人と人とのふれあいによる精神的な充実を狙ってのことである。

身体状況を考慮	年齢による身体能力の差異にかかわらず、同じように遊べる	障害の有無にかかわらず、同じように遊べる
だれもが多様な刺激を感じる	年齢や障害の有無にかかわらず、植物などに触れることができる	池の深さの変化やレイズドポンド（持ち上げられた人工池）により、年齢や障害の有無にかかわらず水遊びができる
監視性を確保	遊具周辺にベンチなどを配置し、親が休憩しながら子どもを見ることができる	公園内の死角をなくし、園路や外周道路などから子どもの様子を見ることができる

図51　遊び場での配慮事項
年齢や障害の有無にかかわらず、だれもがさまざまな刺激を感じ、楽しむことのできる配慮が求められる。また、親などが見守りやすい環境を整備することが大切である。

4. 緑地・公園のデザイン

アクセスのデザイン

　大きな緑地や公園の場合は、自動車で来る人を想定して駐車場が用意されている。併せて園内の出入口には、自動車が乗り入れることのないように、または「ここから園内」を示すために車止めがついていることが多い。しかし実は、その車止め自体が歩行者にとってのバリアとなっていることが多い。場合によっては自転車やバイクの進入も禁止するため、特殊な形状のゲートを設置している場所もあるが、とくにベビーカーや車いす使用者にとっては、通行に手間がかかる。そのため、その形状や寸法、材質に工夫を凝らしたものを計画しなければならない。

　さらに緑地・公園内で、利用者にアクセスさせるエリアについて、車いす使用者や視覚障害者、多様な人が安全に通行できるよう、幅員、床面形状、勾配、仕上げなど、通路の空間構造に配慮する（図52、53）。

センサリーガーデン

　センサリーガーデンとは見る、聞く、香る、触る、味わうという五感で楽しめる「感覚の庭」という意味である（図54）。季節や時間ごとの変化に富む花やハーブの香りを楽しみ、風や葉の音、光の動き、木の実をついばむ小鳥のさえずりも庭の一部として楽しむ。鈴や鐘など人工物からの音を、視覚的モニュメントとともに楽しむのもよい。噴水の水音を聞いたり、水に触れてもよいし、水の中に入ってもよい。車いす利用者も、レイズドベッド（花壇）で車いすに座ったまま花に触れたり、顔を寄せて香りを楽しむこともできる（図55）。路面の仕上げ材の変化やコントラストを、園路のリーディング（誘導）としてわかりやすさのデザインに活用する。

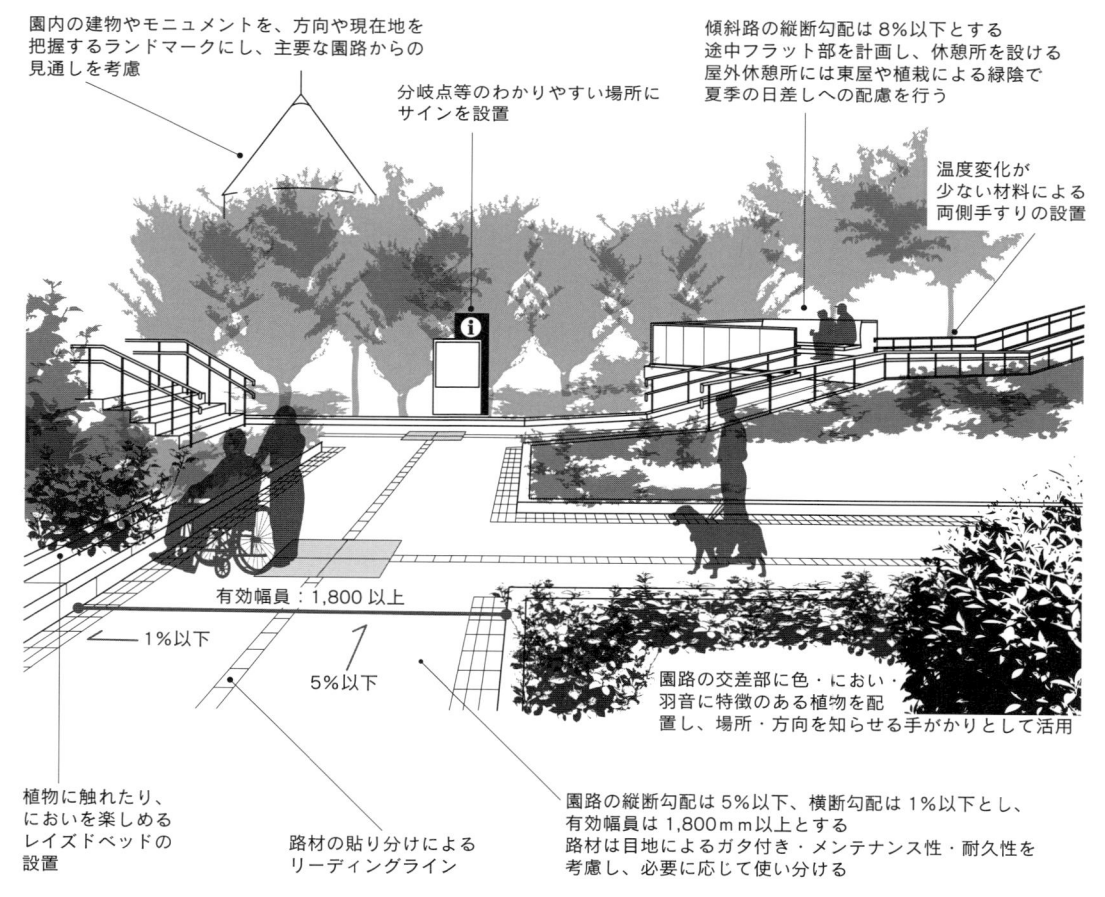

図52　緑地・公園の配慮事項
視覚に加え、聴覚・嗅覚などさまざまな感覚を活用し、だれもが安全・快適に楽しめる環境とする。

- 園内の建物やモニュメントを、方向や現在地を把握するランドマークにし、主要な園路からの見通しを考慮
- 分岐点等のわかりやすい場所にサインを設置
- 傾斜路の縦断勾配は8％以下とする　途中フラット部を計画し、休憩所を設ける　屋外休憩所には東屋や植栽による緑陰で夏季の日差しへの配慮を行う
- 温度変化が少ない材料による両側手すりの設置
- 有効幅員：1,800以上
- 1％以下
- 5％以下
- 植物に触れたり、においを楽しめるレイズドベッドの設置
- 路材の貼り分けによるリーディングライン
- 園路の交差部に色・におい・羽音に特徴のある植物を配置し、場所・方向を知らせる手がかりとして活用
- 園路の縦断勾配は5％以下、横断勾配は1％以下とし、有効幅員は1,800mm以上とする　路材は目地によるガタ付き・メンテナンス性・耐久性を考慮し、必要に応じて使い分ける

ペットへの配慮

ペットを連れて、公園など近隣のオープンスペースを散歩する人は少なくない。ペットとともに生活する効果は日常の癒し環境として実感される。散歩の際に飼い主がフンを処理するためのボックスやこれを処理する袋などを設置することで飼い主への啓蒙にもなる（写真56）。

また、人と同様、ペットのための水飲み場など一緒に休憩できる場を計画することで、ペットとの生活の場がより広がる（写真57）。

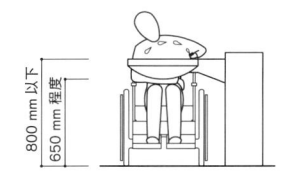

水飲み
・車いすが入る下部クリアランスを設ける。
・水が垂直に噴出するものより円弧状に噴出するほうがよい。

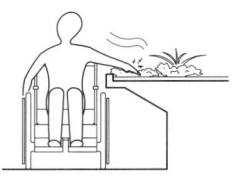

レイズドベッド
・車いすからの視線を考慮することで、植物を身近に感じることができる。
・触ると香りのする植物を用いることで、多様な感覚を刺激できる。

図55　車いすで利用できる公園設備
基本的なアクセシビリティに加え、顔や視線の高さ、手の届く範囲などを考慮して細部の計画を行うことが大切である。

休憩スペース内はフラットとし、段差なくアクセスできるようにする

路材の貼り分けなどにより境界部を明確にする

見通しの妨げられない配慮した植栽計画

柱脚と路材の色を変えることにより柱脚の視認性を高め衝突防止をする

車いすやベビーカーでも利用できるよう直径1,500 mm以上のスペースを確保する
一緒に休憩できるいす・テーブルの配置を行う

図53　園内の休憩スペースの配慮事項
バリアフリーによるアクセスのしやすさに加え、身体状況にかかわらず、だれもが一緒に休憩できる配慮を行う。

音を奏でる遊具
緑に囲まれた一角に設置された音のモニュメント。音によって視覚障害者はもとより利用者にとってのランドマークとなる。

図54　センサリーガーデン配置図（デンマーク）
感覚を刺激するしかけにより、幅広い利用者が楽しめる環境となっている。

❶入口
❷御影石の環
❸絡み合う彫刻の不思議な場所
❹横断歩道
❺川辺の岩風景
❻水のない湖の風景
❼ラベンダーの島
❽杭の迷路
❾ホップが覆う木陰
❿竹林
⓫一本の木立
⓬アサツキの窪地
⓭ソフトハーブの小丘
⓮泉のある香りの庭
⓯背高多年生植物の静寂の場
⓰とげのある常緑樹
⓱反射光の水たまり
⓲ボロボロの彫刻がある灌木林
⓳ニレの腰掛け
⓴未来のエレメント
㉑あずまやの庭
㉒銀杏の林
㉓蝶の庭
㉔黄色の庭
㉕障害者トイレ

4. オープンスペース　087

防災公園

　震災や大火災などで被災した住民が一時的に避難するだけでなく、復興までのしばらくの間、共に支え合い生活していく環境の拠点的空間のひとつとして位置づけられるのが防災公園である。

　防災公園には、日常的には地域の公園として、子どもから高齢者まで自由に利用できるオープンスペースがある。非常時には防火用水とする地下貯水タンクなどを備えるほか、仮設のトイレや焚き口に変化する設備が普段はベンチとして配置されている。防災は地域のコミュニティ活動の延長線上にある。

　防災公園の考え方を導入して整備する対象としては、公園だけでなく、その他のオープンスペースや大型ショッピングセンターの駐車場なども考慮されてよいであろう（写真58、図59）。そして、だれもが地域の安全安心の拠点として、これらのオープンスペースを使用しやすくするバリアフリーが基本である。

写真56 フン処理用のビニールが入ったBOX（ドイツ）

写真57 散歩中のペット用の水飲み場（兵庫県）

写真58 大型SCの駐車場内にある災害時にトイレになるベンチ（イオンレイクタウン、埼玉県）

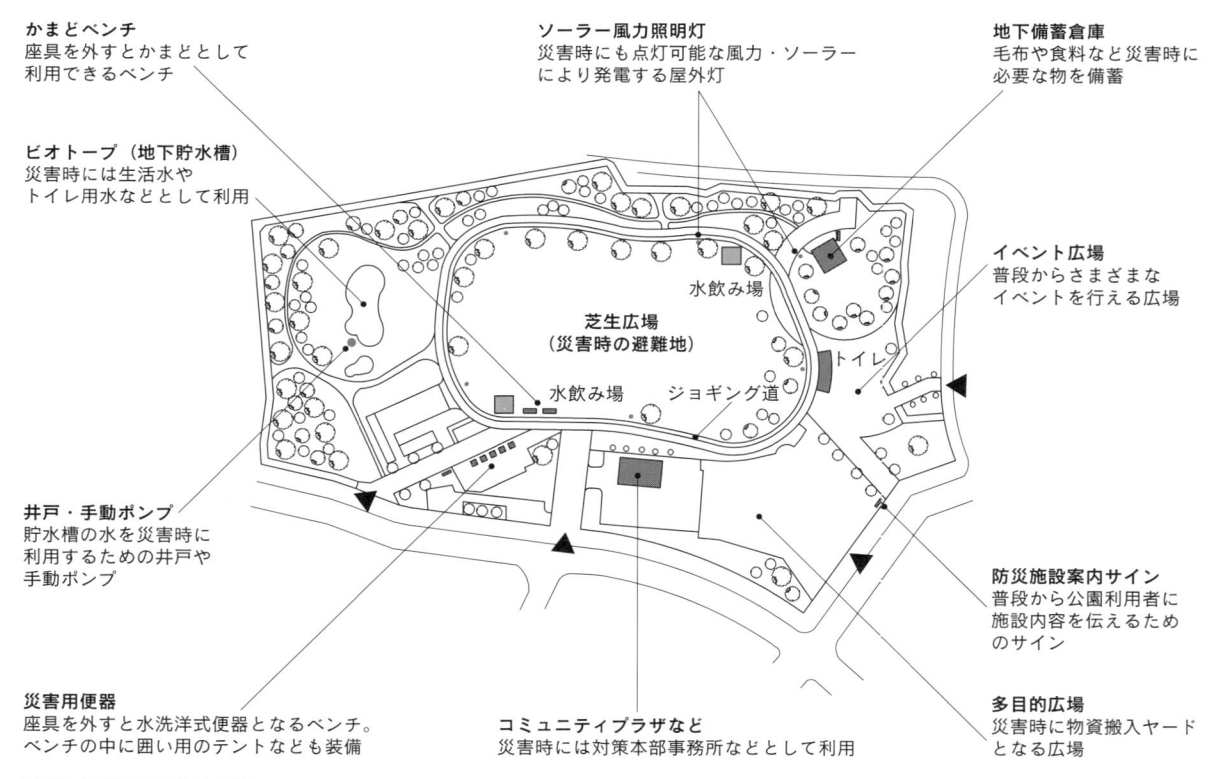

かまどベンチ
座具を外すとかまどとして利用できるベンチ

ソーラー風力照明灯
災害時にも点灯可能な風力・ソーラーにより発電する屋外灯

地下備蓄倉庫
毛布や食料など災害時に必要な物を備蓄

ビオトープ（地下貯水槽）
災害時には生活水やトイレ用水などとして利用

イベント広場
普段からさまざまなイベントを行える広場

井戸・手動ポンプ
貯水槽の水を災害時に利用するための井戸や手動ポンプ

防災施設案内サイン
普段から公園利用者に施設内容を伝えるためのサイン

災害用便器
座具を外すと水洗洋式便器となるベンチ。ベンチの中に囲い用のテントなども装備

コミュニティプラザなど
災害時には対策本部事務所などとして利用

多目的広場
災害時に物資搬入ヤードとなる広場

図59　防災公園の配慮事項
災害時のためだけの特殊な場所としてではなく、緑・親水空間などを含め、普段からだれもが利用できる憩いの場としてのアメニティと、災害時の機能性を備えた公園して計画することが大切である。

第5章
公共建築のユニバーサルデザイン

不特定多数の利用が前提となる公共建築に求められる空間機能として、だれに対しても平等に使いやすくすることに加え、利用者の心地よさや、愛着をもってその空間に居ることができるようにする必要がある。
1. 安全性、2. 使いやすさ、3. 心地よさ、4. わかりやすさ、5. 美しさ、など5つの空間機能を確認したあと、乗り物利用に伴う駐停車スペースなどの交通利用空間、エントランス、ドア、受付・案内所まわり、待ち合わせ空間、廊下・通路、階段、エレベーター、エスカレーター、ムービングウォーク、トイレ、サインなど、各空間におけるユニバーサルデザインの考え方と事例を紹介し、それらの標準計画を提示する。

1 公共建築に求められる空間機能

公共建築は、住宅とは異なり、不特定多数の利用が前提の建築である。したがって、利用者の範囲は広く、より多くの利用者の要求に応える必要がある。

ユニバーサルデザイン（以下、UD）としては、特定の障害を持った利用者だけではなく、広くデザインの効果が及ぶ視点が重要になる。

その基本になるのは、安全で基本的な空間移動を円滑に保障する動線の確保である。次にそれぞれの空間において、だれに対しても目的に応じて平等に使いやすくすることが求められる。これらの基本的な視点に加え、公共建築のUDとしてはさらに、心地よいことやわかりやすさ、美しいことなどが求められる。図1左のイラストは求められる必要最小限の要求であるが、右のイラストはデザインがもたらす効果をより大きく、多様な利用者の新たな効果をもたらすことにつながる要求である。

公共建築においてUDを考えることは、決して公共空間の各部位に基準に示されたバリアフリーを導入したり、ユニバーサル商品といわれる製品・設備を設置することだけではない。求められる基本的な要求に対して、その時点で活用できる技術や材料を利用者の視点から最大限に誠実に応えなければならない。

1. 安全性

大型化・複雑化する公共建築の内部空間では、空間の構成が把握しにくい場合が多い。非常時も含め、利用者が目的とする場所に安全・円滑に到達できる動線計画やサイン計画が重要になる。

建築の内部空間では廊下や階段、吹抜け空間をつなぐブリッジや移動装置における移動の安全の確保が重要である。安全の確保はスペースや寸法だけでなく、その空間の仕上げの材質、形状、色彩など細部についても注意する必要がある。

2. 使いやすさ

動線は、水平方向と垂直方向に展開するため、日常動線と非常時動線に、サインのみに頼るのではなく、基本的なバリアフリーを実現しながら動きやすい空間を目指すべきである。「健常者」や「障害者」というひとくくりの利用者だけでなく、あらゆる状況・状態の人を考慮した動線計画が大切である。

また、身体の不自由な人へのバリアフリーは必要であるが、その動線が他の利用者と別であることは好ましくない。すべての利用者がその動線を共有し、平等にアクセスできることが望ましい。

3. 心地よさ

長い廊下や通路を移動することは、歩行困難者にはストレスが大きいが、建築は、空間をめぐる楽しみや面白さを演出する場でもある。移動するだけでなく、その場に留まって休憩したり、待ち合わせ時での居心地のよさも重要である。

ユニバーサルデザインの視点からはすべての人が移動しやすくすることはもちろんであるが、わかりやすくて魅力的な空間の実現を目指し、移動のストレスを少なくしたい。

4. わかりやすさ

建築空間は、複雑さを避けたわかりやすい構成がよい。たとえば廊下や通路はできるだけ直交システムを導入するのが望ましい。入り組んでいたり曲線で構成されていると、視覚障害者はもとより、それ以外の人たちも、今、自分がどこにいるのかわからなくなるおそれがある。

特別な意図がある場合を除き、無用な曲線など複雑な空間パターンの乱用で、自分の位置が把握しにくい構成は控えたほうがよい。

5. 美しさ

空間は、単純な直交システムの繰り返しだけでは、わかりにくくなるので、記憶に残る廊下・通路のデザインが必要になる。平面型として片廊下型や中廊下型、ホール型などがあるが、それぞれの空間構成の特性に応じて、壁面や交差点部分のデザインに特徴を持たせる工夫をする。わかりやすさを引き出すためにも利用者の記憶に残り、個性的で美しい風景となるようなデザインも重要である。

移動時の転倒や転落に備えるための安全対策が重要であることは言うまでもないが、外観的なデザインだけでなく、安全を確保するための配慮がこれらの美しいデザインの形態と合致するものを目指したい。

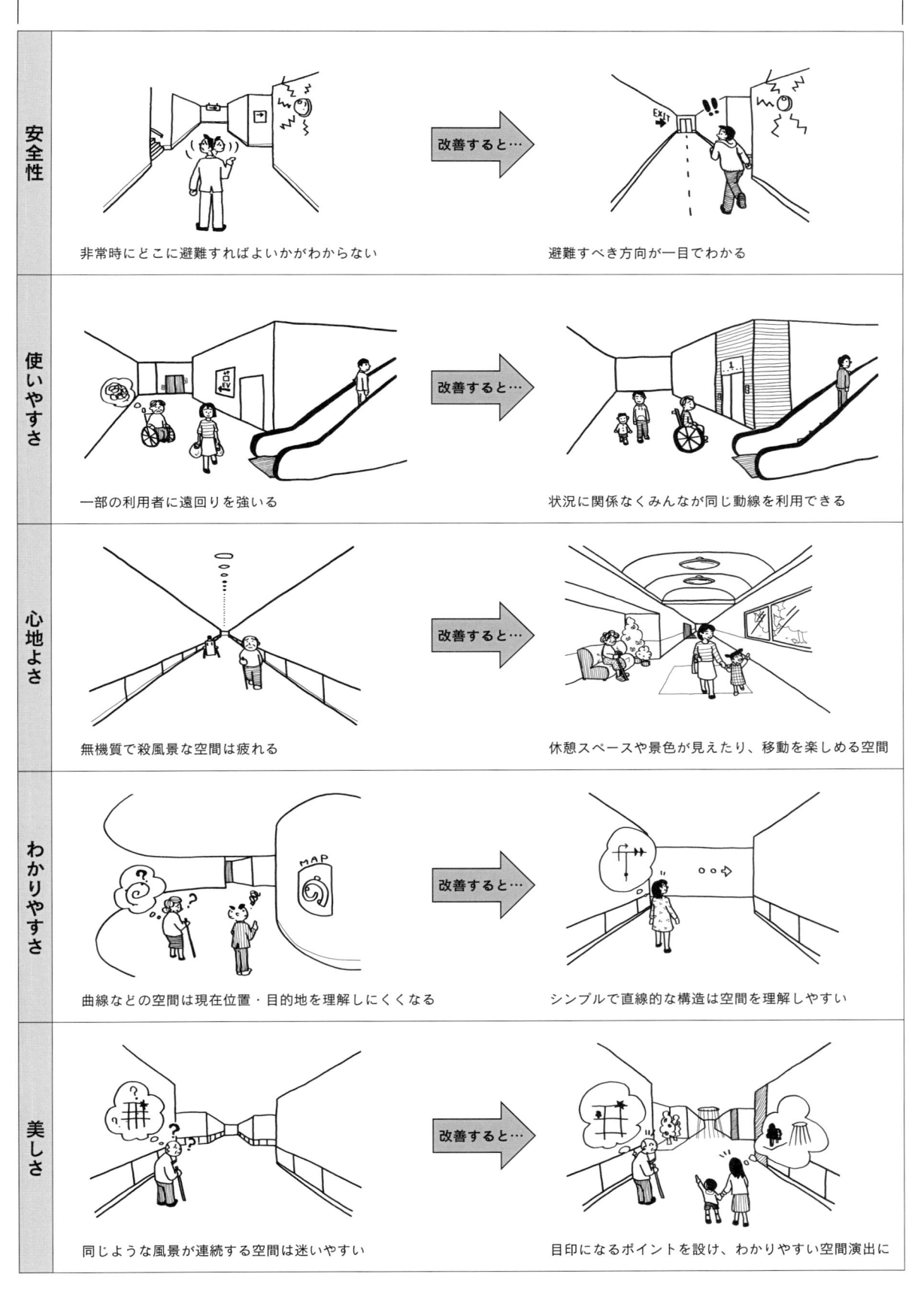

安全性	非常時にどこに避難すればよいかがわからない	改善すると…	避難すべき方向が一目でわかる
使いやすさ	一部の利用者に遠回りを強いる	改善すると…	状況に関係なくみんなが同じ動線を利用できる
心地よさ	無機質で殺風景な空間は疲れる	改善すると…	休憩スペースや景色が見えたり、移動を楽しめる空間
わかりやすさ	曲線などの空間は現在位置・目的地を理解しにくくなる	改善すると…	シンプルで直線的な構造は空間を理解しやすい
美しさ	同じような風景が連続する空間は迷いやすい	改善すると…	目印になるポイントを設け、わかりやすい空間演出に

図1　設計の基準を満たすだけでは、空間の快適さは得られない。利用者の要求・目線で考えるべきである。

1. 公共建築に求められる空間機能

2 交通利用空間

1. 移動と乗り物利用

公共交通機関のバリアフリー整備の現状から、外出時は自動車利用に頼る場合も多い。そこで建築物には各種の交通利用に対する空間的な配慮が必要となる。障害者が運転者の場合と乗客の場合があるが、両者に対する配慮が必要である。

タクシーやバスの公共輸送機関だけでなく、マイカーや自転車、バイクなどを利用する場合の乗降や駐車のための駐停車スペースを計画する。多様な利用者の条件を考慮した車寄せ（Kiss & Ride）や駐車場などが必要である。それらの計画に際しては、駐車場法などに基づいて、建築の種類や規模から必要な個所数を確保するだけでなく、円滑な利用が実現できるよう、管理運営方針と一体的に整備する。

将来的には、既存の自動車、バイクに限らず、新しい乗り物の開発・普及が予測される。公共建築では、これらの乗り物利用のための移動空間整備とともに、どのように駐停車させるかの計画が重要となる。

2. 乗降スペース

バス

バスの乗降スペースは、建築の出入口から近いところにあるのが望ましい。大量の利用者が想定される場合には、まとまった人数が収容できる待ちスペースを計画する。待ちスペースには必要な休憩施設として、変動する気象条件から適切な状態を維持するためのシェルターやスクリーンをはじめ、休憩ベンチやトイレを配備する。さらに、バスの時刻や運行状況を知らせる情報提供のサインや電子表示パネルを計画する。

行列のための誘導手すりとともに、高齢者や障害者のために、休息が可能な腰掛け手すりも設置したい。

バス車両によって、ステップの高さが異なるので、車いす使用者が円滑に乗り降りできるように、バス乗り場の床の高さとの関係を調整する。また、バスの停車する路面から乗り場の間に段差がある場合、これを解消するスロープを安全に利用できる位置に設ける。

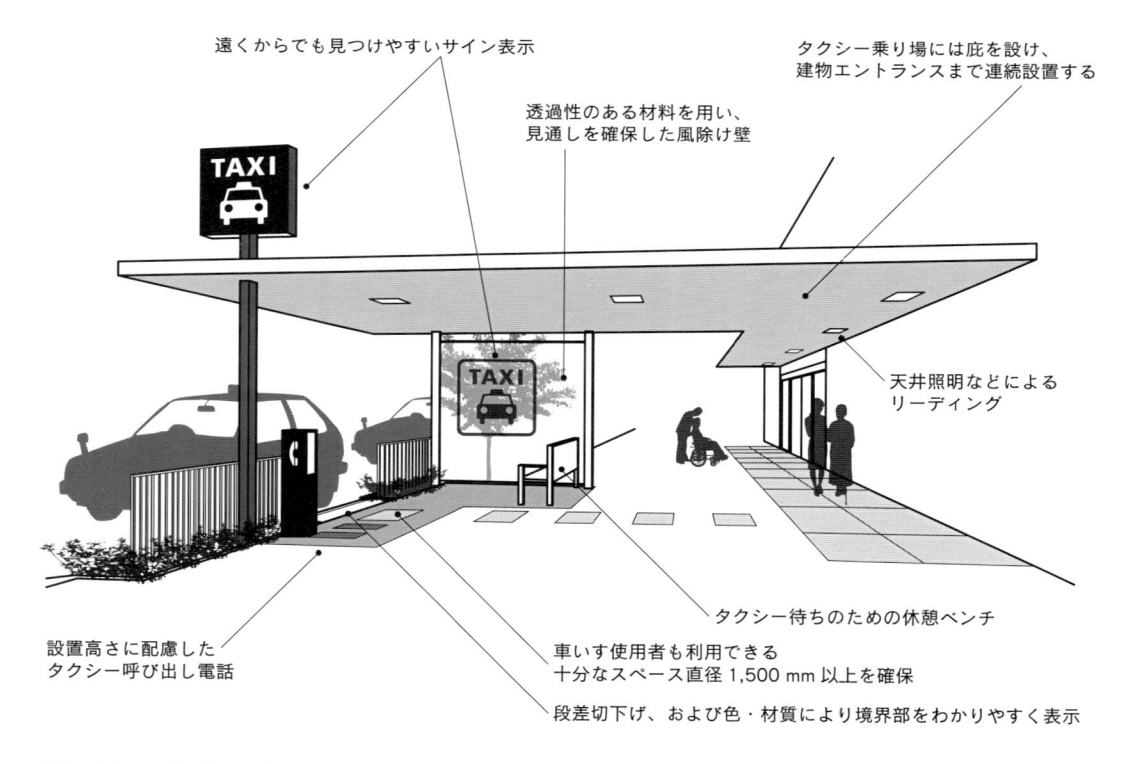

図2　タクシー乗り場の配慮事項

- 遠くからでも見つけやすいサイン表示
- 透過性のある材料を用い、見通しを確保した風除け壁
- タクシー乗り場には庇を設け、建物エントランスまで連続設置する
- 天井照明などによるリーディング
- タクシー待ちのための休憩ベンチ
- 設置高さに配慮したタクシー呼び出し電話
- 車いす使用者も利用できる十分なスペース直径1,500 mm以上を確保
- 段差切下げ、および色・材質により境界部をわかりやすく表示

タクシー

タクシーの乗降スペースも、建築の出入口から近い所に車寄せのスペースを設け、乗降部分には庇などの雨除けを考慮する。必要な台数のタクシーの待機スペースや利用者の状況にかかわらず、容易にタクシーを呼び出せる通信手段を確保する。人的なサービス体制と連動していることが望ましい。タクシーを待っている利用者の待ちスペースの居心地についても配慮する（図2、写真3）。

写真3　タクシー呼出し電話
遠くからの見え方を意識したサイン表示で見つけやすく、背の低い人や車いす使用者にとっても使いやすい。

マイカー

マイカーを使う場合には、エントランスへの安全なアクセスが可能となる位置に建物玄関と連続した庇を設け、停車スペースを計画する。車道部分と歩道部分の間のバリアフリーでは、歩行者の安全を最大限に配慮する。

荷物の積み卸しを伴う場合には、台車などの移動が負担にならないようスペースを広く配置し、歩行者の通行に支障のないように配慮する。また、そういった作業で人が行ったり来たりすることになるので、路面の仕上げ・形状は転倒防止の材料を検討する。商業施設の場合はとりわけ、こういった環境の配慮が必要である。夜間における利用を考慮した照明なども必要である。

出入口付近に、居心地のよい待ちスペースを設け、乗り降りしやすく、他の車両の走行に支障のないように車寄せ（Kiss & Ride）できるスペースを計画する。この場合、その乗降スペース付近には、だれもが利用しやすく配慮されたトイレを計画するのがよい（図4）。

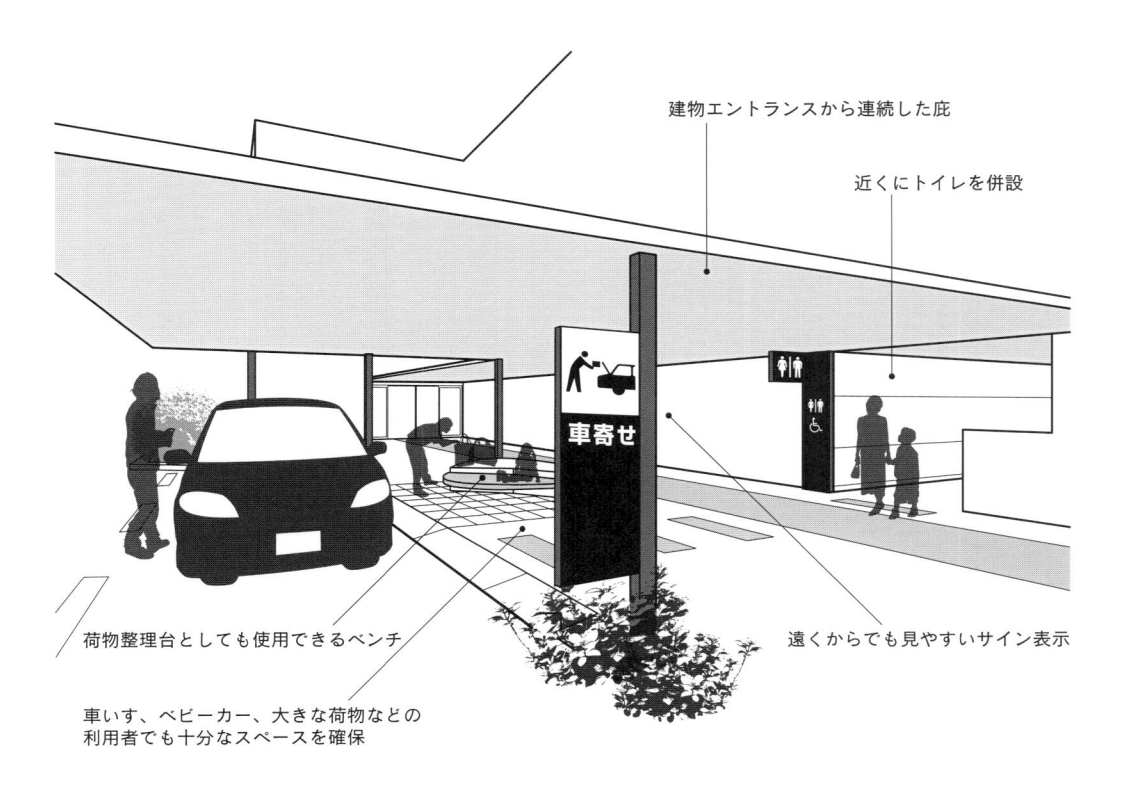

図4　車寄せスペースの配慮事項

3. 駐車スペース

わかりやすく安全な配置計画

すべての駐車区画がすべての人に利用しやすいものであるのが UD としての理想である。わかりやすく、安全な配置計画が基本となる。

駐車スペースの計画を前もって建築の配置計画と一体的に進め、その位置関係が利用者にとってわかりやすく、建築の入口に接近しやすくする。

平面駐車場の場合、大規模になれば駐車区画から建物までの距離が長くなり、わかりにくく、安全性確保面での課題も多くなる。

立体駐車場の場合はコンパクトに台数を確保できるが、利用階層への誘導や待ち行列などの課題に加え、施設本体と立体駐車場の階高が異なることが多く、つなぎ空間に床の高さの差を生じやすいので、これらの処理方法が円滑になされることが求められる（図5）。階数など利用者がわかりにくくならないように空間構成を認知させるサインなどの工夫をする。

駐車場の必要台数は、建築の種類により異なる。そのうち身障者用として何台、確保すべきであるかが問題となる。実際、大きな幅員を備えた駐車区画でなければ駐車できない利用者が不自由しない計画台数の確保と管理運用計画が求められる。

安全・快適な空間としての計画

駐車スペースは自動車のためのスペースであるという認識から、歩行者などにとってはきわめて殺風景な空間となりがちである。自動車からの安全性を確保するだけでなく、多様な歩行者にとって安全快適な空間の実現を目指す。

そのためには緑や水、色彩や光を活用して、わかりやすさや楽しさを演出する。

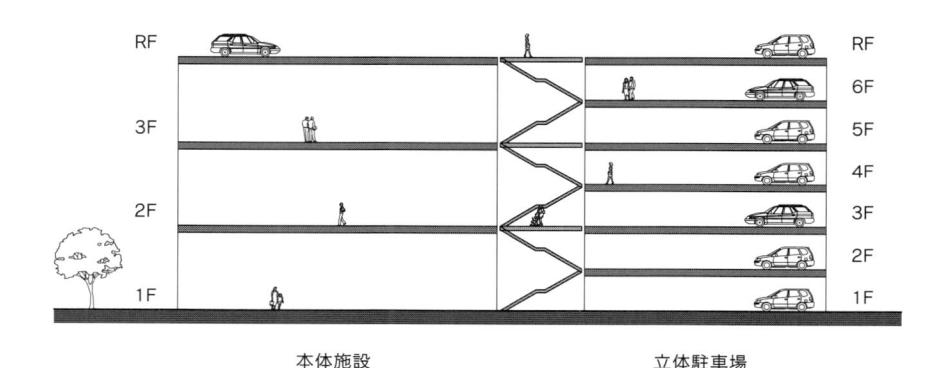

図5　本体施設と立体駐車場で生じる床の高さの差
床の高さに差が生じる場合は、施設本体と立体駐車場の階数の対応関係をわかりやすく示すことが必要となる。とくに同じ高さで接続されている階がある場合は、これらを明確にする。

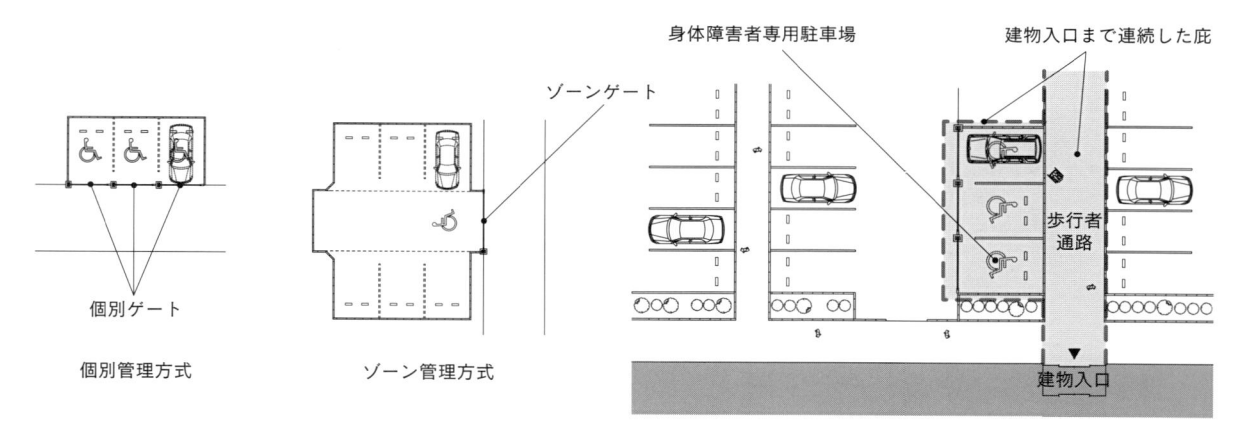

図6　身障者専用駐車区画の管理方式と配置場所
身障者用駐車場は建物の出入口の近くに設けることが望ましく、駐車スペースおよび建物の出入口までの歩行者通路には連続した庇を設ける。屋外の状況に応じて管理方式を運用方法と併せて検討する。

各部の計画
①身障者用駐車区画

　幅員にゆとりのある身障者用駐車区画は、駐車しやすい。身障者用と限定しないで、だれもが使用できることが望ましいが、限られた駐車スペースをどのように利用するか、「専用」「優先」「共用」の考え方のうち、どれを管理運営方針とするかが重要である。せっかく計画した駐車スペースが、必ずしもそのスペースに駐車する必要のない人で満車になるなど、想定外の利用状況にならないような配慮が必要となる。近年では、身障者用区画に一般の利用者が利用できないようにした管理方式があり、利用者の区別とそれに対応した駐車区画の適切な利用を円滑に行うための運用上の工夫がなされている（図6）。利用にあたって、個別管理できるように錠を設ける場合は、解錠方法や運用サービスシステムが利用者にとって理解しやすく、操作できる方式を適用しなければならない。

　より多くの人に利用しやすくするには、駐車区画以外の駐車場環境の細やかな配慮も必要である。

　杖使用者や車いす使用者のように、雨天時に傘がさしにくい人が利用する身障者用駐車区画は、雨や雪がかからないように屋根や庇を建物の主要入口まで設置するのが望ましい。または建物の主要出入口にできるだけ近い位置に配置し、移動距離を短くする。

　自動車のドアを全開しても車いすから自動車の座席へ安全に乗換えできる幅員も必要である。併せて介助者による介助スペースも必要である。また後ろ側から車いす使用者が乗り降りできる車の場合は、駐車区画の寸法は幅員のみならず奥行きも必要である。

　車いすを自動車に横づけするときには、車いすと自動車は同一レベルにあるべきで、段差があってはならない。また、車いすが静止できるよう駐車区画は、水平面とする（図7）。

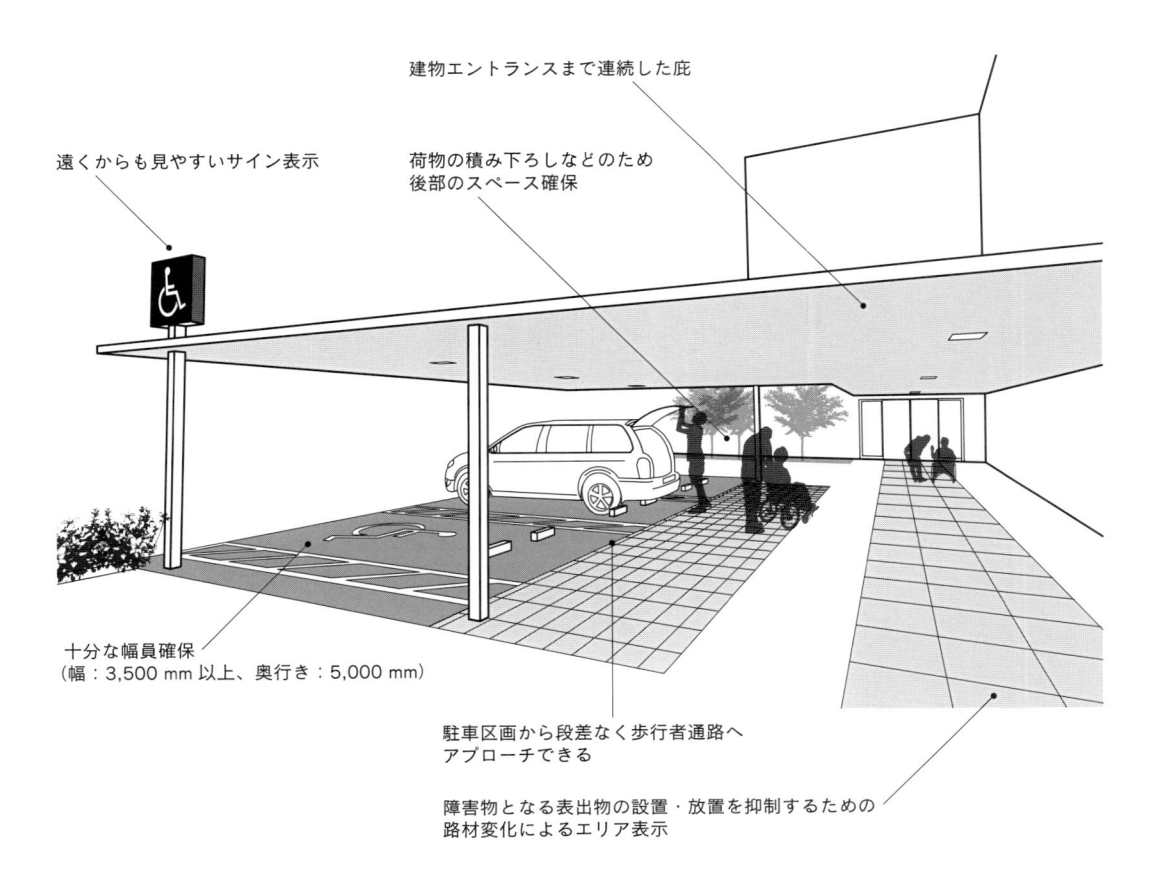

図7　身障者用駐車区画の配慮事項

②ゆとりの駐車場

身障者用の駐車区画のネーミングや管理形式を「身障者専用」とせず、「身障者優先」にした場合、一般の利用者が限られた駐車区画を占有してしまい、その区画にしか駐車できない人が利用できなくなるおそれがある。

筆者らが計画した施設では、「身障者専用」または「身障者優先」とは別に、運転に慣れない初心者や高齢者に対して駐車に対する不安や事故防止のための計画として駐車しやすい区画である「ゆとりの駐車場」「やさしさの駐車場」を導入している（図8）。また、これらの配置場所として建物の出入口の近くはもとより、あえて出入口から遠い場所に設置することで、駐車の集中を防ぐ工夫も導入している。

③歩行者通路

駐車区画では、主要な出入口に連続する安全な歩行者通路の配備が必須である。駐車場内のすべての歩行者通路は、丈が低く、見つけにくい車いす使用者や幼児をはじめ、そこを通行する人たちが運転者からよく見えるように計画する。急な飛び出しや駐車場内で遊ぶ子どもにも注意が働くようにする。

歩行者通路の路面の仕上げは、素材や路面の色彩を明確にわかるように変え、他の部分と区別するのがよい。できれば歩道のように自動車が進入できない段差をつけるなどの配慮が必要である（図9）。

夜間の照明により、車と歩行者通路の交差する部分をわかりやすくして、お互いが気がつきやすくなるような安全対策も忘れてはならない。

図8　ゆとりの駐車場（イオンモール熊本、熊本県）
運転に慣れない初心者や高齢者にとって、身障者用と同様、幅の広い駐車区画は安心して駐車できる。

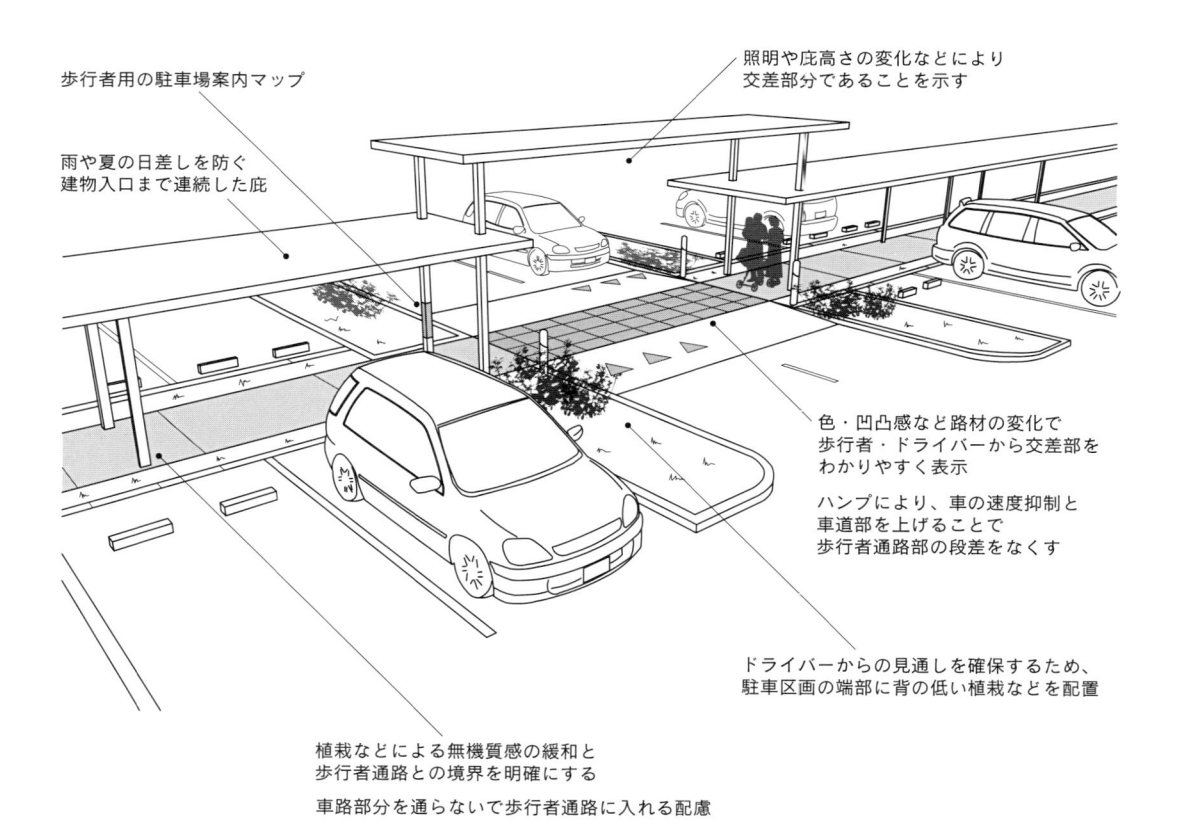

- 歩行者用の駐車場案内マップ
- 雨や夏の日差しを防ぐ建物入口まで連続した庇
- 照明や庇高さの変化などにより交差部分であることを示す
- 色・凹凸感など路材の変化で歩行者・ドライバーから交差部をわかりやすく表示
- ハンプにより、車の速度抑制と車道部を上げることで歩行者通路部の段差をなくす
- ドライバーからの見通しを確保するため、駐車区画の端部に背の低い植栽などを配置
- 植栽などによる無機質感の緩和と歩行者通路との境界を明確にする
- 車路部分を通らないで歩行者通路に入れる配慮

図9　駐車場内の歩行者通路の配慮事項

④**サイン**

　駐車場や建物の出入口の位置、満空状況・空き区画ゾーン選択の情報提供のためのサインが必要となる。出入口の位置や数、走行ルートの設定など、渋滞した場合の運用サービスと連動した配置計画が重要となる。

　それぞれの駐車区画について、駐車区画の幅員が確認できるよう、壁や上部に表示するなどの配慮が望ましい（図10）。

　身障者用区画などを一般駐車区画と区分するため、舗装面や周辺サインとしてピクトグラム（絵文字）や色彩で区別するか、または標識を設ける。これらは運転者からも識別できるものとする。

　同じ平面形の繰り返しの立体駐車場や規模の大きな平面駐車場では、利用者がどこに駐車したかの記憶を残せるサインが重要になる。駐車場のゾーンを色彩や記号で区別して表示するのだが、利用者の記憶にも限界があるので、多くのことを複雑に盛り込んでも逆効果となる。わかりやすいサインの配慮とともに、駐車場や建物の風景としての外観デザインを工夫する（写真11）。

　大きなゾーンとしての満空表示も必要であるが、満車に近い状態では、空きスペースを求める自動車が走行路で交錯して危険なので、より円滑に見つかるようなサインの工夫が必要である（写真12）。また、サインを数多く設置することで、運転者の視界を妨げることがないよう留意する。

　駐車場のサインを利用する運転者は運転しながらサインを見る。したがってサインはきわめてシンプルで、すぐわかるように計画し、余計なサインをはじめ、邪魔になるものをできるだけ整理することが重要である。

図10　駐車区画の幅員を確認できる配慮事項

写真11　記憶に残る風景としての配慮を行った駐車場（イオンレイクタウン、埼玉県）
歩行者通路のルーバー柱脚部分を、場所により色分けしている。

写真12　空き区画を見つけやすいLEDによる満空サイン（イオンレイクタウン、埼玉県）
車室上部に設けたLEDランプの色により、車室ごとの満空状態を示す。

2. 交通利用空間　097

3 エントランス

1. 安全性

　周辺からエントランス（玄関）へのアプローチでは、多様な利用者に使いやすいアクセスを確保するため、基本的なバリアフリーとなるよう、途中の段差などの高低差の処理を行う（図13、14）。

　内外の開閉ができる仕切りと出入りという2つの機能が求められる建物のエントランスでは、両方の目的を安全・円滑に処理しなければならない。外部から入りやすいだけでなく、外部からの侵入を阻止する機能が求められる。

　しかし、エントランスは、衝突やドアに挟まれるなどの危険性を伴う空間でもある。だれにとっても安全な出入りを確保できることを最優先に計画する。

2. 使いやすさ

　ドアの形式は、自動式の引戸が最もよい。

　自動式の開き戸の場合は、入口と出口を別にし、つねに進行方向へドアが開くようにしないと衝突するおそれがある。回転ドアは車いすでは動きがとれないし、視覚障害者や歩行困難者もその使用が困難である。

　回転式の自動ドアは、幼児にも危険で事故の可能性が高く、安全上の確認や対応が十分にとれない限り、導入は避けたほうがよい。やむを得ず設置する場合においては、回転速度を下げたり、非常停止などの安全装置を設置するなど、万全の対策を講じなければならない（図15）。

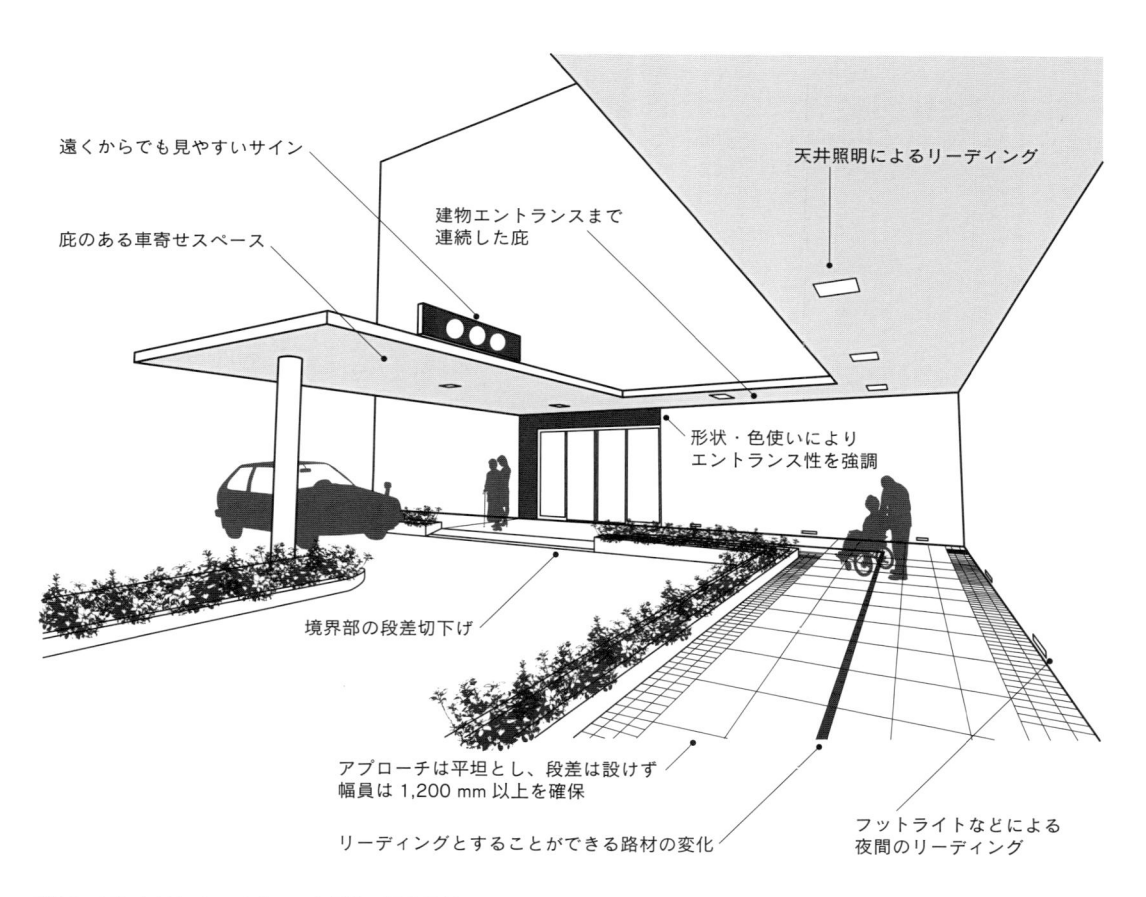

- 遠くからでも見やすいサイン
- 庇のある車寄せスペース
- 建物エントランスまで連続した庇
- 天井照明によるリーディング
- 形状・色使いによりエントランス性を強調
- 境界部の段差切下げ
- アプローチは平坦とし、段差は設けず幅員は1,200 mm以上を確保
- リーディングとすることができる路材の変化
- フットライトなどによる夜間のリーディング

図13　エントランス・アプローチ空間の配慮事項

| 3. | 心地よさ |

車いす・ベビーカー・電動三輪車への対応

　外部・内部空間の接点となる玄関や風除室付近では、施設利用者のために車いす、ベビーカーやカートを貸し出すコーナーが必要である。またスムーズな貸出しと収納が実行できる配置計画の工夫がいる（写真16）。電動三輪車の施設内への乗入れをする場合は、併せて、電動三輪車に対応した充電の電気設備も考慮する。

　空港やショッピングセンターなど大型施設では、移動サービスとして、電動スクーター・電動三輪車に限らず、施設内電動カーなどのサービスが導入されているので、これらに対応した駐停車や走行スペースの確保も必要となる。

　施設用途として、車いすを内と外で乗り換える場合、置き場所が必要になる。動線の邪魔にならないよう、玄関の壁の一部にくぼみをつくって、車いすが収まるスペースにするなどの配慮が必要である（図17）。車いすを乗り換えない場合には、建物内に入る前に外部で使用した車いすを洗浄するために装置の設置などの配慮が必要である。その際は、歩行上の邪魔にならない玄関周辺に設ける。また、できるだけ庇の下に設置するのが望ましい。

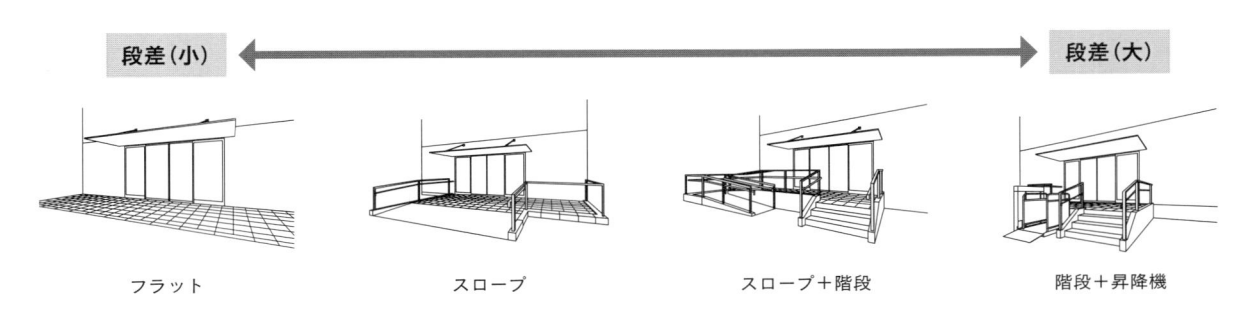

図14　エントランスにおける高低差処理のパターン
高低差が大きくなるにつれ、スロープのみで段差を解消するためには大きなスペースが必要となる。屋外の状況に応じて階段や昇降機などとの併設が考えられる。その際、極端な迂回路が発生したり、メンテナンス・安全性の問題が発生しないよう配慮する。

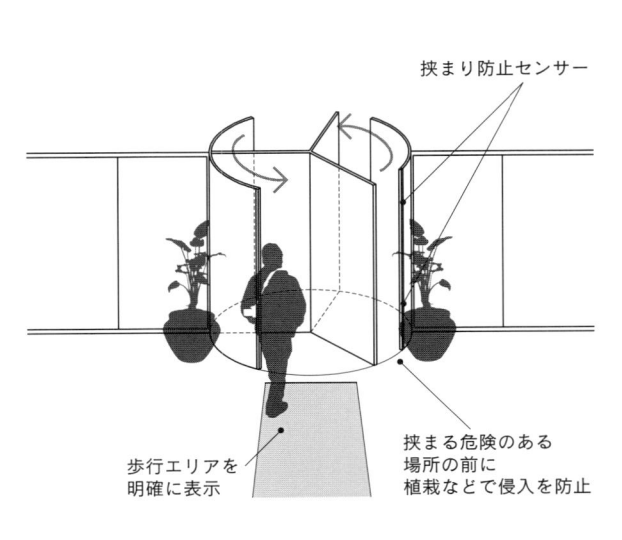

段差(小) ← → 段差(大)
フラット　スロープ　スロープ＋階段　階段＋昇降機

図15　回転式の自動ドアまわりの配慮事項
挟まり防止センサー
歩行エリアを明確に表示
挟まる危険のある場所の前に植栽などで侵入を防止

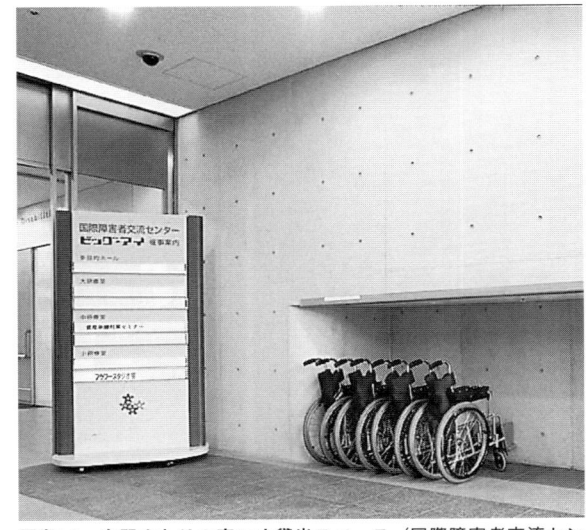

写真16　玄関まわりの車いす貸出スペース（国際障害者交流センター ビッグ・アイ、大阪府）
玄関まわりの目につきやすい場所に、車いすスペースが壁から突出しないように計画されている。

動物を同伴する人への対応

外出時においても、ペットを同伴する人が増えている。建築内部には、介助犬などの認められた犬以外の同伴が許されていないことが多いので、利用者は施設の外部に犬をつないでおく必要がある（図18）。

玄関付近に犬をつなげる施設をあらかじめ整備していることが必要になるが、その利用数によっては、スペースの大きさや位置を配慮しなければならない。また、付随して犬用の水飲み場や洗浄設備を設けたい。一時的に犬などのペットを預けることができるように、駐犬を整備することも考えられる。この際にはペット用のトイレの整備も考慮しておきたい（写真19）。

ペットではなく、介助犬などの場合には、建築内部へ進入してくるので、内部空間において、上記と同様の配慮が必要となる。介助犬の利用を可とすることを示すサインを、エントランスに明示する。

動物園などの施設では、これらペットや介助犬などの動物の同伴利用は問題が多く、エントランス付近で預かる必要があるので、そのスペースを計画する。

4. わかりやすさ

エントランスは建築の「顔」である。だれもがその存在がわかることが大切である。入口の位置が周辺環境との関係から見分けにくい場合や、利用者の身体特性から場所を知覚するのに困難な事情がある場合は、外部から入口の位置にたどり着くことが困難である。

エントランスの位置をわかりやすくする方法としては、サインによる表示だけでなく、建築の外観デザインや配置、動線計画についても工夫する。

具体的には、アプローチから一体的に誘導を図る環境デザインの工夫が基本である。直感的にエントランスとわかる形状や材質の区別や色彩を工夫するなどの視覚的な方法および誘導チャイムといった聴覚的な方法がある。

聴覚的な方法は、その音が騒音とならないよう周辺との関係でその効果や限界をよく理解し、適切な質と量の聴覚要素を導入する。

図17　玄関・風除室まわりの配慮事項

5. 美しさ

　玄関まわりには、多くの情報を来訪者に伝達するため、後追いで種々のサインや貼り紙が付加されがちである。これらが安全・円滑なアプローチを阻害するだけでなく、きわめて醜悪な景観を呈し、結果、伝達したい情報もわかりにくく、効果の薄いものとなっている事例は多い。壁やガラス部分に貼り紙を貼られるだけでなく、床の上に設置されるゴミ箱や傘立て、パンフレット台などの事物が乱雑に不統一なデザインで設置されることが多い。美しくないばかりか、エントランス部分の通行に支障をきたす場合もあるので、管理運営の担当者と連携したデザインの持続的保証も大切である。来訪する利用者を歓迎し、美しく、個性的な空間となるようなデザインの配慮が大切である（写真20）。

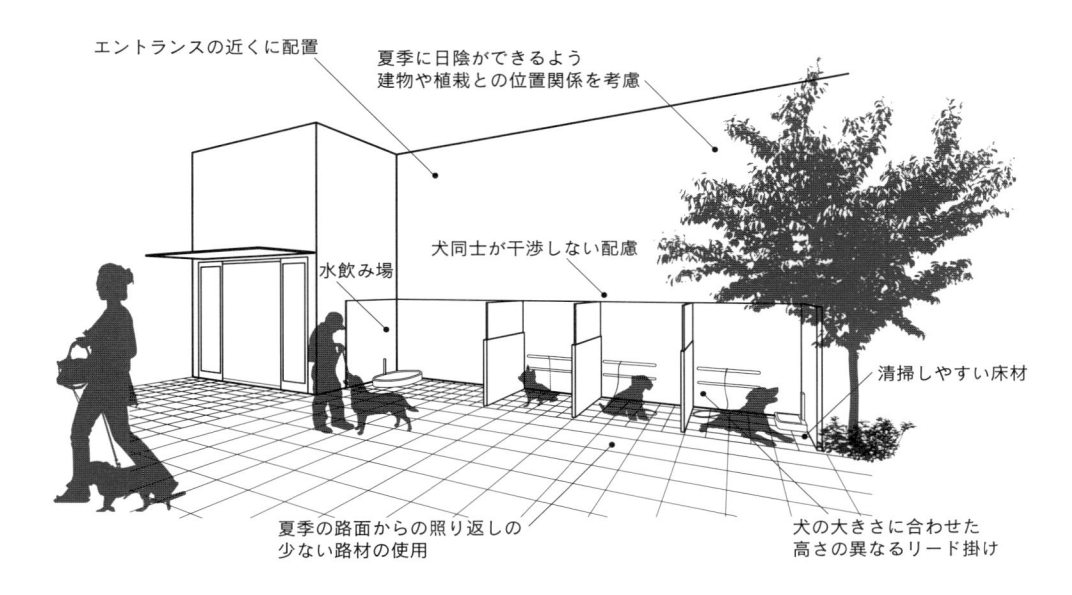

図18　エントランス近くに駐犬場を配置する際の配慮事項

- エントランスの近くに配置
- 夏季に日陰ができるよう建物や植栽との位置関係を考慮
- 水飲み場
- 犬同士が干渉しない配慮
- 清掃しやすい床材
- 夏季の路面からの照り返しの少ない路材の使用
- 犬の大きさに合わせた高さの異なるリード掛け

写真19　介助犬用のトイレ（兵庫県福祉センター、兵庫県）
専用トイレを設けることにより、介助犬同伴者などが安心して施設を利用することができる。

写真20　エントランスに設けられた情報サイン（国際障害者交流センター ビッグ・アイ、大阪府）
さまざまな利用者を考慮し、必要な情報がわかりやすく、美しく整備されている。

4 ドア

1. 安全性

建築空間は種々の用途や機能に対応して区切られる。通常は室として、想定した用途に合わせた面積や形状、設備、家具、備品が備えられる。

これらは他の室、または共通空間としての廊下やロビーなどにつながる。このつながりの接点に設けられるのが出入口のドアである。

「ドアは開けるものか、閉めるものか」という問いかけがある。利用者は出入口を発見し、ドアを開閉し、通過できなければ出入りはできない。

人の動きに関しては、開けるのは出入りするため、閉めるのは出入りを阻止するためである。ドアは、これら人の動きや目線、光、音、空気の流れ（ほこり、温冷気）などを調整する。調整目的に応じて開閉の程度や方式、遮断要素の強弱など、動線に対する制御機能が異なる。

利用者の多くがドアの開閉に苦労する施設では、ドアはなるべく設けず、誰もが自由に行き来できる形態が好ましい。しかし、室の用途上、利用者のプライバシーの保護や安全性確保の視点からドアを除去することはできない。ドアには種々の形式がある。一般的に使いやすさから推奨される順位は、自動式引戸、手動式引戸、手動式開き戸の順である。その特性をよく理解して、ドアは開けるものにしろ、閉めるものにしろ、だれもが安全に使いやすいデザインが求められる。

衝突から守る

ドアのガラス部分が車いすの衝突によって破損するのを防止するため、衝突するおそれのある部分でのガラスの使用を避けるか、キックプレートもしくは破損防止用レールを設ける（図21、22）。さらにガラス部分の前後の明暗関係に注意し、ガラス部分への衝突を避ける。逆光となるエリアに透明ドアがあるときには、その存在がわからずに衝突することがあるので、床上140～160cmの高さに、色付きの帯を貼付するなどの配慮をする。単純な衝突防止だけでなく、ガラス部分にグラフィックデザインを施すのもよい。

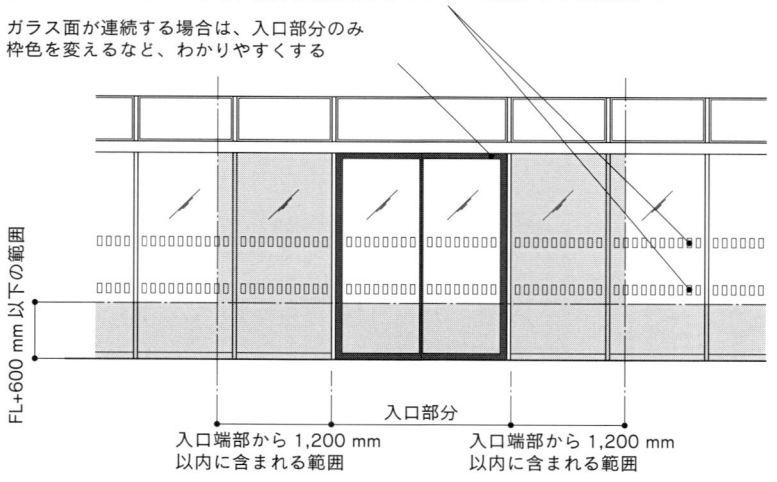

図21　エントランス扉の衝突防止への必要配慮事項
ガラス面が連続する場合は入口部分を明確に示し、出入口に近接するガラス面では、とくに衝突に対する配慮が必要となる。

自動式引戸で、ドアの素材が不透明かつ前方確認ができないタイプは衝突事故を起こしやすいので、衝突防止のデザインを工夫する。ドアの反対側の動きがわかる透明ドアとするか、覗きパネル（透明部分）を設ける（写真23）。

　廊下側に対して、ドアを内開きとするだけでも衝突事故は減少できる。出入口での衝突を避けるよう入口と出口を分離したり、物品搬入口と職員出入口のような異なった機能は分離するといった動線計画上の検討も重要である。

指づめを防ぐ

　開き戸や折れ戸の丁番側で指を挟むと骨折することもある。幼児などが挟みやすいので、その部分に指が入らないような工夫やスポンジをかませるなどの配慮が必要である。

緊急時の安全を考える

　日常的には順調に開閉できても、地震や火災といった緊急時にはうまく対応できないことが多い。とりわけ、開閉する空間のしくみをすぐに理解し、行動できない人たちのことも考慮して、安全な緊急移動空間を実現する必要がある。そのために緊急時の動線や避難方法はできるだけ日常的な慣れたものを前提に計画すべきである。

　防火扉の自動閉鎖部分に組み込まれたくぐり戸は、車いす使用者の通行に支障のないよう十分な幅員をとり、敷居が高くならないようにする。また、上肢障害者などが簡単に開けることができる構造とする。

　緊急時のドア開閉をスムーズに行うよう自動引戸を避難方向への開き戸に変更する工夫もあるが、車いす使用者などが支障なく開閉できる操作を考慮する。

ドア横のガラス面 
室内の照度が高いとガラスの透過性が増し、より一層、ガラスに気づきにくくなる

ガラスBOX状のエントランス 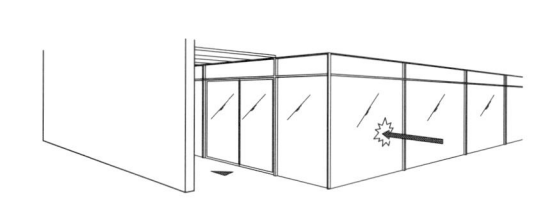
内部の傘立てなどが透けて見えると、より一層、入口と間違いやすくなる

図22　衝突事故が発生しやすいガラス扉の形状・配置
　連続したガラス面や、ガラスBOX状のエントランスは、入口と間違えてガラス面への衝突事故が発生しやすい。これらの防止策としてガラス面へのシールの取付け、植栽・ベンチなどの設置などがあげられる。これらの方法に加え、入口部分に色を付けるなど、入口を直感的にわかりやすくすることが必要である。

写真23　見通しを確保した自動ドア（左：改修前、右：改修後、デザイン：NATS環境デザインネットワーク）
ドアの前後で反対側の様子が見えないと、ドアが開く直後に衝突する危険があるので、開口部をデザインし、見通しを確保する。

4. ドア

2. 使いやすさ

　基本的に、車いす使用者の通過できるスペースを確保すると、他の利用者も通過しやすい。車いす使用者がドアを開閉するには、車いすが接近できるスペースが必要である。車いす使用者がドアを開閉し、通過するにはドアの前後左右に水平な床が必要である。ドアの取り付け方などの違いによって、必要とするスペースの大きさが異なる。回転式ドアでは車いすがはさまれて通過できない。

　使いやすさのためには、ドアの前後のスペースとともに、ドアの開閉に要する力の大きさも忘れてはならない。車いす使用者は、重いドアの場合、ドアの開閉の前に車いす使用者自身が動いてしまうからだ。

　ドアの形式は、開閉のしやすさだけでなく、ドアに本来求められる性能を満たすことが基本であるが、音環境の高い性能が求められる劇場ホールでは、出入口のドアは二重に設置され、相当に重い。これでは車いす使用者にとっては大きなバリアとなる。このような場合、重い扉では車いす使用者や子どもには開閉しにくいから、自動化することを検討する。開閉の心地よさを実現するために、開閉の操作部分や前後のスペースにおける配慮が不可欠である。

使いやすいドアのハンドルやスイッチ

　ドアを開閉するための取っ手の位置が高すぎたり、前述のようにドアが重すぎる場合、開閉の操作は困難である。また多くの荷物を抱えている状態では出入りがしにくい。

　ドアのハンドルは、車いす使用者や子どもたちも利用できる高さや形状のものとする。円筒形のドアハンドルは、上肢や手に障害のある人が使いにくいので、レバー式か楕円形のものがよい。車いす使用者が開き戸を閉めるには、ドアの丁番側に補助ハンドルがあると容易になる。同様に補助の水平レールをドアのハンドルに並べて設けると、下肢障害者などが体を支持するのが容易になる。

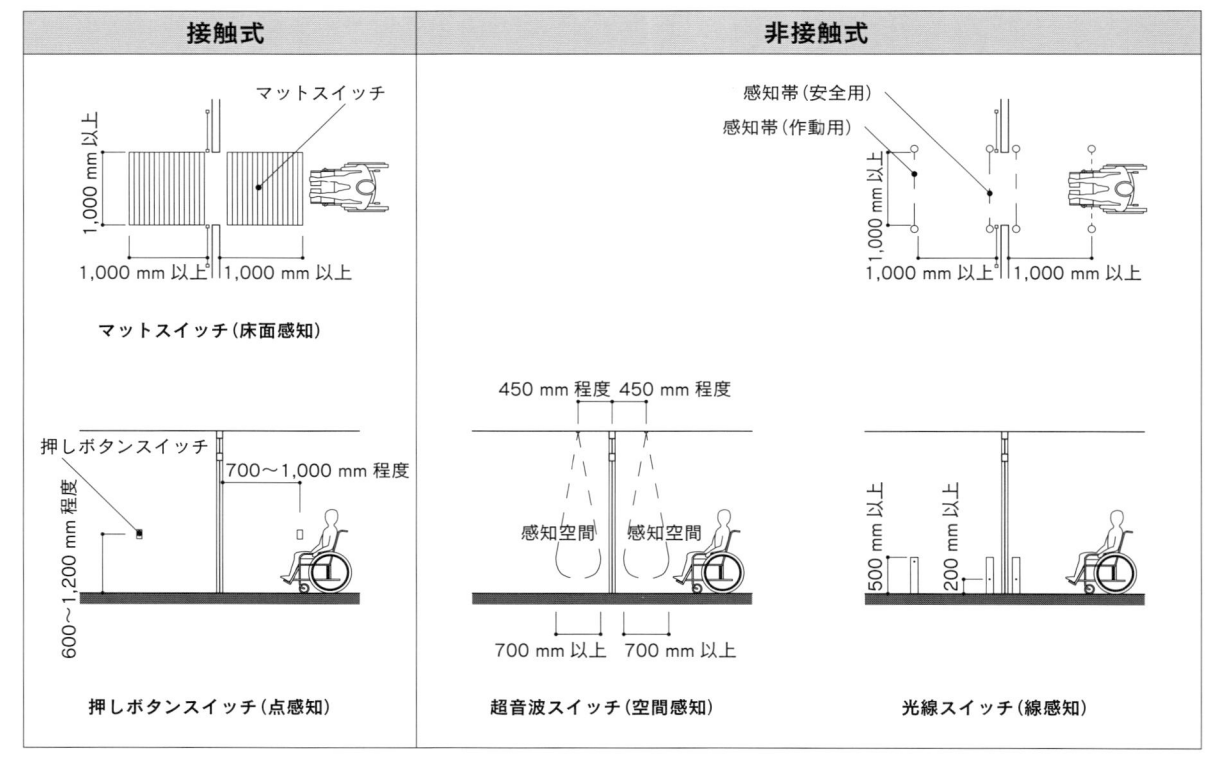

図24　自動ドアのスイッチの種類
スイッチはマット・押しボタンなどの「接触式」と超音波・光線などの「非接触式」に分けられる。「非接触式」はボタンなどを押す手間が省けるが、出入りが自由となることが多く、出入り者の管理が困難なことがある。とくに子どもや認知症高齢者などが利用する施設では注意が必要となり、必要に応じて形式を選択する必要がある。

3. 心地よさ

　心地よくドアを開閉するために、自動ドアが導入される。この自動ドアのスイッチにはいろいろな種類がある。多様な利用者の使いやすさや安全性を考慮して選択する必要がある（図24）。歩行困難者に対しては、動作がゆっくりしているので、開口部を通過する前にドアが閉鎖しないようにする。

　ドアのハンドルやスイッチに直接触れることなく開閉できるシステムなど、安全で確実な開閉を可能にするものの開発が望まれる。

ドアまわりのスペースを工夫する

　ドアや出入口は、十分な有効幅員を確保する。狭い開口部を車いすで通過するには、正確な操作が必要となる。ドアの取付け方などの相違によって、必要とするスペースの大きさが異なるため、開き戸の開閉方向に配慮し、心地よい開閉のために必要なスペースを確保する（図25）。

4. わかりやすさ

　ドア付近を通行する場所や通行の方向を示す床のデザインを工夫する。

　視覚障害者に対しては、ドアのハンドルやスイッチの場所・形状が認識しやすく、他人の開閉によってドアに衝突しないよう配慮する必要がある。とりわけ、ドアの開閉を音声で聴き分けることのできるタイプのドアが望ましい。

5. 美しさ

　ドアの向こう側の状況をわかりやすくするか、わからせないほうがよいのか、ドアの内外に求められる条件によって、ドアの仕上げ材料や仕様を検討する。

　室名サインのみならず、視覚的に内部の様子を公開してよい場合には、すぐ理解できるガラスなどの可視的材料を用いる。また、色やピクトグラム（絵文字）などでグラフィックにデザインすれば、わかりやすさと楽しさ・美しさを備えることができる。

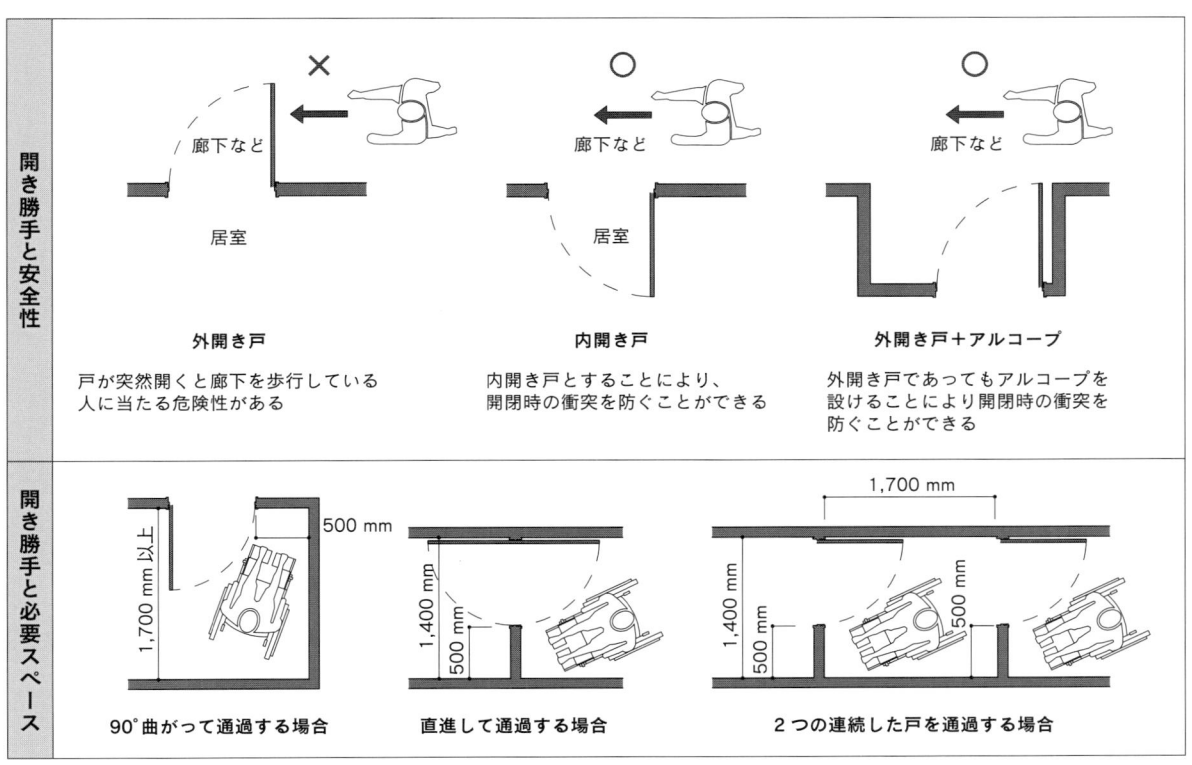

	外開き戸	内開き戸	外開き戸＋アルコーブ
開き勝手と安全性	戸が突然開くと廊下を歩行している人に当たる危険性がある	内開き戸とすることにより、開閉時の衝突を防ぐことができる	外開き戸であってもアルコーブを設けることにより開閉時の衝突を防ぐことができる
開き勝手と必要スペース	90°曲がって通過する場合（1,700 mm以上、500 mm）	直進して通過する場合（1,400 mm、500 mm）	2つの連続した戸を通過する場合（1,700 mm、1,400 mm、500 mm）

（神戸市住宅局営繕部『神戸市バリアフリー建築設計マニュアル～だれにでもやさしい公共建築をめざして～』をもとに作成）

図25　ドアの開き勝手と開閉に必要なスペース
戸の開閉には、通路部分の幅員と併せて、戸ハンドルへの寄り付きや開いた戸をよけるためのスペース（袖壁部分）が必要となる。

5 受付・案内所まわり

1. 安全性

　受付・案内所には、人の出入りが自由にできることの気軽さとは別に、宿泊施設などの施設によって一定の監視機能が求められる。近年は監視カメラの普及・設置が進んでおり、犯罪の抑制に効果が期待できるが、その設置によって完全なチェックを行うだけでなく、カウンターからさりげなく利用者の行動を見渡せるような配置デザインが望ましい。

2. 使いやすさ

　カウンターの高さは、筆記作業や事務処理など、受付や手続きの作業がしやすいように、利用者、スタッフ双方の立位または座位の姿勢、人体寸法、車いすなど補装具の条件を考慮して、高さの違うカウンターを併設するなどの配慮が考えられる。また、いすを提供することで、すべてのカウンターの高さを低く揃えることもできる（図26）。カウンターを利用する人の目の高さが応対サービスのしやすさにも影響するので、スタッフ側の目の高さをどう対応させるかも考慮しておく。

　細やかな配慮では、傘や杖が倒れて困らないようホルダーを設置して、立て掛けられるようにする。

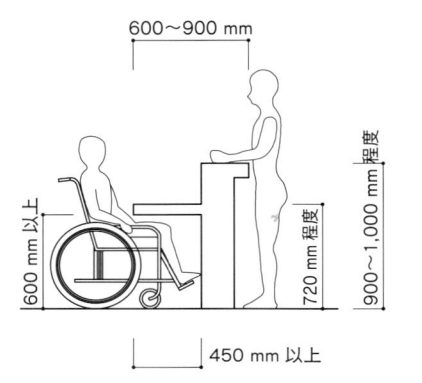

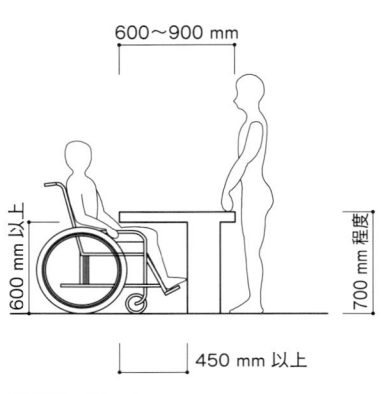

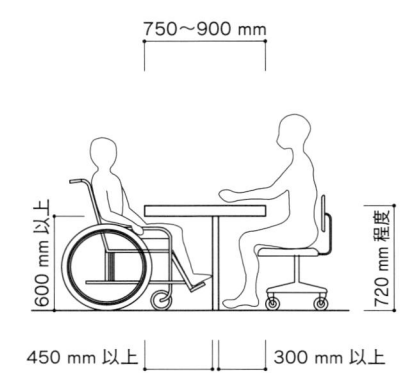

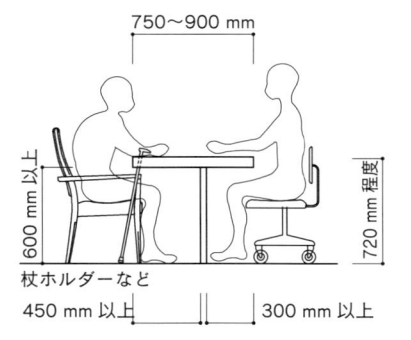

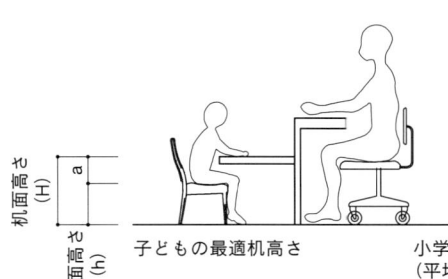

（荒木兵一朗、藤本尚久、田中直人著『図解　バリアフリーの建築設計―福祉社会の設計マニュアル―第二版』彰国社をもとに作成）

図26　カウンターの基本寸法と配慮項目
利用者・スタッフの対応方法の両面からカウンターの形状を決定する。高齢者や子どもへの配慮を行うことも重要である。

3. 心地よさ

　配置された場所の特性を十分に生かしたカウンターの向き、スタッフの一時休息場所の確保や収納量などを十分に考慮したバックスペースの位置を計画するなど、空間を機能的かつ合理的に充実させることは、利用者の使い勝手のよさを実現させるだけでなく、スタッフの負担を軽減させることにもつながる。

　一方で、利用者の入所時のチェックインや退去時のチェックアウトなど、受付や会計事務を伴うレジやチェックカウンターまわりにおいて、多様な利用者の身体状況やプライバシーを考慮した配慮も必要となる。

4. わかりやすさ

　受付・案内所はたいていの場合、その施設で最初に利用することが多い場所である。そのため、わかりやすくアクセスしやすいよう、優先的に計画すべき空間である。配置場所は周囲を見渡せる位置で、平面的な検討だけでなく、吹抜けがある場合の上方や下方からの見通し性など立体的に検討するとよい（図27）。

　カウンターはわかりやすい位置にあり、利用者がその位置まで直接行けるように、その経路の空間寸法や形状、サインなどの誘導を考慮する。

　視覚障害者への誘導ブロックはひとつの方法であるが、その敷設方法などについて利用者が混乱しないように十分に検討しておく必要がある。外部から利用者をどこまでどのように誘導するか、単純に誘導ブロックを張り巡らせるだけでなく、人的対応や音声案内付き触知図サインなどの案内と併せて検討する。

　病院では診療科目、市役所では担当部署など、建築空間のどこにどのような行き先が配置されているか、受付・案内所まわりに、案内地図やサインが配備されていることが望ましい。

5. 美しさ

　受付・案内所まわりのデザインはわかりやすく、美しいものであるべきである。一見して、受付・案内所（インフォメーションセンター）とわかる外観デザインやサインが重要になる。色彩や形態、ピクトグラムなどの活用を検討したい。

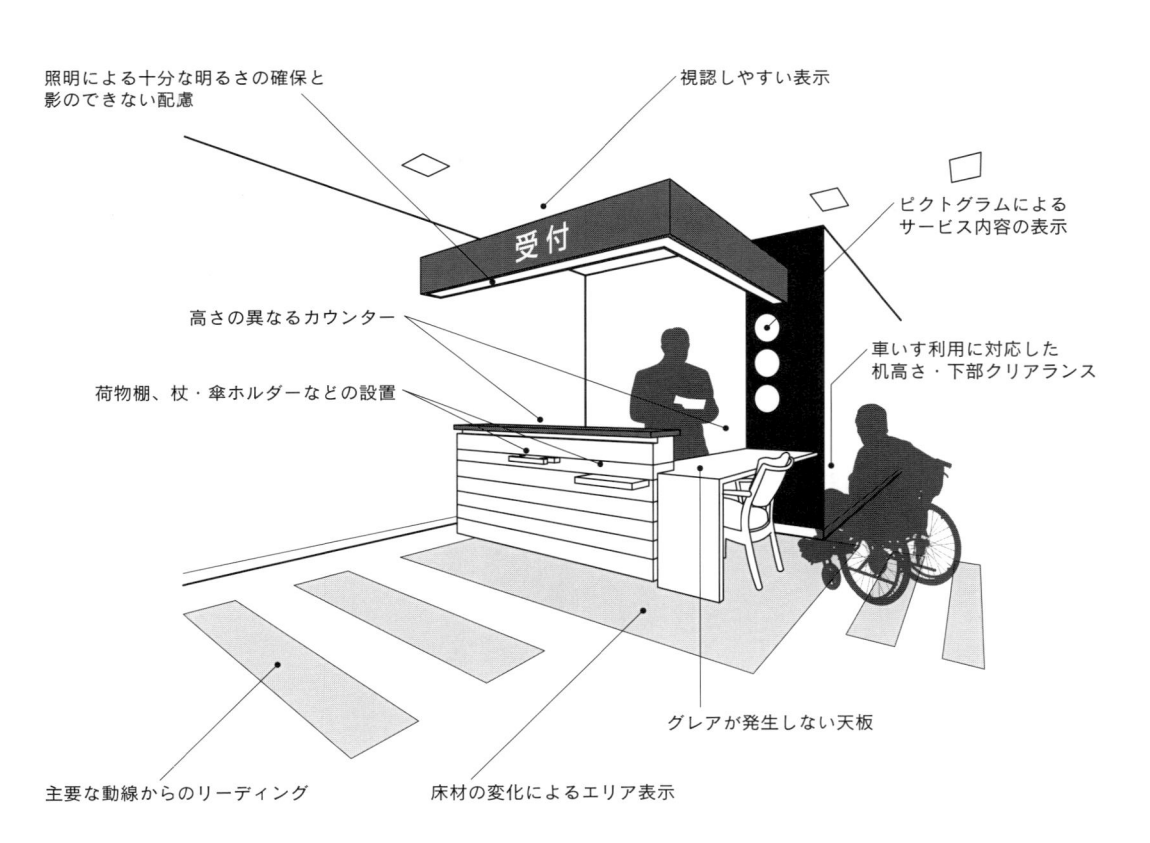

図27　受付・案内所まわりの配慮事項

6 待ち合わせ空間

1. 安全性

　駅や大型の商業施設などの公共建築では、利用者同士が待ち合わせをする行為が発生することが多い。待ち合わせ行為は、時間と空間を合わせることにより双方が出会える。そのために空間と時間の接点を演出する必要がある。

　近年では、携帯電話の普及によって、詳細な時間や空間の条件を設定しないで待ち合わせ行為が展開している。待ち合わせ行為のためのわかりやすさや待ち合わせまでの時間における居心地を工夫する。

　仮に、予定していた時間より早く着きすぎた場合や、間に合わなかったり、場所を間違えたりした場合でも、相手側も含め、無理なく待っていられて、正確に出会える配慮のひとつとして、受付・案内の役割も大きい。しかるべき情報の提供や片方のメッセージを的確に伝達できる機能が期待される。受付・案内の位置やサービスに関する情報案内のわかりやすさや、待ち合わせ相手を見つけやすい空間の構成が大切である。

2. 使いやすさ

　待ち合わせ空間を使いやすくするには、まず、待つ人の同行者の有無や待ち時間、身体状況などを考慮して計画する。

　目の届きやすい所に遊びコーナーがあれば、じっと座っていることができない子どもも一緒に待つことができる。また長時間座り続けることが苦手な人が身体を横にできる床座のスペースがあればみんなが使える。

　団体客など、多人数で待ち行為をする場合は、他の利用者の通行や騒音など迷惑になるので、団体用の待合空間を用意するのがよい。

3. 心地よさ

　待つ行為そのものが多く発生する可能性が高いのは空港・駅などのターミナル空間をはじめ、病院・診療所や銀行、役所窓口など、多人数が一連の流れの中で集中し、多くの処理時間を要する箇所を利用するときである。一連の流れを合理的に移動することができる

短時間であれば、比較的リラックスして待つことができる

短時間の場合でも、腰を掛けて待つことができる

長時間となる場合、読書や作業をしながら待つことができる

同伴者や、じっと座っていることが難しい子どもと一緒の場合でも、ゆっくり過ごすことができる

図28　待ち空間の考え方
同伴者の有無・待ち時間の長短など、利用者が状況に応じてさまざまな過ごし方を選択できる待ち空間の計画が必要である。

ような配置・動線計画を基本に、誘導サインや場所を表示する定点サインの充実、長く待っていても苦にならず、ストレスが少ない環境要素が求められる。

待ちストレスの要因には、必要な情報が得られないことや長時間の待ち行為による疲労などが考えられる。待つ行為は、多かれ少なかれどのような状況であっても生じるので、それを受け入れる空間での配慮が重要である。

待つ人の居方を理解することから、「待つ」行為のストレスを軽減する居心地のよい空間の工夫が生まれる。だれしも待ち時間を少なく、待つ場合は居心地のよい環境を求めるものである（図28）。

待つ人がどのような居方をするか、それぞれの居方をよく理解することが「居心地のよい」待ち合わせ空間実現への手がかりとなる（写真29）。

4. わかりやすさ

待ち合わせの場所に関しては、双方が認知しやすい空間特性があるほうが待ち合わせしやすい。見つけやすく、区別しやすくし、わかりやすくするためのランドマークやサインが役に立つ（写真30）。

人が大勢いると見つけにくいが、他の人に見つかりにくいことが必要な場合は、当事者双方に限定した場所特性が重要になる。

また、適宜、必要な情報が伝わる環境とする。そのためにはまず、利用者の身体状況の違いに配慮しなければならない。聞こえない人に呼び出しは無意味であるし、見えない人に通常のビジュアルサインは無理である。五感を活用したサインデザインの工夫やきめ細かな人的な対応が期待される。身体的に何らかの不自由がある利用者の場合は、空間的な配慮だけでなく、施設側のサービスなどソフト面での対応が重要である。

5. 美しさ

待ち合わせ空間は、だれもが美しいと感じられる空間がよい。そこで、待ち合わせ空間を美しい環境にして居心地をよくする。美しい環境実現のためには、内装仕上げの色彩や照明などのインテリアデザインの工夫に加えて、目の行き届いた清掃などのメンテナンスが不可欠である。

内装や家具などの耐久性やクリーニングを考慮した選定も重要である。外部の光や自然の緑、水辺などを利用した環境デザインも、待つ人の心を落ち着かせることにつながる。

写真29　長時間の待ちを想定した待ち空間（オランダ）
長時間の待ち時間を想定し、リラックスして過ごせる配慮が行われている。

写真30　ランドマークとなる待合空間（オランダ）
遠くからも見つけやすい形状とわかりやすい大きなサイン表示が行われている。

7 廊下・通路

1. 安全性

建築の廊下や通路は、都市環境だと道路に相当する。多様な室空間やエリアをつなぎ、必要とされる機能を合理的に結合する空間である。あまりに単調に続く配置では、単純化されてわかりやすそうであるが、かえってわかりにくくなったり、疲れる空間となるので注意する（図31）。

通行する人の属性や数によって廊下や通路の絶対スペース量を配置計画として、当初から考慮しなければならない。

ホールなどでは、通行するゾーンを配置計画の中で設定し、人が集まるゾーンやくつろぐためのゾーンと区別して適切に仕分けておかないと、双方の行動機能が中途半端となる。

歩行の障害物をなくす

歩行通路上には、歩行の障害物となるものを置いてはならない。避けがたい障害物には安全柵を設ける。

床や天井、壁に付設された照明器具やサインなどについても、通行上の障害物とならないようにする。廊下・通路にドアが開閉する場合は、それによる衝突事故が発生しないための配慮が必要である。また、柱や消火器、陳列ケースなどが通行の障害物とならないようにする。装備品として設置されるものについては、あらかじめアルコーブ（壁面の一部をくぼませた空間）などをとって置き場にする。あるいは、その分だけ廊下の幅員を広くしておく。

階段下が通路になっている場合には、視覚障害者などが、側桁裏で頭を打つ。また、設定した天井の高さ

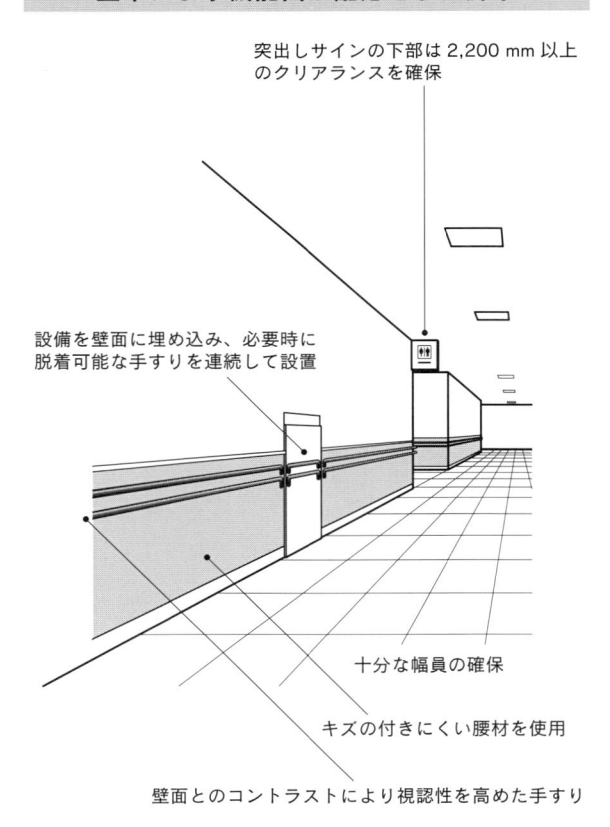

基準により機能面が配慮された廊下

- 突出しサインの下部は 2,200 mm 以上のクリアランスを確保
- 設備を壁面に埋め込み、必要時に脱着可能な手すりを連続して設置
- 十分な幅員の確保
- キズの付きにくい腰材を使用
- 壁面とのコントラストにより視認性を高めた手すり

機能面に加え環境面にも考慮した廊下

- 場所把握や記憶に役立つ天井面の変化
- コーナー部を利用したサイン
- 無機質感をなくすしつらえ
- 十分な幅員の確保
- 内装と一体的に計画した手すり機能
- 床材貼り分けにより色・歩行感の違いで誘導

図31　廊下に求められる配慮事項

を変えるようなサインや設備などが設置されないような配慮も必要である。

廊下や通路の隅角部（折れ曲がっている部分）は、曲面や面取りにすると鉢合せの衝突事故が防止できるだけでなく、車いすで右・左折がしやすくなる。壁面の損傷も少なくすることができる（図32）。

廊下の交差部においては、衝突防止のためにミラー、床圧感知システム、モニターなどで他の歩行者の接近を知らせることができる音や光などを用いたサインや情報提供システムの導入を図りたい。

転倒から守る床仕上げ

廊下の床面は、基本的には外部空間のように排水勾配は必要なく、水平性が要求される。仕上げは滑りにくく、引っかからないものにする。つまずきやすい歩行者も多いことに注意して、詳細な検討を行う。とくに異なる仕上げ材の接続部分の納まりに気をつける。

健常者でも、硬い床やピカピカの床は歩きづらい。平滑に仕上げすぎた石貼りやタイルでは、わずかに濡れても滑るという危険が大きくなる。

廊下や通路で転倒しても安全であるように、床材料は滑りにくく、転倒しても衝撃の少ない床材料を使用する（図33）。また、衝突するおそれのある部分には、その衝撃を和らげるような素材を用いると同時に、注意を喚起するようなサインの工夫を導入する。一般に、摩擦係数だけで床の性状を決めてしまうことは困難である。

避難のしやすさ

日常の使い勝手をよくするように配慮するのは言うまでもないが、火災などの非常時の避難路としての検討も重要である。避難に手間取らないよう、避難経路はできるだけ短く、わかりやすくなるように計画する。廊下・通路からの外部に避難する出口へのルートがすぐにわかるようにメインとなる方向の廊下・通路の幅員を大きくしたり、簡単にその構成が理解できるよう工夫する。行き止りや外部に直結しない廊下は避難を困難にするので、避けなければならない。

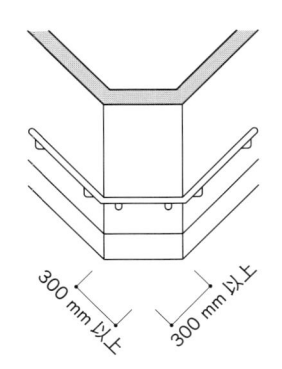

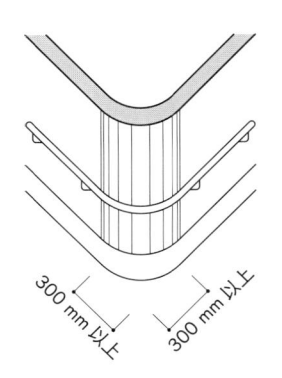

図32 廊下の隅切り
原則として隅角部は300mm以上の面取りを行う。

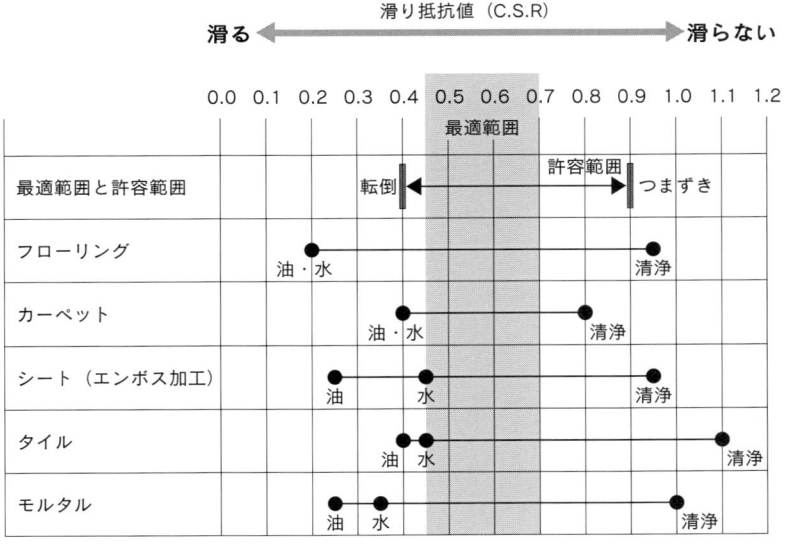

図33 下足で歩行する場合の床材の滑り抵抗値
同じ床材であっても水に濡れていたり汚れの程度によって、滑りやすさが異なる。そのため、最適な歩行状態となるように日常的なメンテナンスが不可欠である。
床材の滑りにくさの指標は、JIS-A5705に定められている「床材の滑り試験方法」で測定される滑り抵抗係数（C.S.R：Coefficient of Slip Resistance）で表す。C.S.R値を用いる際は、床の使用条件を考慮して、「全清掃の状態」「水分付着の状態」「油付着状態」などの表面状態を検討する。
下足で歩行する場合、床の材料・仕上げは原則としてC.S.R値が0.4～0.9以内とする。

2. 使いやすさ

通行しやすいスペースの確保

移動空間の利用者（個人・グループ）の通行に要する幅員を考慮する。車いすや杖の補装具を用いた人体寸法や動作寸法のほか、他の通行者の必要寸法や余裕を見越した幅員の検討が必要である（図34）。

途中で迷ったり疲れて立ち止まった場合に、他の通行者の邪魔にならないよう、滞留するためのスペースを考慮する。これらの寸法は設計図面上ではなく、現場での種々の事物の設置後においても必要幅員が確保できていることが肝要である。

高低差の処理

廊下や通路には段差を設けてはならない。しかし、場合によっては高低差を処理せざるを得ないこともある。しかし、床の高さの急激な変化は危険だから避ける。段数の少ない階段は、階段があることに気づかず、つまずいたり、踏み外したりして危険である。高低差を処理するには階段だけでなく、スロープも設ける。

3. 心地よさ

心地よく使える床材

車いすやベビーカーの使用者はわずかな目地でもその凹凸で不快な振動を経験する。床材の貼り分けがある場合、同一の高さになるよう仕上げる（図35）。カーペットは衝撃吸収し疲れにくいが、長い毛足を持つものは車いす使用者などの通行に負荷がかかる（図36）。

移動を楽しめるしかけ

長距離の閉鎖的な廊下・通路は快適ではない。単に「移動できる」レベルから「移動を楽しめる」レベルにまでデザイン目標を変えていく必要がある。その場合、目線の高さがポイントになる。壁や窓の高さの配慮から眺望や風景を楽しんだり、装飾やアート、光や色彩の視覚的要素、音楽（音）や香り（におい）など五感の楽しみを導くしつらえも、ユニバーサルデザインとして廊下・通路に導入してみたい。また、途中に休憩コーナーをとることで、施設によっては単なる移動空間ではなく、コミュニティ空間となる（図37）。

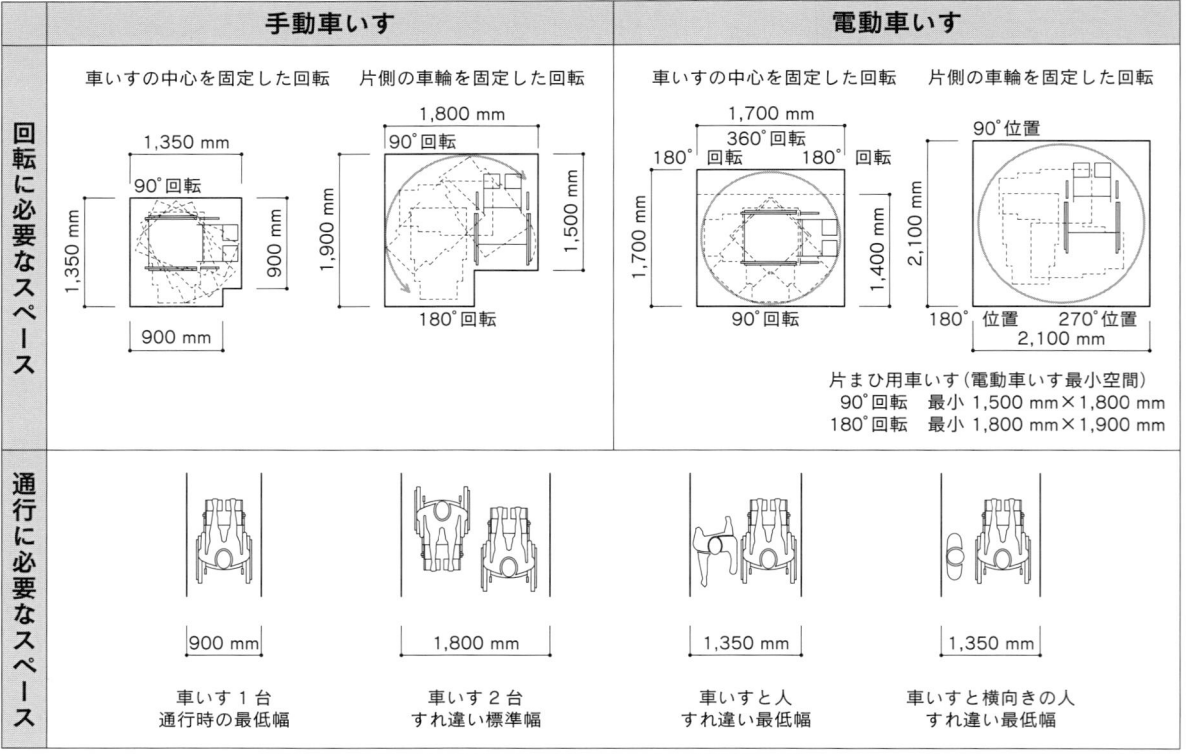

	手動車いす		電動車いす	
	車いすの中心を固定した回転	片側の車輪を固定した回転	車いすの中心を固定した回転	片側の車輪を固定した回転
回転に必要なスペース	1,350 mm × 1,350 mm 90°回転 900 mm	1,800 mm × 1,900 mm 90°回転 180°回転 1,500 mm 900 mm	1,700 mm × 1,700 mm 360°回転 180° / 180° 90°回転	2,100 mm × 1,400 mm 90°位置 180°位置 270°位置 2,100 mm 片まひ用車いす（電動車いす最小空間） 90°回転 最小 1,500 mm×1,800 mm 180°回転 最小 1,800 mm×1,900 mm
通行に必要なスペース	900 mm 車いす1台 通行時の最低幅	1,800 mm 車いす2台 すれ違い標準幅	1,350 mm 車いすと人 すれ違い最低幅	1,350 mm 車いすと横向きの人 すれ違い最低幅

（荒木兵一朗、藤本尚久、田中直人著『図解 バリアフリーの建築設計—福祉社会の設計マニュアル—第二版』彰国社をもとに作成）

図34 車いすでの通行に必要なスペース
必要スペースは車いすの種類・動作の種類、さらにはすれ違いの状況により大きく異なる。

図35　床材貼り分け部の処理
貼り分け部分は段差がなく、めくれ上がりなどが起こらないような仕様を検討する。

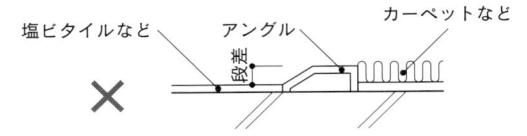

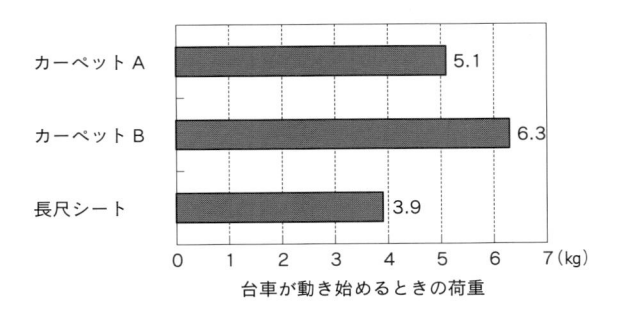

厚みの異なる床材の貼り分け部に段差が発生すると、思わぬつまずきや転倒の原因となる

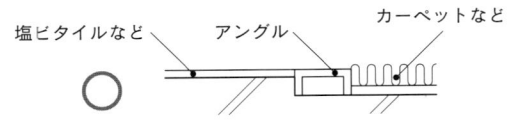

仕上げ材の厚みを考慮し、あらかじめ床（躯体）を下げておくことにより、仕上げをフラットにすることができる

図36　カーペットの毛足長さと抵抗
カーペット上に置いた、車いすを想定した80kgの台車を動かし始めるのに必要な力を測定した実験では、カーペットの毛足の長さ・密度により、必要な力の大きさが異なることが確認されている。上記のグラフではカーペットBの値が最も大きく、車いす、ベビーカーなどでの走行の際には抵抗が大きいことを示している。

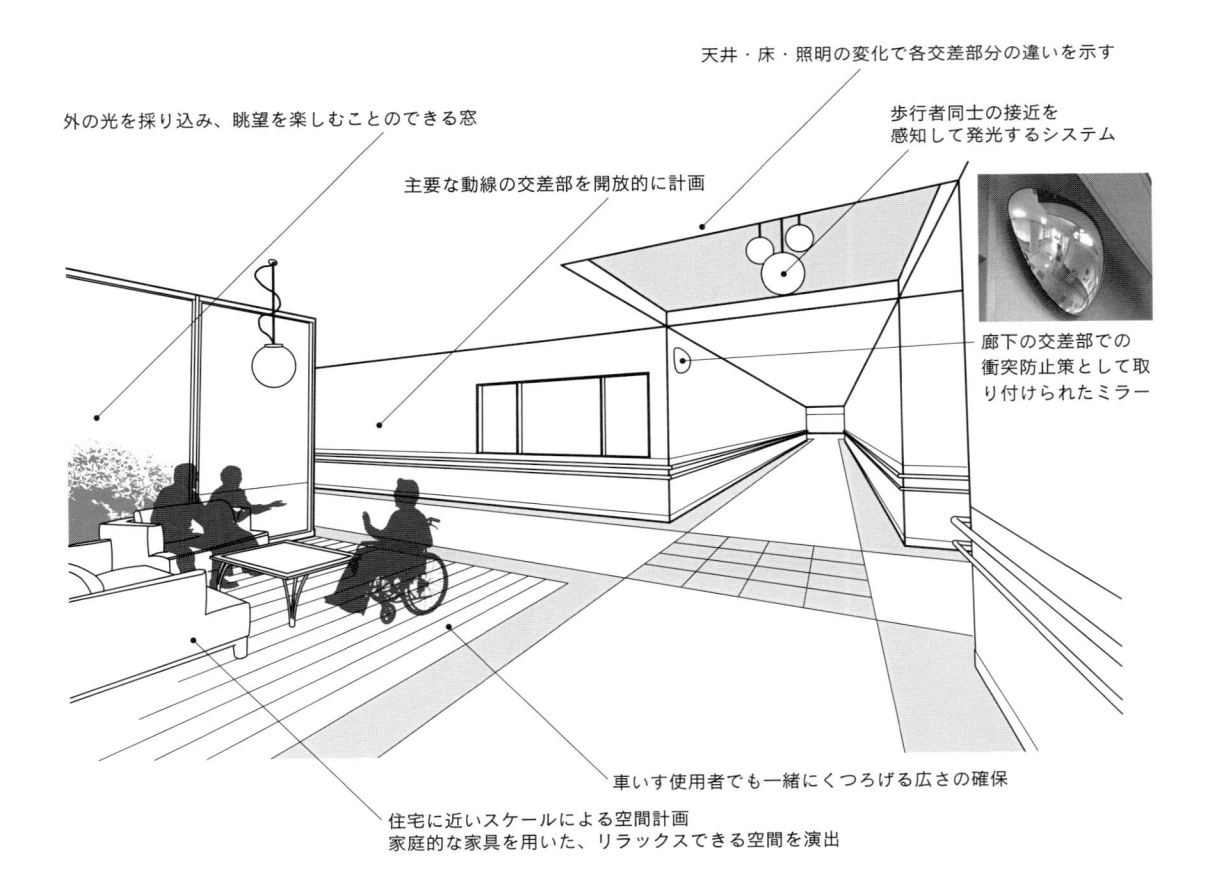

カーペットA
パイル長：3mm ループ、1/10 ゲージ、19.0 ステッチ
カーペットB
パイル長：3.5mm ループ、1/10 ゲージ、13.0 ステッチ

（東リ「医療機関等基準合格品　実測値」をもとに作成）

- カーペットA　5.1
- カーペットB　6.3
- 長尺シート　3.9

台車が動き始めるときの荷重 (kg)

図37　廊下の心地よさを演出する配慮事項

- 外の光を採り込み、眺望を楽しむことのできる窓
- 主要な動線の交差部を開放的に計画
- 天井・床・照明の変化で各交差部分の違いを示す
- 歩行者同士の接近を感知して発光するシステム
- 廊下の交差部での衝突防止策として取り付けられたミラー
- 車いす使用者でも一緒にくつろげる広さの確保
- 住宅に近いスケールによる空間計画
- 家庭的な家具を用いた、リラックスできる空間を演出

4. わかりやすさ

床の仕上げを工夫する

足触りの変化は、オリエンテーション（通行の方向づけ）に役立つ。点字ブロックを敷設する代わりに、床の仕上げ材料や色を変えてみて、その対比で空間の領域や方向性を知覚させようとする方法がもっと検討されるとよいだろう（写真38）。

床材料を変化させることによってオリエンテーションが容易となり、とくに視覚障害者にとっては廊下や通路の発見、あるいは行き先の発見が容易となる。しかし、床材の種類によっては利用者にとって走行しにくくなるので、施設利用者の属性の傾向をふまえて、床材を選択する必要がある（図39）。

大きなエリア内に通路を計画する場合には、主要な方向性を把握するのに役立つよう、床材料に変化をつけるのがよい。

床の補装デザインとして、色彩や柄を工夫する例が多いが、弱視者などの歩行に支障がないように注意しなければならない。

天井の仕上げを工夫する

天井の高さは、利用者に心理的に大きな違いを感じさせる。高さや形状を変えることによって、空間の領域を天井面で表現することができる。天井の材料や色彩など仕上げの変化も有効である。天井の高さを変えることによって、反響音の違いから空間の変化を知らせることができる（図40）。廊下の曲がり角といった特定の場所で、この反響音の違いを天井面のデザインの視覚的変化と併せて導入することもユニバーサルデザインの方法のひとつである。

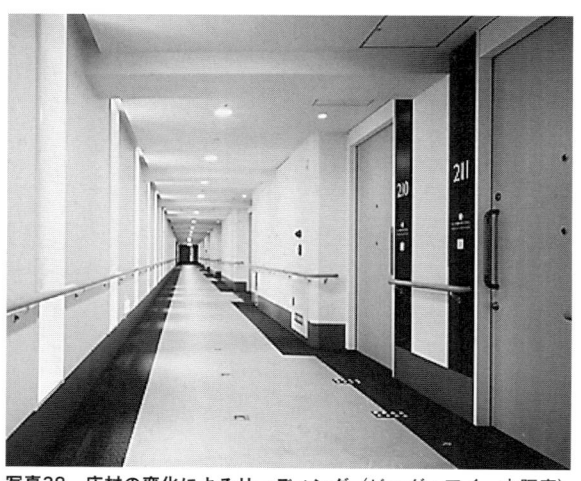

写真38　床材の変化によるリーディング（ビッグ・アイ、大阪府）
廊下端部に色・歩行感の異なる床材を用いることにより、リーディング（誘導）とすることができる。

図39　毛足の長いカーペットの効果と問題点
歩行感の違いにより視覚障害者などに対し、場所を示すことができる。しかし、毛足の長いカーペットは車いすでの走行の際には抵抗が大きくなることがあり、使用の際には注意が必要である。

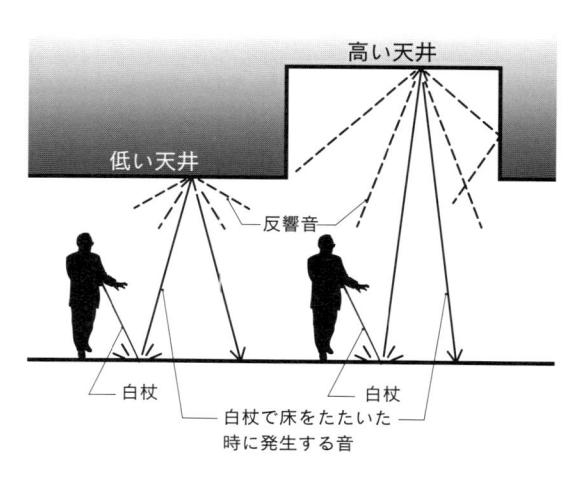

図40　天井の高さの違いにより反響音を変化させた廊下
視覚障害者などは空間情報を聴覚により得ることが多く、反響音の変化は空間把握に役立つ。

天井の照明を連続的につなげる照明器具の配置によって、歩行を誘導することができる。同様に採光面の位置や大きさについても工夫したい。

壁の仕上げを工夫する

廊下・通路の壁面に取り付けられた連続した手すりは、わかりやすい誘導を助けるものである。手すりではなく、壁面に手で触ってわかる連続した凹凸のラインを設けることによって、視覚障害者などへの誘導効果をもたらすことができる。

五感を工夫する

手すりによる誘導が最も効果的であるが、手すりの前に障害となるものが置かれると危険である。手すりに限らず音やにおい、明るさの変化も誘導に役立つことがあるので検討したい。たとえば、ドアの開閉音、かごの鳥のさえずり、喫茶店のコーヒーの香り、太陽光の直射などが、オリエンテーションを容易にさせる（写真41、42）。

5. 美しさ

車いすは蛇行しやすいので、車いすの車輪やフットレストが壁に当たったり、車いすと壁との間に指を挟まれたりする。これを防止するために、壁面には保護板か緩衝レールを取り付ける。これらはコーナー部分が鋭角となりやすいので、面取りなどを配慮する。幅木を大きくしたり、腰羽目の仕上げ材料に配慮を加えることでもよい。単に、壁や柱を保護する発想からだけでなく、空間の雰囲気、美しさを向上させる視点から、素材や色、形状を考慮すべきである。

写真41　鳥かごがおかれた廊下（デンマーク）
廊下の曲がり角や交差点から聞こえる鳥のさえずりにより場所を知らせることができる。

写真42　ドア部分にのみ光があたるように計画された廊下（デンマーク）
光が当たることによる明るさの変化により場所を示している。

8 階段

1. 安全性

安全・快適に通行できる配置

階段は最も一般的に利用される垂直移動の空間である。しかし、車いす使用者などには、特別な昇降機などを用いないと利用できない空間部位である。

階段には、より多くの利用者が安全快適に通行できるような配置計画が必要である。建築空間の全体計画の中で必要な場所に必要とする規模の階段を配置する。階段に代わる傾斜路やエレベーター、エスカレーターなど、他の垂直移動空間や設備と合わせて、利用者の選択行動をふまえて階段の配置を計画する。

転落防止

階段は、上りのほうがきつく、下りのほうが楽だと思われているが、実際は下りのほうが転落事故などで大きな被害が起こる可能性が高い。階段の形状や手すりの設置、踏み面や蹴上げの寸法、段鼻の識別などの安全確保のための配慮が大切である（図43、44）。

階段での転落事故を防止するため、階段の床仕上げは滑りにくい材質とする。また、踏み面と段鼻（ノンスリップ）部分の色を対比させる。それは階段を上から見ると1枚の板に見えてしまうためで、段鼻をまわりの踏み面の色と対比することにより、段差ひとつひとつを明確に知らせることができる（図45）。夜間な

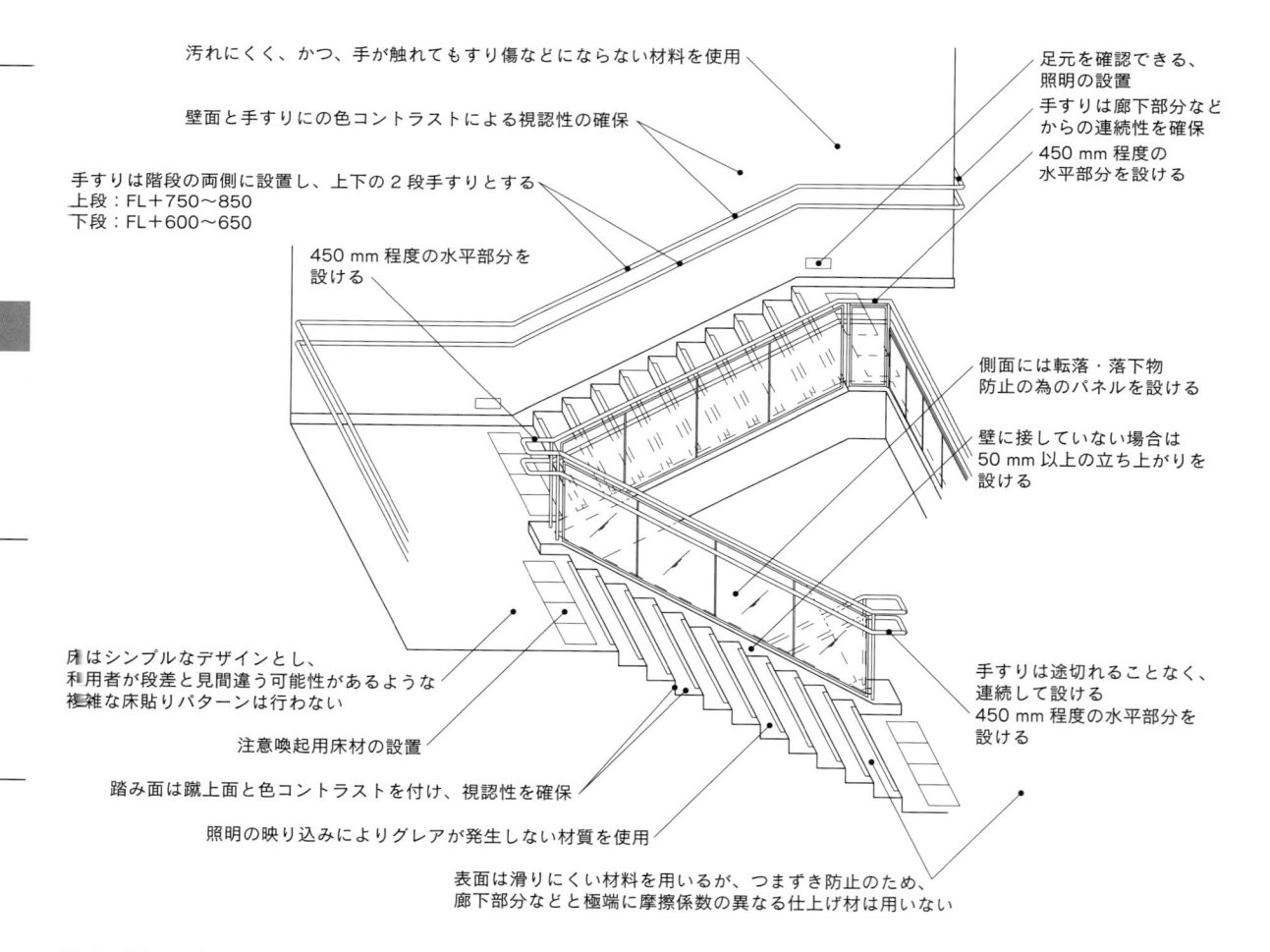

- 汚れにくく、かつ、手が触れてもすり傷などにならない材料を使用
- 壁面と手すりにの色コントラストによる視認性の確保
- 手すりは階段の両側に設置し、上下の2段手すりとする
  上段：FL＋750〜850
  下段：FL＋600〜650
- 450 mm 程度の水平部分を設ける
- 足元を確認できる、照明の設置
- 手すりは廊下部分などからの連続性を確保
- 450 mm 程度の水平部分を設ける
- 側面には転落・落下物防止の為のパネルを設ける
- 壁に接していない場合は50 mm 以上の立ち上がりを設ける
- 床はシンプルなデザインとし、利用者が段差と見間違う可能性があるような複雑な床貼りパターンは行わない
- 注意喚起用床材の設置
- 踏み面は蹴上面と色コントラストを付け、視認性の確保
- 照明の映り込みによりグレアが発生しない材質を使用
- 表面は滑りにくい材料を用いるが、つまずき防止のため、廊下部分などと極端に摩擦係数の異なる仕上げ材は用いない
- 手すりは途切れることなく、連続して設ける
  450 mm 程度の水平部分を設ける

図43 階段の配慮事項
階段は転落・転倒などの事故発生の危険性が高い場所である。そのため、手すりの整備・視認性の確保などを含め、空間全体として安全性の配慮を行う必要がある。

ど十分な明るさを確保できない階段では、段鼻部分をLEDなどで光らせる配慮も検討したい。ノンスリップは踏み面表面から突出しないようにする。突出はつまずきの原因となる（図46）。

吹抜けのある階段は、人や物が落ちたりするので、落下防止策を施す。体を支持する手すりだけでなく、転落防止の役割を果たす立ち上がり壁を設ける。また、吹抜け部に落下防止ネットを設ける方法もある。

子どもの安全対策

子どもは、階段を遊具にすることがある。たとえば手すりの上を滑り台のようにして滑ったり、手すりを足がかりにして下方を覗き込んだりすることがあるので、施設用途によっては、このような行為が行われることを前提に、安全対策として手すりの形状や取付け位置に注意する。

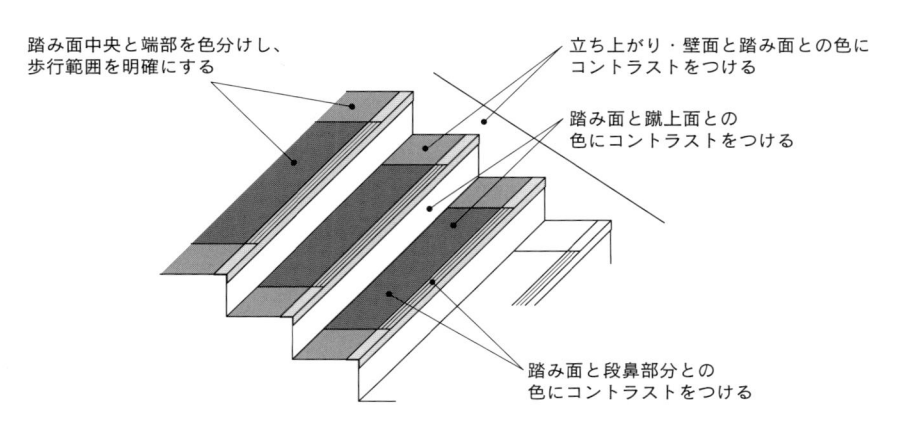

図44　階段の視認性を高める配慮
踏み面・段鼻・壁面の立ち上がりなどを含め、視認性を高める配慮を行う。

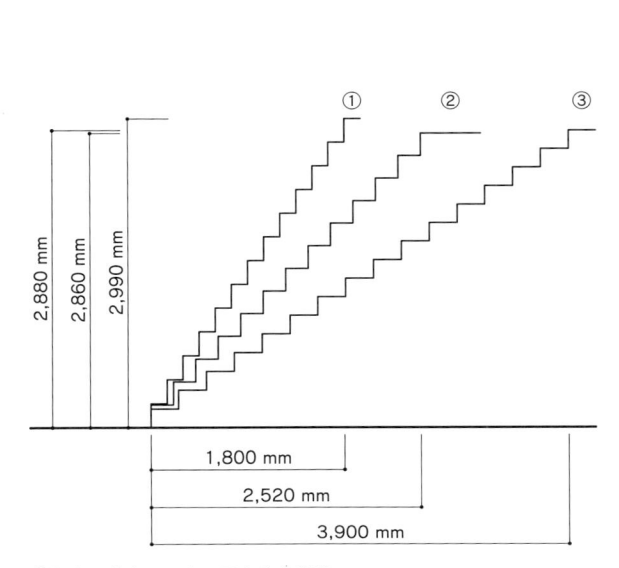

①住宅の階段のうち、最も急な階段
②普通の階段のうち、最も急な階段
③公共施設の階段のうち、最も急な階段

図45　階段の蹴上げと踏面のうち、最も急な階段（建築基準法施行令）
公共施設の階段は、多くの利用者が上りやすいと感じる設定。住宅やその他の施設は、広さなどの条件により幅がある。

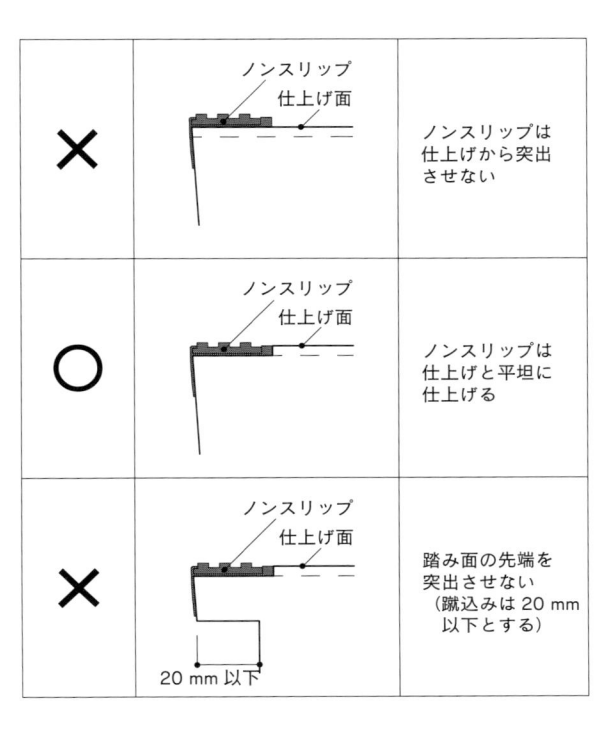

図46　段鼻部のノンスリップの処理
ノンスリップは踏み面から突出しないようにし、コントラストをつけて視認性を高める配慮を行う。

8. 階段　117

2. 使いやすさ

視覚障害者への配慮として、階段の始・終点には、点字ブロックを設置するか、仕上げ材料を変えるなど、足触りでわかるようにする（図47）。

手すりは踊り場でも切断せず、できるだけ連続させ、廊下の手すりとも連続して設けるのがよい。幼児や高齢者には低い手すりが必要であり、できれば併設する。

幅員の大きな階段の場合、中間部に手すりを設け、手すりを必要とする人の利用を図るのがよい。

駅の階段では上り下りを一方通行に仕切りとして手すりをつけるが、手すり利用の左右勝手に配慮し、左右両側に設置するなどの配慮が必要である（図48）。

3. 心地よさ

手すりの始点と終点は、そこから平行に延長することで、歩行困難者が体のバランスの立て直しや視覚障害者の階段まわりの誘導に役立つようにする。ただし、手すりを延長させる場合、手すりが歩行者の邪魔にならないように端部の形状などに留意する。

4. わかりやすさ

階段の位置が容易に発見できる配置計画として、廊下の端部付近か、交差して少し奥まった所の設置がよい（図49）。また階段は各階とも同じ位置にあって、同じデザインとなって、その空間配置やシステムが標準化されているのが好ましい。

階段の利用者に対して何階にいるのかを示すサインを考慮する。視覚障害者に対しては、点字などの触覚による音声や情報を検討する。

階段そのものが内外部から見通せるよう、壁面にガラスを用いるなど、透視できるようにすることもわかりやすさにつながる。

特別避難階段など、避難計画上、必要な配慮を当初の計画から最優先にして計画する（図50）。緊急時にもすぐ対応できるように階段の位置は日常の利用時からわかりやすい位置に計画する。また非常時に避難動線にもなる階段は、遠目からでもその存在が認識できるよう、壁面や床などを活用したサインの導入も考慮する（写真51）。

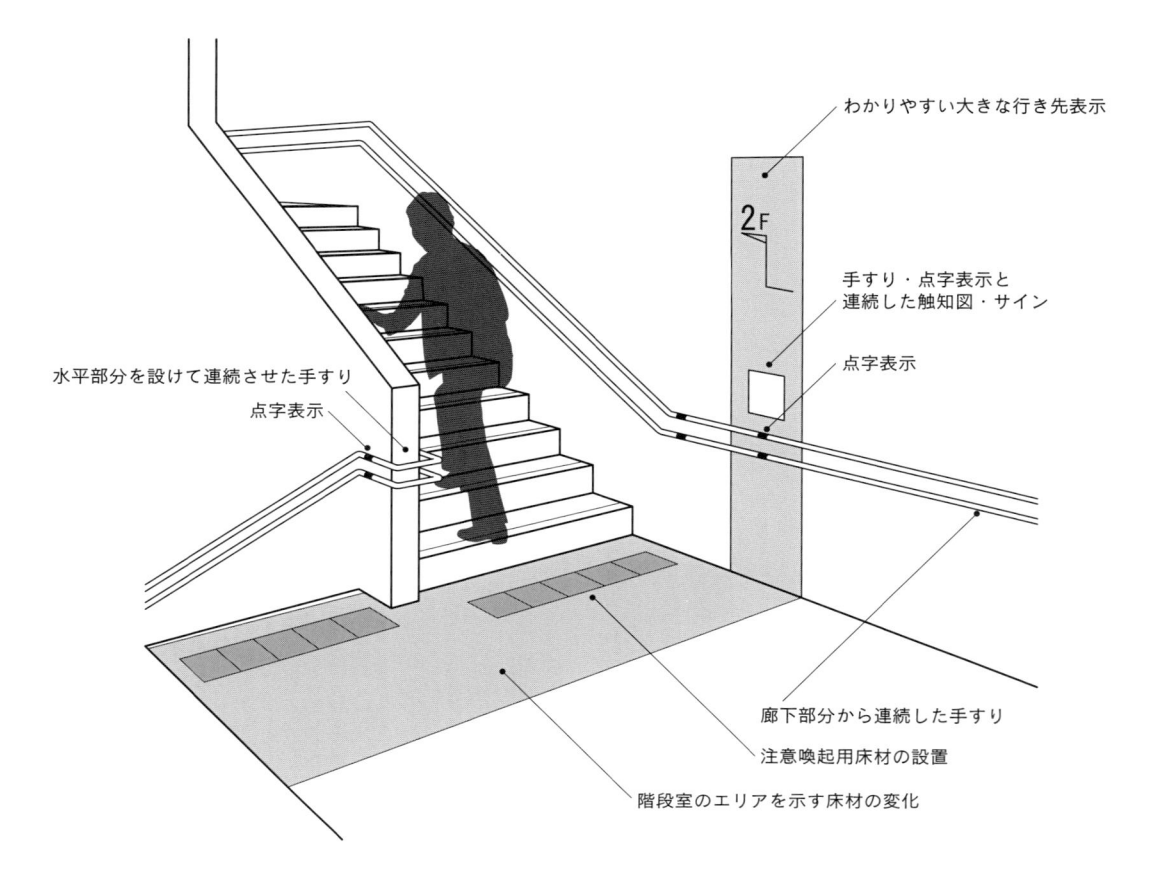

図47　階段まわりの注意喚起と誘導

5. 美しさ

　階段は、利用できる人とできない人に分かれる。階段に機械装置を付けて利用する方法もあるが、操作性や空間寸法とは別に階段の美しさを損なう場合も多い。

　階段を利用できない人を除いて、あえてその階段を上り下りしてみたくなるような階段をデザインすると利用者も増え、健康の増進にもつながる。健康を気にする人が気軽に利用できる階段を増やすべきである。

　スウェーデンのある地下鉄駅構内の、エスカレーターと並列に設置されている階段では、ラッシュ時のエスカレーターに乗ろうとしてできる長蛇の列を解消し、階段の利用率を上げるために、ピアノの鍵盤に見立てた階段が設置されていたことがある。歩くと実際にピアノの音が出るため、階段の利用率がアップしたそうである。遊び心を取り入れた、利用したくなる階段の事例である。しかし、美しい階段のデザインを追求するあまり、基本的な安全性を損なうことは絶対に避ける。

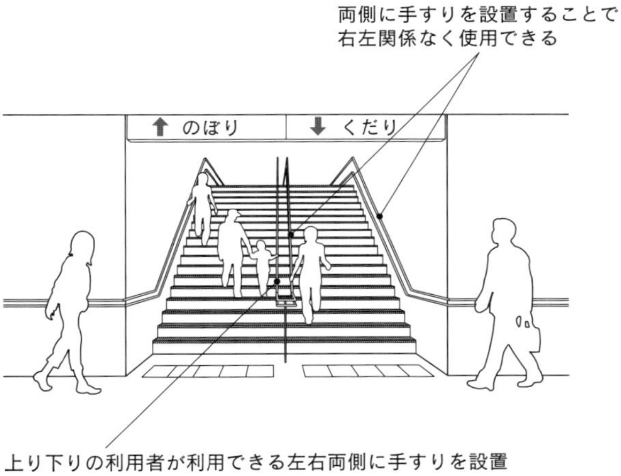

図48　利用者の多い階段の手すりの役割

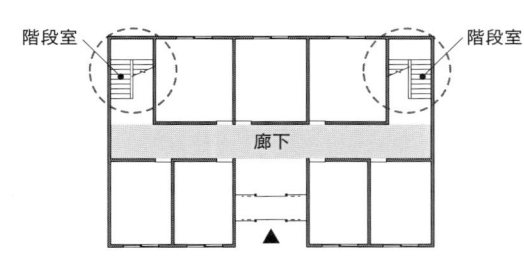

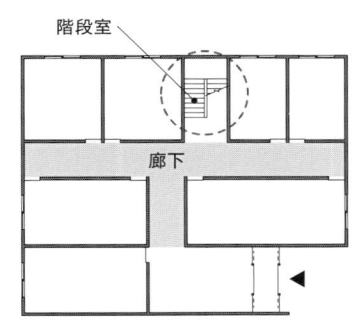

図49　階段の配置

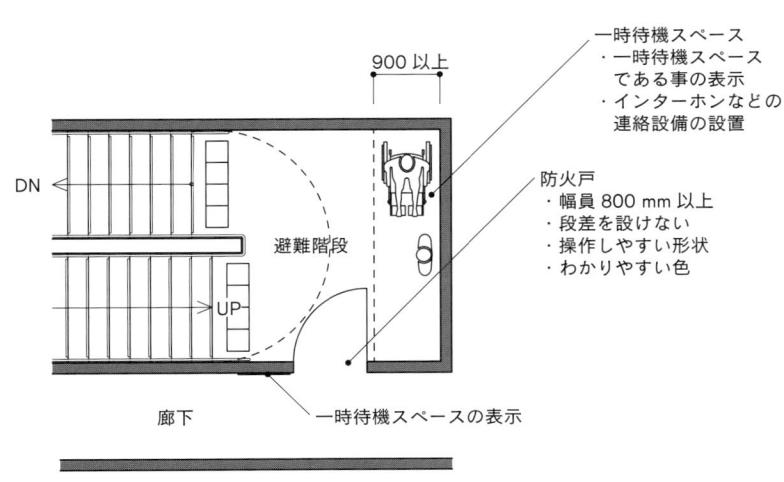

図50　非常階段内にある非常時の待機場所
救助までの待機スペース、外部と連絡のとれるインターホンなどの設備を設置する。

（大阪府住宅まちづくり部建築指導室建築企画課福祉タウン推進グループ
『大阪府福祉のまちづくり条例　設計マニュアル　改訂3版』をもとに作成）

写真51　床を活用した階段サイン
遠くからでも床面の色と材質を変えたゼブラサインで、階段があることがわかる。

9 エレベーター

1. 安全性

　利用者の移動を助ける装置として、2階建て以上の施設には、原則的にエレベーター（以下、EV）を設置したい。

　EV は、ゆっくりした動作の利用者に対して、ドアの開閉速度や開放時間もゆっくりさせる必要がある。光電管装置で開閉する場合は、車いす使用者用として腰部分とフットレスト部分の両者が検出できるよう2段に取り付けるのが望ましい。

　緊急時の連絡方法を迅速かつ確実なものにするほか、かご内での様子が外部から確認できるシースルータイプのものを昼夜にかかわらず、わかりやすく安心して移動できる空間のランドマークとしてデザインするのがよい。また、内部の様子をモニター画面でたえず EV ホールに映し出すなどの配慮も安全対策として有効である。

　一般的に、地震や火災といった非常時には EV は使用できない。そういった事態のために、階段やスロープ、廊下、通路などの移動空間を EV の近くに配置し、安全に避難できることが大切である。しかし、車いす使用者は非常用階段が使用できない。また、スロープだけでは避難行動に制限がある。そこで、非常用 EV が必要となる。EV ホールの空気圧の制御などによって安全に避難できる EV の設置が望まれる（図52）。

2. 使いやすさ

　かごの内部で車いすが180度の回転ができない場合は、後ろ向きに車いすを動かしやすいように、かごの背面に鏡を設置するのがよい（図53）。

　乗り場ボタンやかご内の操作パネルは、車いす使用者や子どもの手が届く範囲に設けるとともに、操作ボタンは肘でも押せるぐらいに大きくすると、見分けやすくなる。手が使えない状態の利用者に対して、足で操作するボタンを設置するのもよい。

3. 心地よさ

　EV の配置台数や配置パターンは、利用者の待ち時間によるストレスが大きくならないよう工夫する。複数の EV が設置されている場合、どの EV が利用できるかの確認が容易になるように EV の配置や運行状況を示すサインを工夫するなど、待っている利用者の心理にも配慮したい。

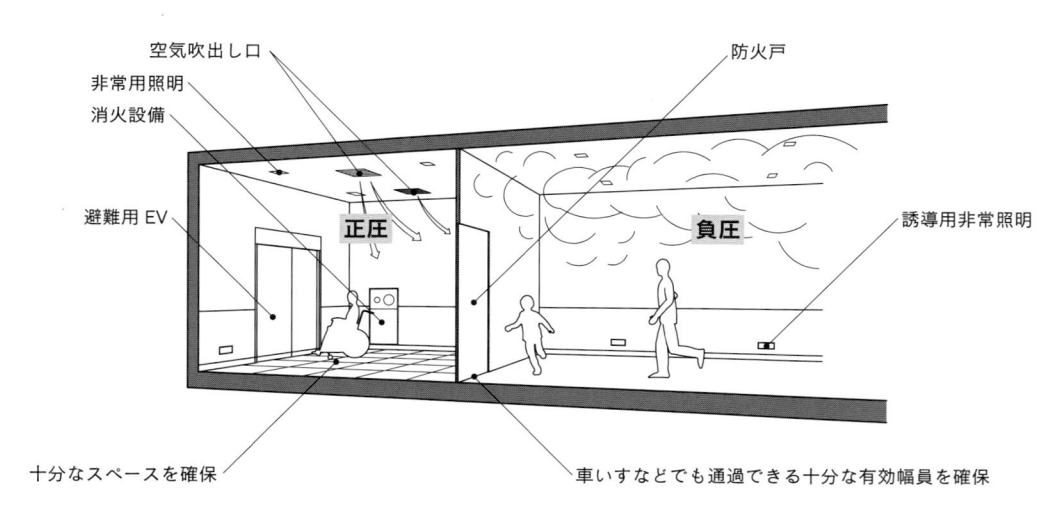

図52　空気圧を考慮したエレベーターによる避難計画
避難用 EV 側に設けた空気吹出し口から新鮮な空気を送り込み「正圧」とすることにより、火災時の煙の進入を防ぐことができる。

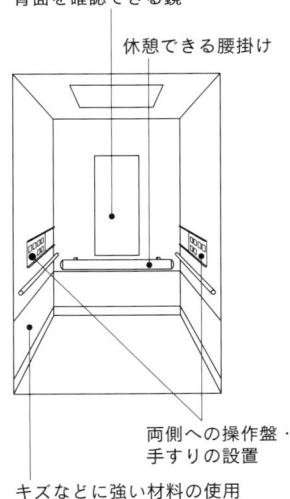

4. わかりやすさ

　EVは玄関、メインロビー、メインの廊下・通路、その他の公共エリアに通じるところに配置する。建物の奥まった場所でなく、吹抜け空間や外部壁面に接した目立つ位置に配置し、色彩や材料を工夫したデザインで見つけやすくする。

　EVホールでは、待ち行為に対応した腰掛けスペースや眺望を楽しむ窓の設置など心理的な配慮もしたい。また、階数表示やフロア案内など案内サインの設置場所としても重要である。階数表示は各ボタン面か、その上部に指で触れてもわかるように浮彫りタイプのものや、照明を内蔵したものにすると、視覚障害者が利用しやすい。EV内部も同様である。併せて音声によるアナウンスが流れるのがよい。視覚・聴覚障害者への音や画像・文字による案内は、その他の利用者にも役立つように工夫する。

　利用者にとって進行方向に出ることのできる貫通式出入口のEVは都合がよい。しかし、各階で異なる方向にドアがあることで、方向を失いやすくならないように注意したい。出入口が異なるタイプのEVは、かご内での回転の負担を軽減するメリットがあるが、各階での開閉の方向や行き先など必要な情報が十分に伝わるようにする。

　操作ボタンの配置やデザインは統一するのがよいが、エントランス階や主要な階のボタンは他の階のボタンと形や色彩で区別されているのが望ましい。

5. 美しさ

　EV空間を密室的な空間にすると、緊急時の確認が困難になったり、救出しにくい。そこでシースルー（ヌード）EVの導入が望ましい。内外から見渡せることによる安全性に加えて、楽しさやわかりやすさが増大する。EVの位置がわかりやすくなるという効果もある。上下するという機能性だけでなく、美しく建築空間を魅力的にする装置としても活用したい。

図53　一般乗用EVの基本仕様と配慮事項

10 エスカレーター

1. 安全性

エスカレーター（以下、ESC）での事故は多い。速度やステップ高さの変化から姿勢を崩しやすい上下の端部での転倒や、移動中の側壁部での壁との隙間で頭をぶつけるなどの衝突である。基本的に動く機械であるから、動かない部分との安全性の配慮が不可欠である。

また、利用者が集中したとき、行列の横から割り込んだりする利用者が増える。この場合も上下の端部で事故の発生が懸念されるので、ESCの移動手すりとは別の固定した安全誘導手すりを1m以上設けるとよい（写真54）。

ステップでは、歩いて追い抜いていく人のために片側を開けるのがマナー（関西と関東では開ける側が左右逆）らしいが、この行為は、転倒・接触といった重大事故につながる可能性が高い。基本的にESCを階段のように移動する利用は禁止するべきである。また、移動しながら静止できるESC利用時に携帯電話のメールを操作するなどの危険な行為も排除したいものである。

2. 使いやすさ

ESCは、EVより利用者の輸送能力が高いので、利用人数の高い場所に配置するとよい。しかし基本的に、ESCでEVの機能をすべて代替することはできない。

車いすやベビーカーの使用者は基本的にESCを使用せず、EVを利用できるように計画する。視覚障害者単独での利用については、点字ブロックなどで積極的に誘導すべきかどうか疑問がある。もし誘導するならば、わかりやすい配置を目指し、音声による案内など、音のサインを配慮する。車いす使用者のために一時的にステップを複数水平にセットして移動させるシステムがあるが、これは当事者の心理や他の利用者を考慮していない例でユニバーサルデザインではない。

3. 心地よさ

ESCの利用者の視線が心地よく空間を一望できるよう、周囲の明るさや開放性が大切である。またESC上下の配置を営業上、わざわざ遠回りさせることは避けたい。

4. わかりやすさ

遠目からESCがどこにあるかをわかりやすく示す。また、何階から何階へのESCかも示したい。ESCが上下どちらに動いているか、見分けがつかず困ることがある。手すりやステップに色の変化をつければ、動きもわかりやすくなる。端部での手すりの回転部を透明にして、内部の様子から動いている方向を示して、楽しくわかりやすくする工夫もある（写真55）。

5. 美しさ

ステップの足元の安全性確保も兼ねて、色彩だけでなく、LEDなどを活用して光の動きを演出すると、美しさと安全性を高める効果がある。側壁部の中も照明を利用し美しさと安全性確保に努める。ESCの裏側の天井部のデザインも工夫すれば、遠目から見た場合の存在を確認する美しいサインの役割を果たす。

写真54　安全誘導手すり（イオンレイクタウン、埼玉県）
まわり込み防止に加え、上り下りのサインの機能を一体的に計画している。

写真55　手すりの回転部分が見えるESC（ハービスENT、大阪府）
手すり端部の回転部分が見えることで、上り方向か下り方向かが離れた場所からでもわかる。

11 ムービングウォーク

1. 安全性

　ムービングウォークは、長距離の水平面での移動や傾斜面での設置が可能な移動空間装置である。そして床面は、ゴム状で弾力性のあるものやESCのステップと同様の金属製のものがある。歩行者によっては床面の硬さや柔らかさ、床の形状変化になじみにくく、転倒事故につながる場合がある。端部で転倒したり、衣服や持ち物が巻き込まれたりする事故もあるので、乗り口、降り口の安全対策が重要である。

　スロープ状のものはオートスロープというが、カートなどを利用する場合、傾斜によって流れ落ちないような安全対策が必要である（写真56）。

2. 使いやすさ

　ムービングウォークの動きについていけない利用者のために、必ず並行して自力で歩行する通路を確保する。また、長距離の場合、途中でこれらの通路につながる、乗り降りできる部分を設ける。

　視覚障害者や弱視者の利用を図る場合、乗り口、降り口の音声案内や点字ブロックとともに、色彩などのコントラストで注意喚起を高めるデザインの工夫を行うことが必要である。

　車いすやベビーカー、カートの使用者を対象とする場合は、歩行速度や乗り口・降り口の安全対策が十分でない場合、基本的には使用を避けるべきである。

3. 心地よさ

　長距離のムービングウォークに対して、この距離と時間を忘れてリラックスできる工夫を導入した事例もある。壁や天井に光やアートを配して変化をつけたり、環境音楽の癒し効果を導入するなどが考えられる（写真57）。これらのデザインの工夫に加え、必要な情報や案内を示すようなこともよいが、気をとられて、乗り降りの場所で安全性を損なわないよう音声や視覚による注意喚起などの配慮も必要である。

4. わかりやすさ

　遠目からムービングウォークがどこにあるかをわかりやすく示したい。左右どちらに乗ればいいのか、見分けがつかないことがある。手すりやステップに色などの変化をつければ、動きもわかりやすくなる。ESCと同様に端部での手すりの回転部を透明にし、動いている方向を示す工夫もある。

5. 美しさ

　動いている床面の足元の安全性確保も兼ねて、色彩や、照明を工夫し、動いている部分とその他の床面の区別が明確になるように演出すると、美しさが安全性を高める効果がある。乗り口でも遠目からわかるゲートサインを工夫すると、遠目から見た場合の存在を確認でき、かつ、わかりやすくて美しいサインの役割を果たす。

写真56　カートを固定する溝があるオートスロープ
踏み面に設けられた溝とカートのタイヤに設けられた溝がかみ合うことにより、ストッパーとなり、カートの流れ落ちを防いでいる。

写真57　光で空間演出された長距離ムービングウォーク（ドイツ）
単調な空間に変化をもたせ、楽しさを演出するとともに、圧迫感を緩和している。

12 トイレ

1. 安全性

4K のイメージ

トイレは、だれもが生理的要求を満たす絶対必要な空間である。外出したときでも、気持よく利用できるトイレが必要である。しかし、現状としては4K（怖い・臭い・汚い・暗い）といわれるなど多くの課題があり、このことから不自由を感じている人も多い。これまでのトイレのイメージを払拭する、わかりやすく、利用しやすいトイレの実現を目指す。

利用者が安心する配置

不特定多数の人が利用する公共性の高い施設においては本来、メインの動線上、人目につきやすい位置に配置されるとよい。ロビーや階段室の近辺が望ましく、同一の施設内では男女のトイレが各階とも同じ位置にあって、男女別のサインも統一されているほうがよい。この統一は視覚障害者への配慮にもなる。

多機能トイレや授乳室などの位置関係も、できれば統一的に計画し、利用者にわかりやすくする。

トイレ設置数の男女の配分は、施設の利用者層によって異なる。男女の集中利用の状況に合わせて男性用を女性用に転用するなど、柔軟に対応する計画を検討してもよい。

多機能トイレ以外の一般トイレの配慮内容とともに、各種トイレの数と配置について建物の用途に応じて考慮する。また、トイレの近くには子どものための授乳室やおむつ替え台、遊び場、喫煙者のためのスモーキングルーム、女性の身づくろい、化粧のためのパウダールームなどの配置も当初の計画から検討されるべきである（図58）。

プライバシーと防犯

トイレは利用者のプライバシーを守るため外部から視覚的・物理的に隠れた位置になることが多い。しかし密室状況になりやすく、種々の犯罪行為や問題行動を誘発する可能性もある。トイレの入口付近に防犯カ

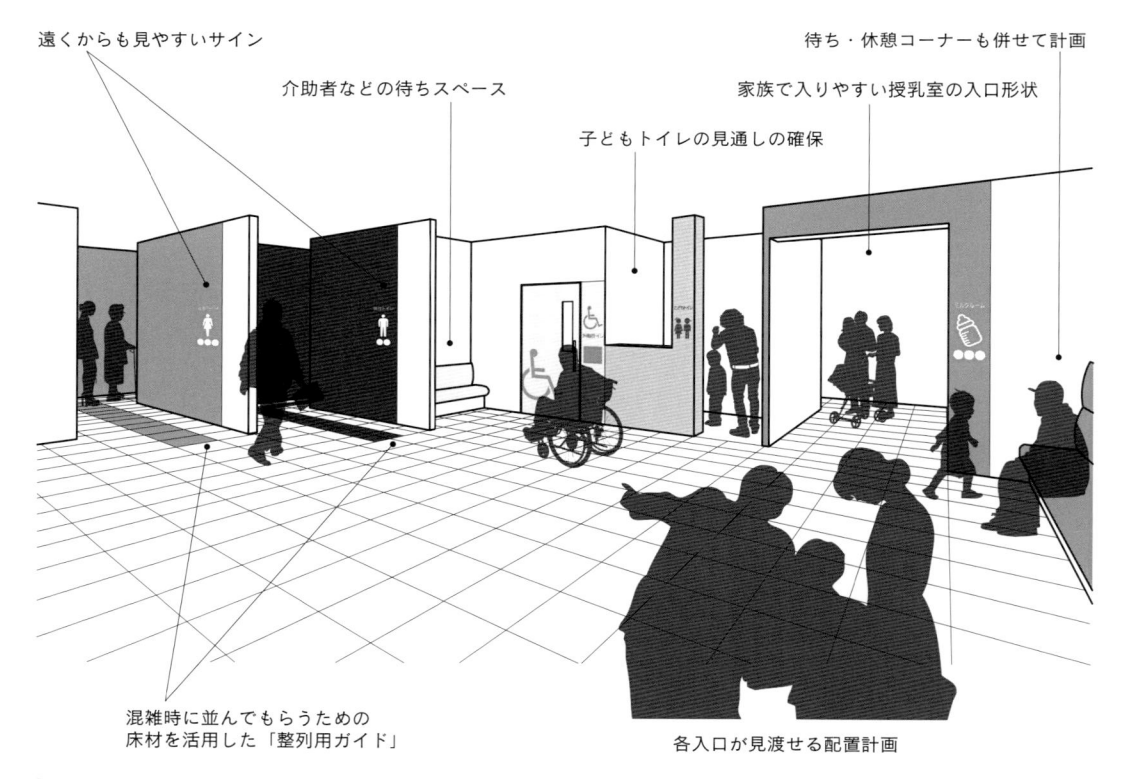

図58 トイレ入口まわりの配慮事項

（図中注記）
- 遠くからも見やすいサイン
- 介助者などの待ちスペース
- 待ち・休憩コーナーも併せて計画
- 家族で入りやすい授乳室の入口形状
- 子どもトイレの見通しの確保
- 混雑時に並んでもらうための床材を活用した「整列用ガイド」
- 各入口が見渡せる配置計画

メラを設置することも考えられるが、有料トイレのように管理人による人的な監視があるとよい。それでなければできるだけ人の気配がある場所に配置するのがよい（写真59）。

トイレ内の照明の色を青色にして、薬物注射などの行為を抑制するデザイン事例もある（写真60）。

便房の中で倒れるなどの緊急時の配慮として、非常ボタンの設置がある。便器に座った状態で手が届く位置や、床に転倒した場合に操作できる位置に設ける（図61）。また非常ボタンにヒモをつけることで、あらゆる場所からの操作が可能になる（写真62）。

写真60　青い光のトイレ（イギリス）
通常の明かりでは見えない汚れが見えることに加えて、青い光の下では静脈が見えなくなるので、ドラッグ（覚醒剤）防止になる。

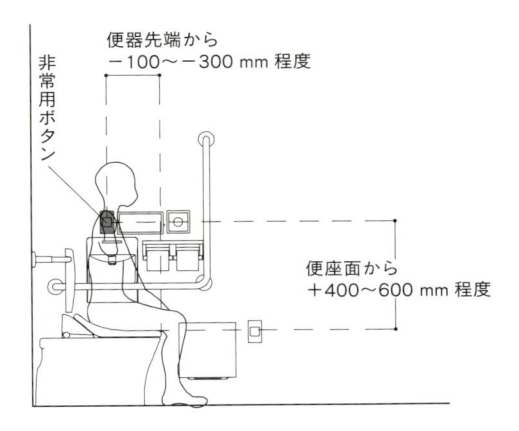

写真59　人で賑わうトイレ前の休憩エリア（イオンレイクタウン、埼玉県）
トイレ前で用を足している同伴者を待ったり休憩できるスペースを設け、同時に人が集まることによる防犯上の監視性を高めている。

便座に座った状態で手が届く位置

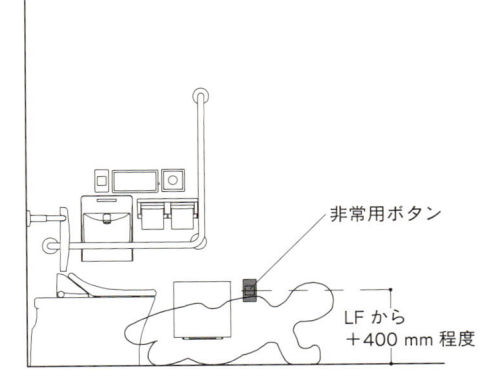

床に倒れた状態で手が届く位置
（「JIS S 0026　公共トイレ操作系」および『バリアフリーブック　パブリックトイレ編　TOTO』をもとに作成）

写真62　非常用ボタンとつながっているヒモ
壁面とコントラストのある赤い紐を引っ張ることにより、倒れた状態からでもボタンを鳴らすことができ、緊急時にボタンを探す必要がない。

図61　トイレ内の非常用ボタンの位置
ボタンの設置位置は、利用者がどのような態勢になっても押すことができる位置を検討する。

12. トイレ

2. みんなが使えるアクセス

車いす使用者、オストメイト、子ども

建物には、車いす使用者が利用できる便房を男女別に少なくとも1カ所は設置する。介助者が異性の場合もあるので、男女両方が入れる共用便所を別に設ける。

出入口は車いす使用者が通行できる幅員とし、段差をつけてはならない。出入口にはドアを設けないほうが望ましい。公衆の視線がトイレの奥まで入らないようにするために、間仕切を設置しても、車いすなどでの通行を妨げないようにする必要がある。

オストメイト用の設備については、多機能トイレ内に設置するだけでなく、一般トイレにも設置する（写真63）。便房内だけでなく、専用のスペースを設け、洗浄装置などを備えるのもよい。

幼児の利用が多い施設では大人用のトイレとは別に、子ども用のトイレを計画したい（写真64）。子どもは突然トイレに行きたいことを大人に告げることが多い。その際、トイレが混んでいるときは、大人に交じってトイレの順番を待つことになる。そのような状況を防ぐためには、子ども専用トイレの設置が不可欠である。また子どものトイレ方法は、おむつを使用している段階から、おまるを使用している段階、子ども用便器を使用できる段階まで多様であることにも配慮すべきである。

3. 心地よさ

更衣台

多機能トイレの中に設置される更衣台は、折りたたみ式のものがいいが、使用後にに元に戻すことを忘れた場合は、スペースをとってしまう問題がある。その場合、そこでないと用を足せない車いす使用者が多機能トイレを利用できないことにつながるので、注意する。

洗面所・パウダールーム

車いす使用者を配慮した台の高さや下部クリアランスの寸法とともに、歩行困難者が腰掛けられるようにする。手洗い後の乾燥機の形式や取付け位置についても、子どもや身長の低い人にも使いやすいよう配慮する。パウダールームは女性トイレに接近して計画し、ゆったりと身づくろいができる空間の実現を図る。

授乳エリア

プライバシーと安全を確保するために、その配置に留意する。乳児のきょうだいの存在や父親の授乳参加も考慮した計画が望まれる。

持ち物への配慮

傘や杖、その他の衣類や手荷物を置いたり、保持できるスペースや装置について、その高さや操作などに困難が生じないよう配慮する。

写真63　パウチの洗浄ノズルが設置させている便器
多機能トイレ内だけでなく、オストメイト用の洗浄装置を一般の便房にも取り付ける。どの便房に備わっているか、どのように使用するかの情報を知らせるサインの配慮も必要である。

写真64　子どもトイレ
トイレを我慢できない子どもにとって、内装・色使いなどに配慮した子どもトイレは、楽しんで使える便利なもの。

4. わかりやすさ

入口

トイレは、行きやすく見つけやすい位置にあってほしいものだが、施設内の隅などわかりにくい位置に配置されがちなので、利用者にとってトイレの入口を見つけやすいサインを設ける工夫が不可欠となる。しかし、それ以前に空間的な配置でわかりやすさを実現する計画を検討しなければならない。

配置

男女の区別や多機能トイレの位置、トイレの設備などが出入口でわかることが大切である。とりわけ、視覚障害者に対して、聴覚や触覚的なサインでどのように誘導するかが重要になるが、同時に他の利用者に対しても心地よく使用できるよう配慮することを忘れてはならない。

車いす使用者の便房がある場合は、その経路や入口の位置を示すサインを、便房の前などに設置する（写真65）。視覚障害者も理解できるように、浮彫りで、コントラストのある色彩のシンボルマークがよい。

トイレの位置を示すために、環境音楽を流す例や異なる香りを発することで、その場所の違いを示そうという試みもあるが、周辺環境に与える影響や周辺の音などの状況を十分に考慮しないと、気づかれず役に立たなかったり、騒音や悪臭になることもある。

ボタンやスイッチ

トイレの中には、水洗ボタンや緊急呼出しスイッチ、ペーパーホルダーなどいろいろな器具が取り付けられる。これらの器具は視覚障害者にも見つけやすくし、手をぶつけることなどがないよう、安全に配慮し整然と配置する。視覚障害者にはこれらの配置の標準化が有効である。

床や壁と衛生設備などはコントラストのある色彩とし、弱視者などが区別をつけやすくする。

各便房入口にどのような設備が配慮されているかをサイン表示すると、必要とするトイレを選択したい利用者にとってわかりやすくなる。

5. 美しさ

トイレは汚いものというイメージがあるが、建築のデザインが美しくないということではない。むしろ、メンテナンスが利用者の汚すペースに十分に対応していないことにも起因する。できるだけ便器からこぼし、床を汚すことを避けたり、簡単に清掃しやすい材料や仕上げを導入する。小便器の場合、「ハエのプリント」を配した事例などが有名であるが、これも利用者の心理を読み込んだUDと言える（写真66）。

小便器まわりは汚れやすいので水洗いができる仕上げとし、水勾配や排水溝などを考慮しておく必要がある。ただし、表面が濡れた場合に、滑りやすくなる床仕上げは避ける。

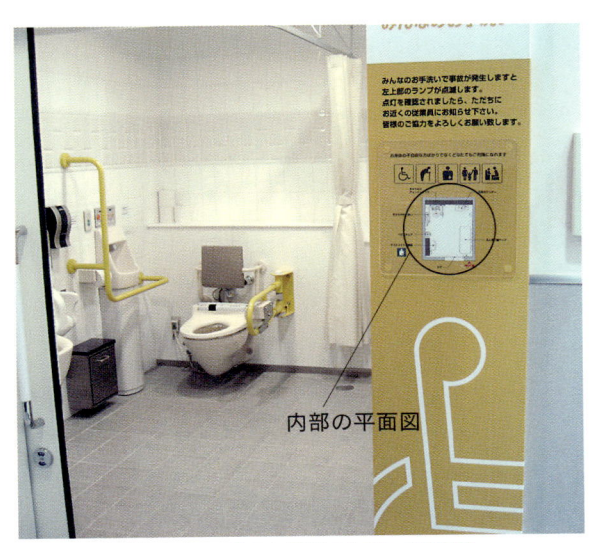

写真65　多機能トイレの入口に設置されている内部図
浮き文字とあわせて、わかりやすく内部の機能・配置を示している。

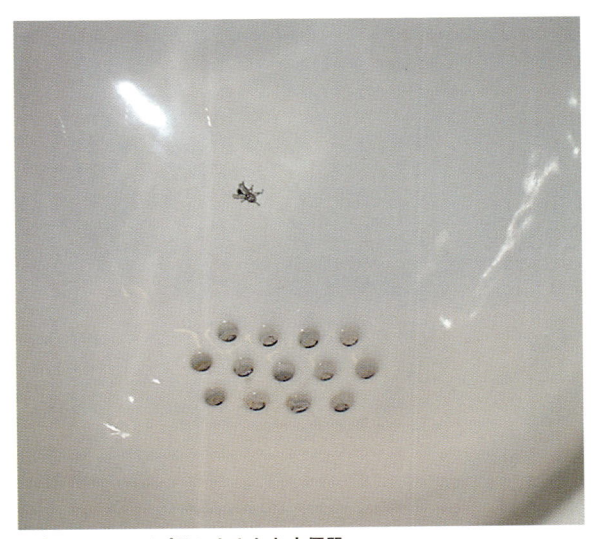

写真66　ハエがプリントされた小便器
小便の際についついハエを狙ってしまう心理を利用した便器。結果として、周囲の汚れを抑えている。

12. トイレ

13 サイン

1. 安全性

　サインには、施設の空間的な情報を伝えるものや誘導するものなど多岐にわたる。案内サインは、建築空間の中において必要な情報を施設利用者に提供するために導入されるシステムである。具体的には、①グラフィック、②器具形式、③掲出位置の3要素があり、これらの要素にはそれぞれ種類があるため、提供する情報の目的や、空間形状によって組み合わせる（表67、図68）。

　危険な箇所の存在を知らせ、注意力を喚起させる安全確保のサインも存在する。この注意喚起サインは、見落としや誤認されると人命にかかわる場合があるので、その役割は重大である。あらゆる人にその発見と意味伝達を容易にするには、明確な表示と併せて点滅光や音声による伝達手段を重複させるなどの工夫をする。とくに視覚や聴覚の情報障害者への配慮を欠落させてはならない。併せて緊急時における防災情報も同様に、一目瞭然で伝わらなければならない。またこれらは、日常からその存在や意味を利用者に認識してもらう工夫が必要である（写真69）。

2. 使いやすさ

　自分のいる場所や、これから行く目的地までの経路を知らなければ、初めての場所の移動は難しい。そのため、経路の分岐点や要所には、各種の案内サインが必要となる。しかしすべてを案内サインに頼るのではなく、空間そのものや記憶に残りやすい事物によって、経路がわかることが理想である。

　情報のほとんどは視覚から得ており、情報受容能力は視覚が最も大きく、次いで聴覚、触覚の順になると言われている。とくに公共性の高い施設におけるサイ

表67　サインの3要素

要素1：グラフィック			
1	表示する情報内容	5	図表類
2	文字	6	色彩
3	ピクトグラム（絵文字）	7	レイアウト
4	グラフィックシンボル	8	表示方式

要素2：器具形式	
内照式サイン	照明器具を筐体の中に組み込んで、表示面を内側から照らし出す方式
外照式サイン	器具の外側に照明器具を設置して表示面をテラス方式。サイン本体に照明器具をつける場合と、付近の天井や壁に取り付ける場合がある
無灯式サイン	パネルなどで特に照明を必要としないもの

要素3：掲出位置	
吊下型	天井から吊下げる場合で、天井直付型やペンダント型などがある
突出型	壁や柱から、広間や通路方向に突出して取り付ける方法
壁付型	壁に平付けする場合で、埋め込み型、半埋め込み型、壁外付け型などがある
自立型	床面や路面上に取り付ける方式で、固定型と可搬型がある

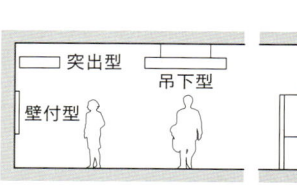

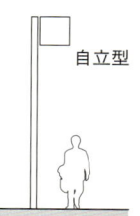

（田中直人『ユニバーサル サインーデザインの手法と実践』学芸出版社、2009）

図68　サインの掲出位置

（田中直人『ユニバーサル サインーデザインの手法と実践』学芸出版社、2009）

写真69　駅のホームに設置されているSOSサイン
アイキャッチとなる形状・色使いにより、日常時から利用者に認識されやすい工夫がなされている。

ン情報は、だれもが理解できるシンプルで理解しやすい表現をするとともに、これらの視覚に加え、聴覚、触覚などによる情報手段を重複させて伝達するのが望ましい。たとえば、視覚が不自由であれば、手で触って理解できるような凹凸や点字による情報提供のほか、施設の用途や場所により音声情報を流す。

視覚障害者には、まったく見えない全盲の人や、視野が狭い人、小さな文字は見えないが大きな文字なら見える人、ぼやけて見える人、色の区別がつきにくい人など、さまざまである。このような人や視力の衰えた高齢者には、残された視力でも視認可能なサイン表示の配慮が必要となる。とくに、サイン盤面の背景色と文字の色の対比は重要となり、くっきりと文字が目立つ背景色を選ぶことが重要である（図70）。

聴覚障害者（聾）の習得された言葉によるコミュニケーションや情報取得は口話、手話、文字、視覚を通じて行われる。一般的な情報は案内サインから得ることが可能である。しかし、たとえば初めて利用する施設などでは、案内サインのみですべてを把握することは、だれでも難しいことである。その場合は、案内所での人的サービスを受けることが可能であるが、聴覚や言語障害者のためには、手話のできる人や筆談できる道具などの設置が望まれる。

一方、緊急時を知らせるサインのほとんどが警報など音声によるものとなる。そのため、トイレの個室やホテルの客室内のように閉鎖された場所に1人でいる場合の緊急時の対応策が重要となるが、一般的にはあまり策がなされていないのが現状である。緊急時の対応策としては、目立つ場所に光で知らせるサインを設置する（写真71）。また、ホテルでの就寝時などに考慮し、緊急時に振動するベッドを設置するなどの方法がある。

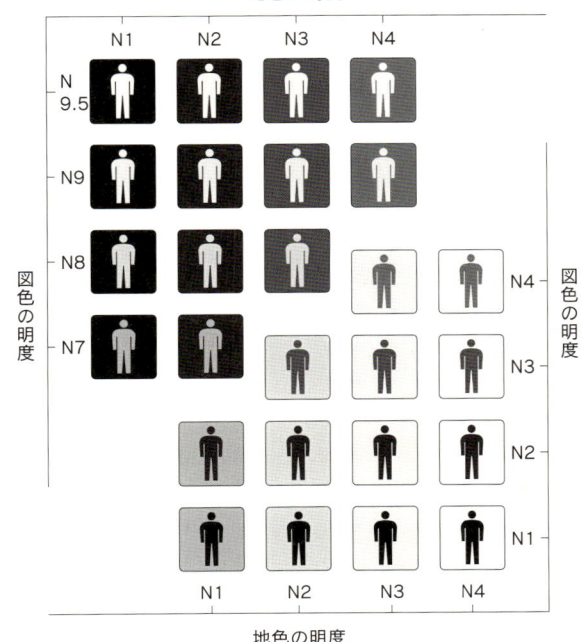

（国土交通省総合政策局交通消費者行政課監修・交通エコロジー・モビリティ財団標準案内用図記号研究会『ひと目でわかるシンボルサイン標準案内図記号ガイドブック』交通エコロジー・モビリティ財団、2001）

図70　地と図のコントラスト比較

写真71　緊急時に光が点滅する警報機
上：トイレ内の天井に設けた照明の点滅により、火災を知らせる（イオンレイクタウン、埼玉県）。
下：宿泊室の天井に設けた照明の点滅により、緊急時であることを知らせる（国際障害者交流センター ビッグ・アイ、大阪府）。

設置型の触知案内サインは、視覚障害者のために設置されている。これは全盲者が指で空間把握するためのサインなので、視覚的に見やすいものは少ない。しかし壁付型に比べて表示面が低いため、子どもや車いす使用者も無理のない体勢で表示面を見ることができる。触覚的なわかりやすさに加え、視覚的にもわかりやすい表現にすることが望まれる（写真72、73、図74）。

UDの視点から、聴覚障害や言語障害を持つ「情報不自由者」はもとより、加齢により目や耳が不自由になった高齢者なども含め、状況によってはさまざまな情報不自由に遭遇する場合を考慮し、情報提供のできる環境を実現しなければならない。たとえば、施設平面図を表示したサインの場合、丁寧な情報提供を心掛けた結果、情報量が細かく多すぎるのは余計にわかりにくくなる。逆に簡略化しすぎても実際の空間と結びつかずにわかりにくくなる。また表示内容がわかりやすくても、設置高さが子どもや車いす使用者からも見えにくい位置であれば問題である。

3. 心地よさ

情報システムの分野での急速な技術進歩は、情報障害者に多くの恩恵をもたらす反面、液晶表示のタッチパネル式の機器が増大し、視覚障害者はもとより、指が動かせない人などにとっては新たなバリアになっている。これらの情報機器を適切に使用しにくい人に対しては、より単純でわかりやすいシステムに改善するとともに、人的対応による誘導も必要である。

サインによる情報提供の内容には、必要最低限の情報から、付加的な情報まである。たとえば付加的な情報としては、トイレの誘導サインに「50m先」などという記載がそれにあたる。このような距離情報は屋外では見受けられるが、施設内では稀である。とくに大規模施設に有効な情報である。このような付加的情報は、より利用者の立場に立った配慮であり、これもUDの考え方といってよい。利用者の立場で必要な情報をわかりやすく適切に表示することが、心地よく利用するための大切なことである（写真75）。

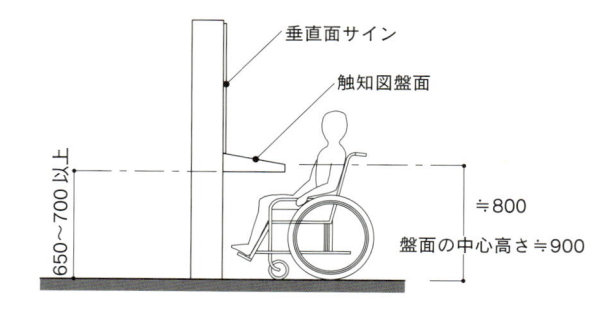

写真72　触知案内板つきのサイン（こうべしあわせの村、兵庫県）
車いす使用者などの見やすさを考慮した触知案内板が設置されている。

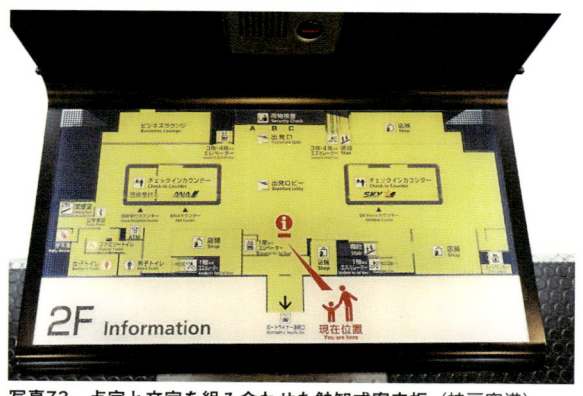

写真73　点字と文字を組み合わせた触知式案内板（神戸空港）
視覚的なわかりやすさを配慮することにより、健常者にとってもわかりやすい案内地図となる。

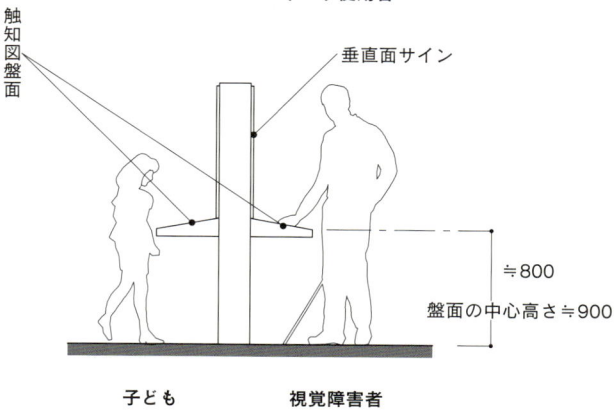

図74　触知図の適正高さと車いす使用者対応サインの適正高さ

4. わかりやすさ

多様な感覚機能を生かす

その人の感覚機能の状況に応じた情報提供のあり方が問題となる。視覚の情報ばかりではなく、音やにおい、空気の状態なども情報源となる。情報につながるものはすべてがサインといえる。まちを歩いている際、パン屋さんからいいにおいがしてくることがある。はじめて訪れる場所であっても、そのにおいを嗅ぐと近くにパン屋さんがあることが予想できる。このような街のにおいは、視覚障害者にとっては移動するための重要な手がかりになる。そして頭の中でイメージマップが作成される。これを応用すると、たとえば、施設内の定点サインとして案内サインと併せて補助的ににおいのサインを組み込むことで、目の不自由な人をはじめ、さまざまな人にも有効であると考えられる。

空間のイメージをとらえやすくする

案内サインの基本は、文字やピクトグラムによる盤面表示である。しかしわかりやすさを引き出すには、文字を読ませて理解させるものだけでなく、空間における目印となるランドマークの存在が有効となる。街中に存在するランドマークは、どこからでも眺望できる教会の尖塔や、街角を特徴づけるモニュメントやアートのように、形態、材料、明るさ、色彩、音などで、まわりと大きく異なっているものがなりやすい。施設内のランドマークは、街中のそれとは規模として異なるが、アート作品や部分的に他とは異なるインテリアデザインなどが、有効な目印となる。

わかりやすくするためには、色を活用することも有効である。たとえば、トイレの男女の区別をする場合に、女性が赤色、男性が青色といった使い方が定着している。また、色にはそれぞれに意味づけされており、赤色は「禁止」、黄色は「注意」などがある（図76、表77）。しかし国や地域によって、長年培われてきた色の意味が存在し、日本とは異なる場合もある。色の意味は世界共通ではないことも知る必要がある。

写真75 距離が表示された誘導サイン（イオンモール羽生、埼玉県）
目的地までの距離を表示することにより、位置関係を把握しやすくなると同時に、利用者の安心感につながる。

図76 色により意味づけしているピクトグラム
色の意味を用いることにより、より直感的に内容を伝えることができる。

表77 色彩感情

色	感情質	色	感情質
赤	激情、怒り、歓喜、活動的、興奮	青紫	神秘、崇高、孤独
黄赤	喜び、はしゃぎ、活発さ、元気	白	純粋、清々しさ
黄	快活、明朗、愉快、活動的、元気	灰色	落ち着き、抑うつ
緑	やすらぎ、寛ぎ、平静、若々しさ	黒	陰うつ、不安、いかめしい
紫	厳粛、神秘、不安、優しさ	朱	熱烈、激しさ、情熱
青緑	安息、涼しさ、憂鬱	ピンク	愛らしさ、優しさ
青	落ち着き、さびしさ、悲哀、深遠、鎮静	渋い茶	落ち着き

（日本建築学会『建築の色彩設計法』丸善 2005　をもとに作成）

記憶の中で親しみやすくする

無機的な記号としてのデザイン要素だけでなく、利用者の記憶によみがえりやすく、親しみのわくサイン表現の方が、より多くの利用者にとってわかりやすいサインの実現につながる可能性がある。音のサインとして、音や音楽を用いる場合でも、だれもが懐かしく、よく知っているものを利用するとよい（写真78、図79）。とくに音の活用は気をつけないと、空間のサインではなく、単なる騒音となる可能性もある。

同じような空間が繰り返される場合、その区別のためにその場所固有の事物を配することにより、多の場所と区別することも活用されていい。

5. 美しさ

施設やその場所のイメージ形成に大きな影響力を持つサインには、機能と美しさが一体となった魅力あるデザインが必要である。サインは本来、建築計画の中で計画されるものであるが、後付け的なものも多い。また、あとから管理者が設計者の意図とは異なる運用の中で張り紙として設置するものも多い。サインや各種の情報装置が付加されることによって、かえってわかりにくく、見にくい景観を呈するだけでなく、空間が狭くなったり、バリアになる可能性もある。当初より建築の空間部位そのものをサインの一部として空間を構成するなど、建築空間のデザインと一体的に考慮すれば、これまでと違った空間が生まれる可能性がある（写真80）。場合によっては仕上げ材の種類や色、照明の方法に至るまで、多角的にわかりやすさや楽しさ、美しさを追求する（写真81）。

建物の各フロアにテーマをもたせ、形態表現と基調色を設定することによりサイン性をもたせると、もっと誘導・案内がわかりやすくなる。このように、当初から建築計画と一体的にデザインするサインを「建築化サイン」と呼び、ユニバーサルデザインの実現の手がかりとしたい。

写真78　風鈴の音色が流れる街角サイン（東京都）
風鈴は、電子音にはない自然で優しい音色を奏で、場所を知らせる。

図79　風鈴の音色が流れる街角サインの断面図
風の力により、内部のハンマーが揺れ、打金を鳴らす。自然の力を用いることによる不規則さが表情豊かな音色をつくり出す。

（江東区都市整備部まちづくり推進課提供の資料をもとに作成）

写真80　建築空間と一体的にデザインされたトイレのサイン
（イオンレイクタウン、埼玉県）
サイン盤面のみではなく、壁・天井・床などと一体的に計画することにより、直感的にわかりやすい空間となっている。

写真81　連続する照明器具で誘導している例
同形状の照明器具を連続的に配置することにより、空間演出とあわせて主要動線を誘導している。

第6章
居住空間のユニバーサルデザイン

住宅や高齢者施設などの居住空間は、寝食を伴う生活の多様な機能を展開する空間である。不特定多数が利用する公共空間とは異なり、個人や居住グループの生活にかかわる生理特性や生活プログラムによって対応すべき点が多い。

居住空間に求められる機能として、身体機能に対応した空間機能や空間デザインにかかわる基本事項を取り上げた後、アプローチ、玄関まわり、階段、エレベーター、廊下、トイレ、浴室、食事室、団らん室、寝室（個室）、テラス・バルコニーなど、各空間におけるユニバーサルデザインの考え方と事例を紹介し、それらの標準計画を提示する。

1 居住空間に求められる機能

1. 安全性

　高齢者の場合、要介護となった居住者の住宅と、足腰が不自由であるが自立可能な居住者の住宅とは、配慮する対象者への考え方を変えなければならない。それはすなわち、一律に基準を適用できないということである。前者は、介護者の動きやすさを考慮した介護者のためのユニバーサルデザイン（UD）の配慮が必要である。後者は、本人の身体機能に即した計画が基本となる。また、高齢者施設のような居住空間では、多様な身体機能レベルが当初から考えられた空間が要求される。したがって、個々のバリアフリーで対応することの限界と問題があり、これらの多様性に対応する計画が基本となる。

　居住空間では、安全の確保は昼間だけではなく、夜間における居住者の行動も考慮して配慮する。居住者が目的とする場所に安全・円滑に移動できることが重要である。とくに高齢者や幼児の行動特性を十分に反映した空間の仕上げの材質・形状・色彩など、細部についても注意する必要がある。粗相をした場合の対応策として、床仕上げ材などはメンテナンスのことも考慮して選定する。

　また、地震や火災時などの避難行動が円滑に行えるよう、その動線や空間配置を日常からわかりやすく安全なものにしておくことが大切である。

2. 使いやすさ

　身体機能は、病気や老化などにより変化する。そのレベルは一般的な足腰が悪い程度や目が見えにくくなってきた程度から、車いすを使用しなければならないレベル、さらに寝たきりの状況まで多岐にわたる。

　日常生活の動線は、できるだけ段差がない水平方向に展開することで済むように計画する。日常の動線、非常時の動線ともに、基本的なバリアフリーを実現しながら動きやすい空間を目指す。共同で利用する生活設備は、みんなが使いやすいデザインを心がける（写真1）。

　たとえば、生活の中で大切な「食」の空間計画では、みんなが使う「食」の空間として、つくるプロセスを家族や居住者で一緒に楽しめる工夫や相互の視線や思いやりが交じり合うような工夫が大切になる。そのために、キッチンの形式やキッチンとダイニング、リビングなどとの空間配置を工夫する。

　みんなが使いやすくするためには、空間配置だけでなく、直接、居住者が触れて使用する設備機器や家具などの使い勝手のよさも求められる。

写真1　みんなが集う開放されたダイニング（フランス）
このダイニングスペースは、居住者のみならず地域の人たちも利用できることで、共に暮らす生活拠点としての役割を果たしている。

3. 心地よさ

　居住者が心地よく過ごすためには、基本的な生活行為が行われる空間で、それぞれの身体条件やライフスタイルに対応したバリアフリーや、必要設備機能が備わっていなければならない。ただし、バリアフリー対応の空間が、他の居住者にとって別のバリアになったり、設備機能が十分に活用されず、かえって不便になったり、物を置きすぎて空間を狭くしたりすると、心地よいとは言えない。

　また、日常生活において同居人とどのような人間関係を築くかなど、単なるバリアフリーなどの空間機能・設備機能だけでなく、基本的なプライバシーの保持とともに相互のコミュニケーションをうまく図れる、つながりのあるしかけや空間デザインが大切になる（写真2、3）。

4. わかりやすさ

　居住空間は、基本的にわかりやすく構成されなければならない。廊下や通路の構成、形状やつながりは直交システムを基本としながら、コンパクトに空間を計画する。そこでは、認識しやすいスケールの生活ゾーンが生まれるよう工夫する。

　居住施設では、各生活空間の機能に合った部屋名や場所名が、わかりやすく表示されていることが必要である。ネーミングなども空間デザインと連動して工夫する。サインデザインとして、色や形、内容を工夫するとともに、居住者の記憶で確認しやすい事物を感覚的にわかりやすく空間に配置することにより、目的地への誘導のしやすさのみならず、楽しさや親しみやすさを演出する。

5. 美しさ

　生活の器の基本となる居住空間は、美しく快適に存在させる。生活に伴い発生する種々の物が放置されることがないよう整理整頓を図れる、負担の少ない収納方法が美しい生活環境の実現につながる。

　特徴のある外観は、外出先や訪問者に対するわかりやすさにはつながるが、地域全体の美しさの質を意識して考慮するべきである。外観が生み出す美しい景観は、地域の資質向上にもつながるし、居住者の誇りともなる。そして、そんな外観を眺めながらくつろげる空間もまた、豊かな暮らしを生む。

　共同生活空間のインテリアは、居住者の個性や共同生活者の共通の美しさに関するバランスや合意が得られるような配慮が必要となる。

　より個人的なインテリアと、より全体での共同生活空間としてのインテリアが共存しなければならない。

写真2　居住者の自由なアクティビティを保証する文化活動室（デンマーク）
居住者一人ひとりが、自分のやりたいことを自由に行い、楽しめることを可能にした居住空間がある。

写真3　庭に隣接したくつろぎ空間
外の庭の光や緑を十分に取り入れる豊かなインテリアにより、心地よく暮らしやすい居住空間を実現している。

2 居住空間と空間デザイン

1. 安全性

　安全であるべき住宅での事故は多い。幼児や高齢者に限らず、居住者すべてが安全に安心して居住できる空間デザインが基本的な目標である。

　身体機能の空間への対応能力の差もあり、空間の形状や仕上げなどの状況によっては、転倒や落下、挟まれ、火傷や衣服への着火などの事故が起こる。

　高齢者の事故死では浴室内での溺死が多く、急激な温度差の解消など「目に見えないバリアフリー」も含め対応しなければならない。加齢に伴う身体能力の低下に対する配慮として、補助具を含む空間デザインだけでなく、人的な介助のあり方も含めて検討する。

　居住者の自由な発想や行動を助け、生き生きとした遊びが受容できる居住空間が必要である。画一的で管理主義的な空間デザインはおもしろくないが、安全性という基本を忘れてはならない。

2. 使いやすさ

　居住者によっては、積極的に生活行動に移せない居住者もいる。しかし、他の人による介助を前提にするのではなく、できる限り、自分自身で自分の思うように生活行動できることを実現できる居住環境が望ましい。そこで居住者の身体機能上、対応できない部分を補うバリアフリーが重要になる。

　「使える」というレベルからさらに「使いやすい」レベルへの配慮を求め、そのことが他の居住者にとってもプラスになるような配慮を目指す。ちょっとした、左右の持ち手による使い勝手の選択のしやすさや視覚に配慮することなども有効である。

3. 心地よさ

　居住空間は、居住者が生き生きと生活できる場であるべきである。一人で暮らすとしても、隣近所とのコミュニケーションが得られるような居住環境づくりを目指す。居住者相互にどのようなコミュニケーションを図る居住空間を目指すべきか、現代の「無縁社会」といわれる構造を打破する礎としての居住空間を目指す。

　この考え方から、グループホームや、食事などの共有空間を有するコレクティブハウジングが目指すコミュニティとしての居住空間の試みに注目したい。

　「食べる」ことに限らず、生活におけるさまざまな体験を享受し、さらに生きる喜びを実感できる居住空間を目指す必要がある。居住者の生活意欲を向上させ、種々の生活行為を誘発するしかけを導入する。たとえば、なじみのある家具のある部屋で暮らしたり、居住者本人にかかわる人々や場所の写真、思い出の品などを備え、親しみのある居住空間とすることで認知症高齢者のみならず、居住者の意欲を向上させることができる。それらは、回想法として懐かしい物を展示することや、思い出話をするケアに加えて、環境そのものを豊かに彩り、居住者と居住者、居住者と生活環境を記憶の絆でつないでいくしかけとなる。

4. わかりやすさ

　居住空間では、居住者自身がいる場所や行こうとする目的地がわかりやすくあるべきである。建物の規模が大きく、同じ建具が連続したり、廊下が一直線に長い居住空間では、空間認知能力の低下を補うために、それらのデザインに一貫性をもたせる。

　自分の今いる場所から、個室などの目的とする空間をどのように探し出すか、空間デザインの工夫が必要である。まず、個室などのプライベートな空間とリビング、ダイニングなどのパブリックな空間を区別し、認知させる工夫をする。

　目的地へ誘導するには、ランドマーク効果が期待できる物を見えやすい所に配置するほか、空間そのもののデザインに変化や特徴をもたせる。

5. 美しさ

　居住空間はまず、それぞれの居住者が自分の身の置き場を確保でき、個人の生活空間として尊重されることが基本となる。

　画一的な管理上の合理性だけでなく、自分がこれまで暮らしてきた家としてリラックスできる空間、つまり住宅らしい空間づくりが重要である。そこでは、維持管理と衛生面の必要性を配慮した上で、施設然とした堅いイメージでなく、住宅として、家庭的な雰囲気を大切にしたい（図4）。

　機能的には、飾り棚の上に置いて観賞するものから、

実際に生活で使うものまで多彩であるが、具体的には、書棚や暖炉など生活の物の設置をはじめ、天窓や出窓など外界とつながる自然の光や緑を味わう空間、床や壁、天井の仕上げに木材、石といった自然物で堅いイメージをなくすことができる。

居住者の各室の前にあるポーチのデザインを個性的に工夫すると、生活コミュニティのための半私的エリアになり、同時に生活感のある美しい居住空間にもつながる（図5）。認知症の人たちにとってもこのような居心地のよい空間が望まれる。

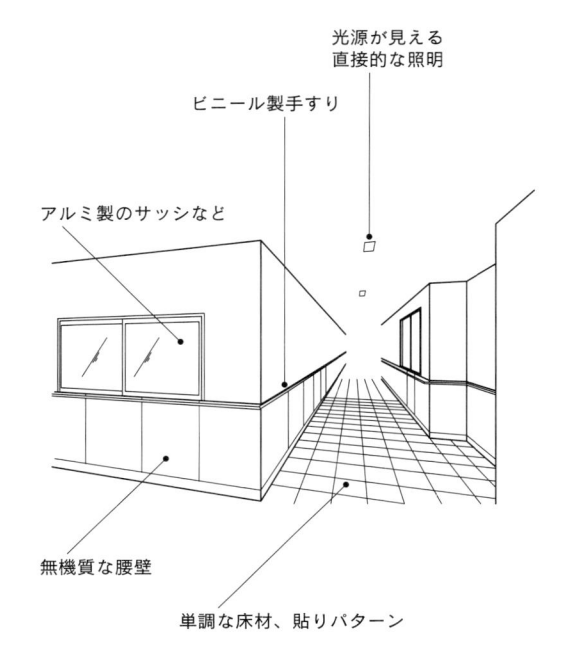

堅い空間イメージ
- 光源が見える直接的な照明
- ビニール製手すり
- アルミ製のサッシなど
- 無機質な腰壁
- 単調な床材、貼りパターン

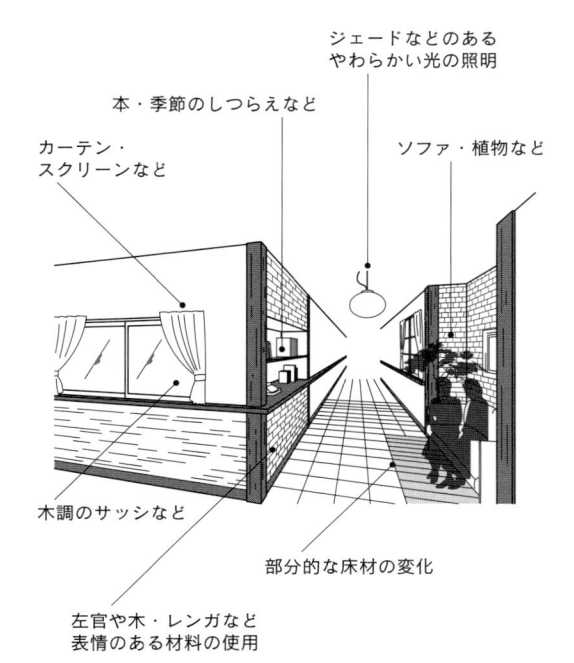

やわらかい空間イメージ
- シェードなどのあるやわらかい光の照明
- 本・季節のしつらえなど
- カーテン・スクリーンなど
- ソファ・植物など
- 木調のサッシなど
- 部分的な床材の変化
- 左官や木・レンガなど表情のある材料の使用

図4　堅いイメージをなくす工夫

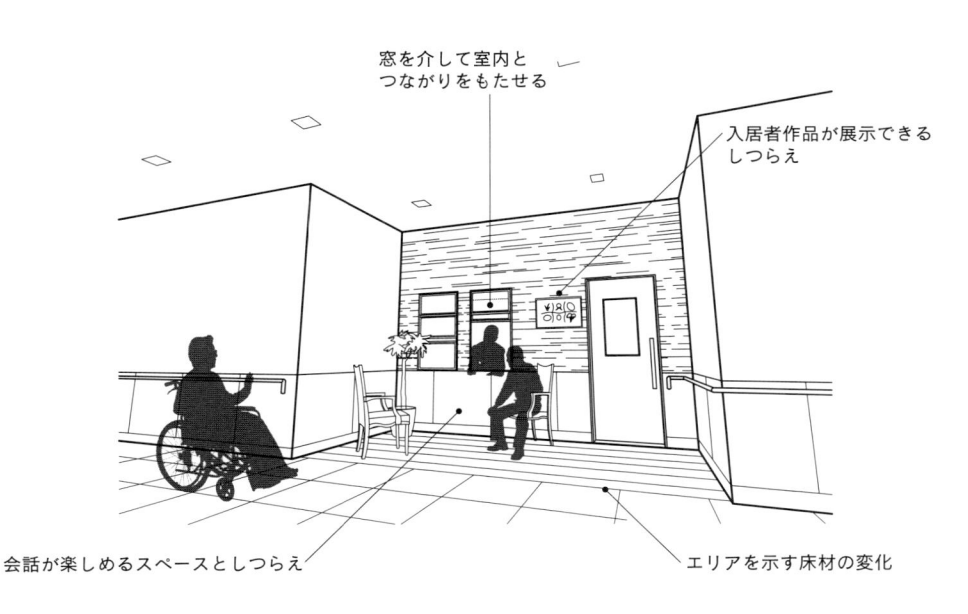

- 窓を介して室内とつながりをもたせる
- 入居者作品が展示できるしつらえ
- 会話が楽しめるスペースとしつらえ
- エリアを示す床材の変化

図5　居室前のポーチ空間

3 アプローチ

1. 安全性

アプローチでは、思わぬつまずきから転倒しやすいため、不用意な段差を設けないことが肝要である。すでに段差がある場合は段鼻と踏み面の色を変えることで、段差の存在を知らせる。夜間は、その部分の照明を工夫する。さらに路面の仕上げの性状を滑りにくくするほか、手すりや、またはその役割を果たすもので転倒を防止する工夫をする。

植込み樹木の出っ張りでは、顔面を傷つけないように注意する。死角をなくす樹木や塀などの配置を工夫し、見通しをよくする。

2. 使いやすさ

基本的には、家の出入口はひとつでよい。しかし将来、本人や家族が車いすを使用する状況になり、玄関でのリフォーム処理が難しい段差があれば、他の場所からの出入りで対応することも必要となる。そこで、前面道路から玄関へつながるメインアプローチ空間以外に、駐車場や勝手口、居室などにつながるサブアプローチ空間も計画しておくとよい。将来、車いすでの移動ルートになることも考え、幅員を広めにとっておくことも大切である。また、要介護になったときは入浴サービスなどの介護機器を搬入することも考えられるので、同様の検討が必要である（図6）。

3. 心地よさ

雨天時など、道路や駐車場から雨に濡れない動線を確保したい。また、玄関から道路との敷地境界部分まで距離がある場合は、途中で腰を下ろしたり、荷物が置ける休憩場所を配置する。また敷地境界部分にも、お迎えやタクシー待ちができる場所があれば、待つ行為も楽である。

4. わかりやすさ

施設と併設されている集合住宅など、アプローチで動線が分岐するような場合、できるだけ明快に現在の居場所や方向が把握できるよう、空間配置やサインを工夫する。

アプローチの環境条件をふまえ、点字ブロックのみならず、触覚的、視覚的な誘導を図ることを検討する。不用意に床面のパターンを不規則にデザインすると弱視者などが混乱する。

玄関への誘導を音によって図るのもよい。その装置を導入する場合、必要としない歩行者に対しても心地よいものとなるよう、内容を工夫する。

同じような家並みで探すのが困難な場合があるが、表札や門柱、外構のデザインで自分の家の個性を発揮し、空間を認知しやすくする。

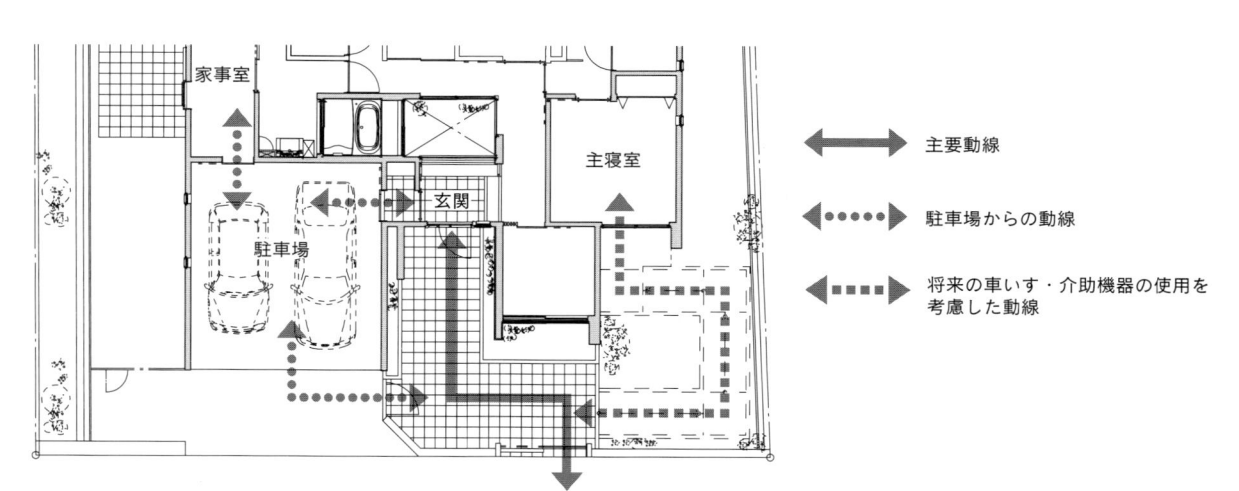

図6　将来対応の出入口
将来のスロープ設置などを考慮した建物配置・オープンスペースの確保が大切である。また、スロープ設置後に要介護者の居室までスムーズにアプローチできるよう、各居室の配置計画を行っておく必要がある。

5. 美しさ

　居住空間のアプローチは、外部空間から家の玄関までの空間である。必要な幅員や路面の性状を考慮するとともに、外部からの訪問者に対してのもてなしのしつらえをデザインし、居住者の個性やセンスを示す空間でもある（写真7）。

　わが家のような空間づくりとして、耐久性を考慮した素材で仕上げの雰囲気を考慮する。

　庭園や外界の風景を楽しめるように、歩行者の動線に沿った配置を工夫し、庭園や外構計画において、植栽や池などの水辺、照明などのデザインをもてなしのしつらえとする（図8）。

　個々の庭の外構デザインだけでなく、美しい街並みを実現させることで、地域のアイデンティティを生み出すまちづくりの視点も重要である。

写真7　休憩ベンチのあるアプローチ（ニュージーランド）
エントランスまで長いアプローチ空間のつづく家には、通行の妨げにならないよう休めるベンチが途中に設置されている。

車いすが回転できるフラット部の設置
アプローチには段差を設けない
勾配は 1/12 以下（1/15 以下が望ましい）
玄関まで連続した手すり
夜間の照明
タクシーや送迎バスなどの待合ベンチ
床貼りパターンによるリーディング
視覚的に混乱しないシンプルなパターン
雨天でも滑りにくい材料の使用
防犯上の死角ができないフェンス・植込み
夜間の足元照明

図8　アプローチ空間の配慮事項

4 玄関まわり

1. 安全性

　玄関は、雨で濡れると滑りやすいので、濡れても滑りにくいものを選定するほか、床面の勾配にも気をつける。他の段差部など形状の変化があり注意を要する場所などには色によるコントラストをつけ、夜間における照明の設置場所に気をつける。

　住宅の玄関ドアは、荷物の搬入時に幅員を大きくできる親子式ドアがよい。居住施設で自動ドアを採用する際は、回転式ドアを避けるか、安全対策上の速度コントロールや安全センサーなどを装置する。

　また視覚の不自由な居住者への配慮としては、玄関の位置を知らせる音によるサインの設置や、床や出入口の素材や色彩を区別しやすくする。とくに玄関の出入口とそうでない部分の区別を示し、ガラス部分などに衝突しないよう配慮する。

　緊急時や介護機器の搬入などに備えて、玄関がその経路となるのか、その他の経路を設定するかなどの対応を当初から考慮しておく。

2. 使いやすさ

　住宅の新聞受けやポストは、門の部分に設置されていることが多いが、玄関横に変更することで、毎朝の玄関の出入りがなくなる。

　上下足の履替えをする場合は、履替えによる床の高さに違いのないよう配慮する。

　車いす使用者の場合は、玄関の段差を乗り越えることができないので、傾斜面や昇降機などで段差解消を図る必要がある（図9）。

　歩行困難者や高齢者の場合は、上下足の履替えを立ったままですることは困難であり、腰掛けながらできる場所が必要である。併せて姿勢保持の腰掛けや手すりなどを検討する（写真10）。また、赤ちゃんをベビーカーに乗せる、子どもに靴を履かせる、脳卒中により片麻痺になった人の足用装具の装着や外出用の車いすに乗るなどの必要が出てくる玄関では、一連の行為がしやすい配慮も求められる。

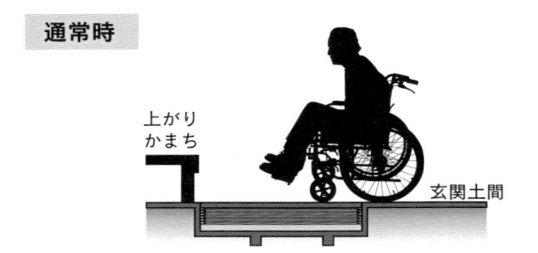

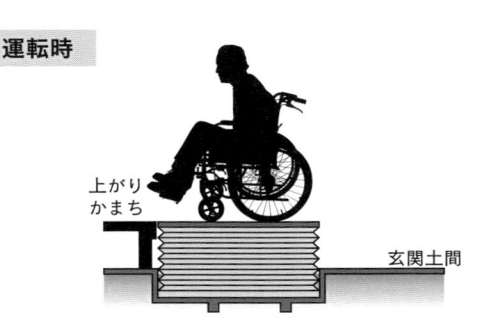

図9　機器による玄関段差の解消
玄関土間が狭い場合、埋込式昇降機の利用が考えられる。通常は何も出てこないので、設置前と同じスペースが確保される。

写真10　下足箱と一体になった玄関ベンチ（N邸、奈良県）
（設計・監理：田中直人＋NATS環境デザインネットワーク）
一体的に計画することにより、靴の出入れ・履替え・立ち上がりなどの一連の動作を無理なく連続して行うことができる。

3. 心地よさ

　玄関を心地よく使うために、スペースはできるだけ広く確保したい。ただし、認知症高齢者などが住まう居住空間では、住宅のスケールを逸脱せず、家庭的な雰囲気を保つバランスが大切である（図11）。

　親しい訪問者との気軽なおしゃべりなどコミュニティ空間としての機能を満たす工夫も欲しい。

4. わかりやすさ

　高齢者施設のように多くの人が居住する施設では、家族や知人の訪問に備え、受付や窓口が配置される。この場合、入居者や居室がさりげなく見渡せるように、受付の位置や仕様を考慮する。つまり、各居住者の生活ゾーンへどのように誘導するか、サイン計画だけでなく、生活ゾーンごとの空間の雰囲気やしつらえなど、特徴ある空間づくりがわかりやすさにつながる。

5. 美しさ

　玄関は、居住空間の外部との出入口である。出入りに必要な幅員や開閉の機構を考慮するとともに、外部からの訪問者に対して、居住者の顔として個性やセンスを示す場でもある。

　居住施設では、共同で生活しているコミュニティとしての意識を創出した美しさを重視する。たとえば、正月の飾りをはじめ、春夏秋冬の行事に対応させたアートや草花などの展示が、親しみやすさとともに玄関まわりを美しく彩り、それぞれの居住者が季節感を演出することになる。季節感を味わえるような飲食を伴うイベントも家族、同居人、近隣住民と共に、わが家のように楽しめる。

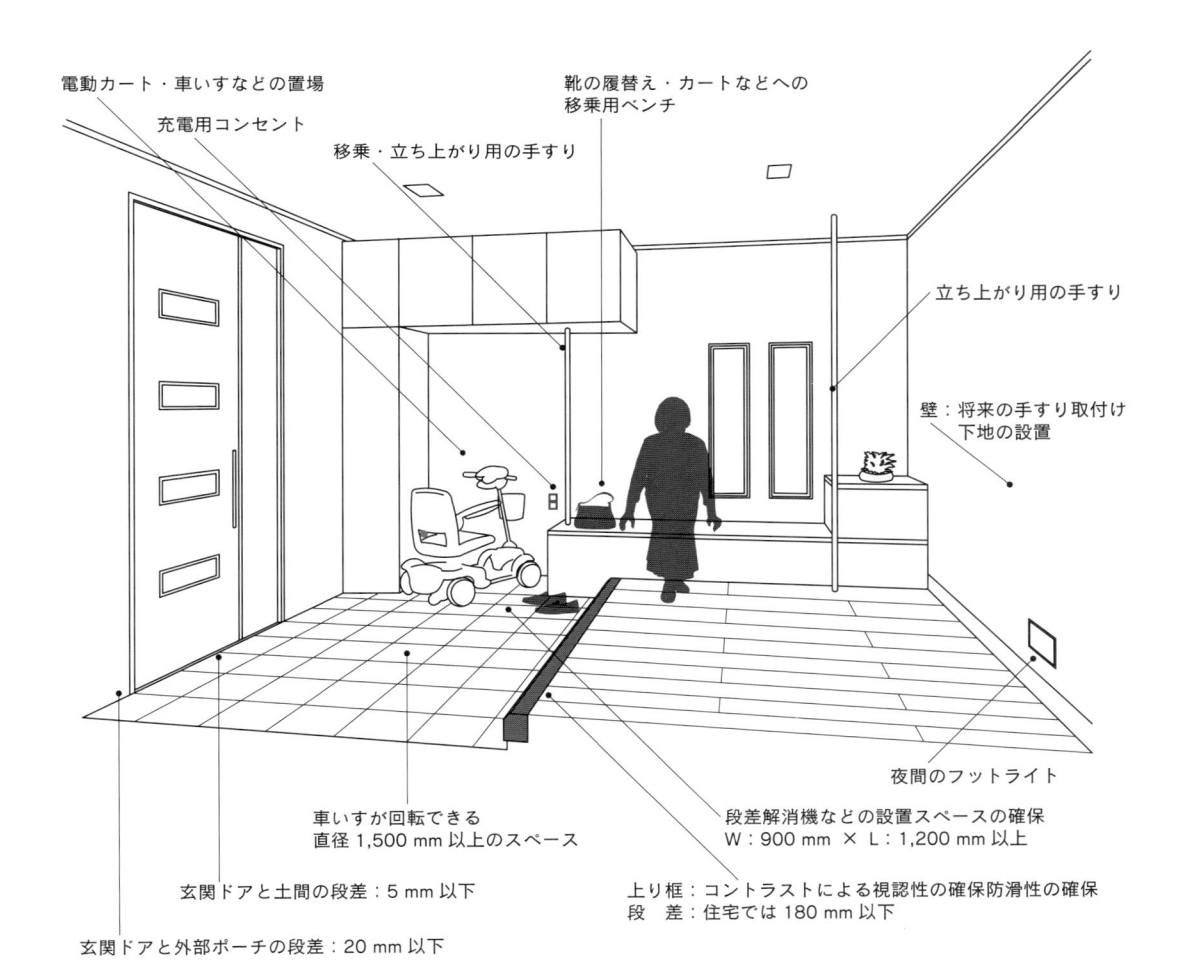

図11　車いすの乗換えスペースや電動カートの充電スペースのある玄関

5 階段

1. 安全性

　階段は、垂直移動のための最も基本的な移動空間であるが、居住空間内で事故の発生が高い空間でもある。日常の安全を確保するだけでなく、非常時の避難動線として、配置や寸法の配慮が必要になる。

　階段を利用するとき、上りがきつく、実際は下りが楽であるという感覚を持つ人が多い。しかし下りのほうが上りよりも大きな転落事故が起きやすい。

　階段の仕上げや上履き使用によっては、滑りやすく転落の事故が発生しやすいので、直線の階段ではなく途中に折れ曲がり部の踊り場を設ける。階段の形状や段鼻のノンスリップを工夫することで、事故の発生を抑える。夜間において、トイレが別の階にある場合の移動には、階段の足元を照らす照明を設置するなど、利用者がよく見えるよう配慮することが大切である。

2. 使いやすさ

　蹴上げ、踏み面の寸法設定は緩やかな勾配となるようにし、手すりなど身体を支えるものを取り付ける配慮をする。自力での上り下りが困難で、階段しか利用できない場合は階段昇降機を設置する。

　一方で、他の階段利用者に対して不便をきたさないよう、幅員や取付け位置などに考慮する。

3. 心地よさ

　住宅の場合、玄関からそれぞれの個室へ直行する配置ではなく、リビングなどの共同の空間を経由させるように階段を配置すると、居住者同士のコミュニケーションやコンタクトが図れる。

　逆に、お互いに干渉し合うことを避けたい場合は、階段の位置をリビングから経由せず、独立させる。居住者の生活を生き生きさせるのにどちらが適切であるか、階段の配置がコミュニティのありように関係してくる（図12）。

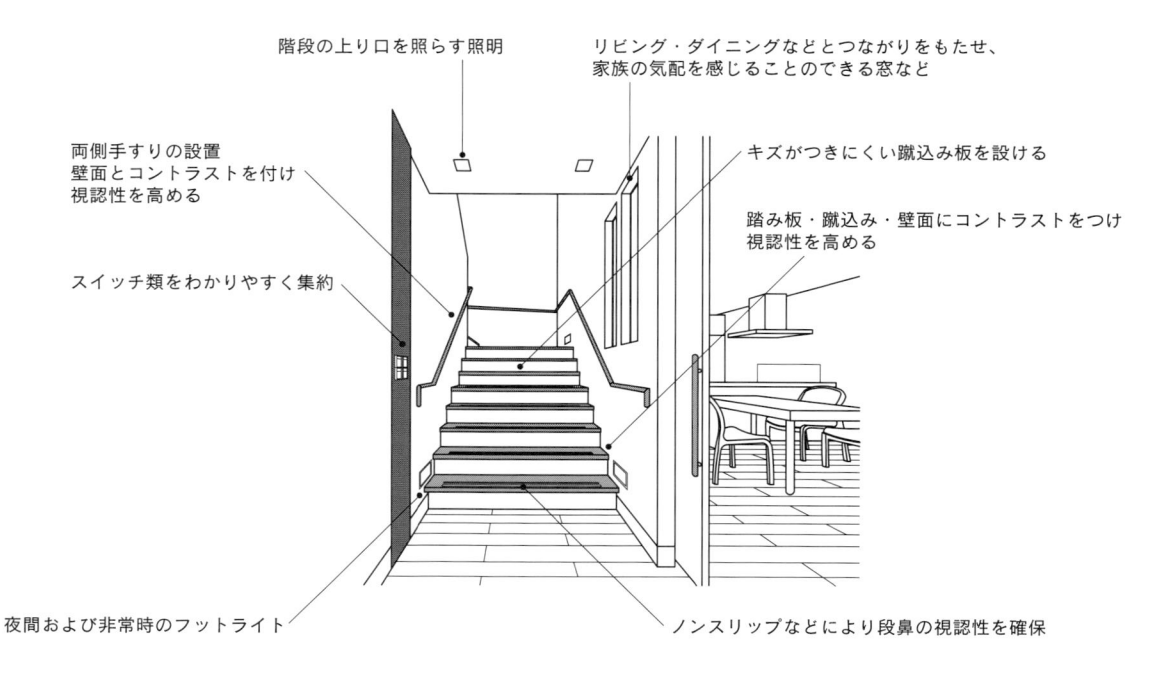

図12　住宅の階段配慮事項

- 階段の上り口を照らす照明
- リビング・ダイニングなどとつながりをもたせ、家族の気配を感じることのできる窓など
- 両側手すりの設置　壁面とコントラストを付け視認性を高める
- キズがつきにくい蹴込み板を設ける
- 踏み板・蹴込み・壁面にコントラストをつけ視認性を高める
- スイッチ類をわかりやすく集約
- 夜間および非常時のフットライト
- ノンスリップなどにより段鼻の視認性を確保

老人ホームなどの居住施設の階段では、居住空間のコミュニティの場としての機能が期待できる。階段の上り口や下り口付近にベンチを設けたり、外部の景色を楽しめる配慮をすると、居住者同士の心地よい空間になる（図13）。

4. わかりやすさ

階段では、段鼻の位置など、階段の形状を把握することが安全な歩行につながる。色や照明、階段の端部の誘導ラインのコントラストを工夫することで、わかりやすくし、安全を確保する。

複数階における階段を利用する場合、踊り場に上下階の階数を表示するなど、今いる位置を把握できるように表示を工夫する。

5. 美しさ

居住空間では、機能的な配慮に加えて、生活を楽しむインテリア空間として美しさや快適性を追求したい空間である。

たとえば、階段のまわりに吹抜けを設けることで、空間のアクセントとなるようなデザインを工夫すると、単なる移動空間ではなくインテリアの重要な要素となる。

階段室をシースルーにして外部からもよく見える空間とする場合、視認できる監視性からの安全性と夜間における景観上の効果から、美しさやその位置をわかりやすくする効果が期待できる（写真14）。また踊り場などに窓台を設け、草花を飾るなどの演出も試みるとよい。

写真14　シースルー階段
外からシースルーで見えるデザインにすることで、階段の存在や位置をだれからもわかりやすくし、安全や安心を生み出している。

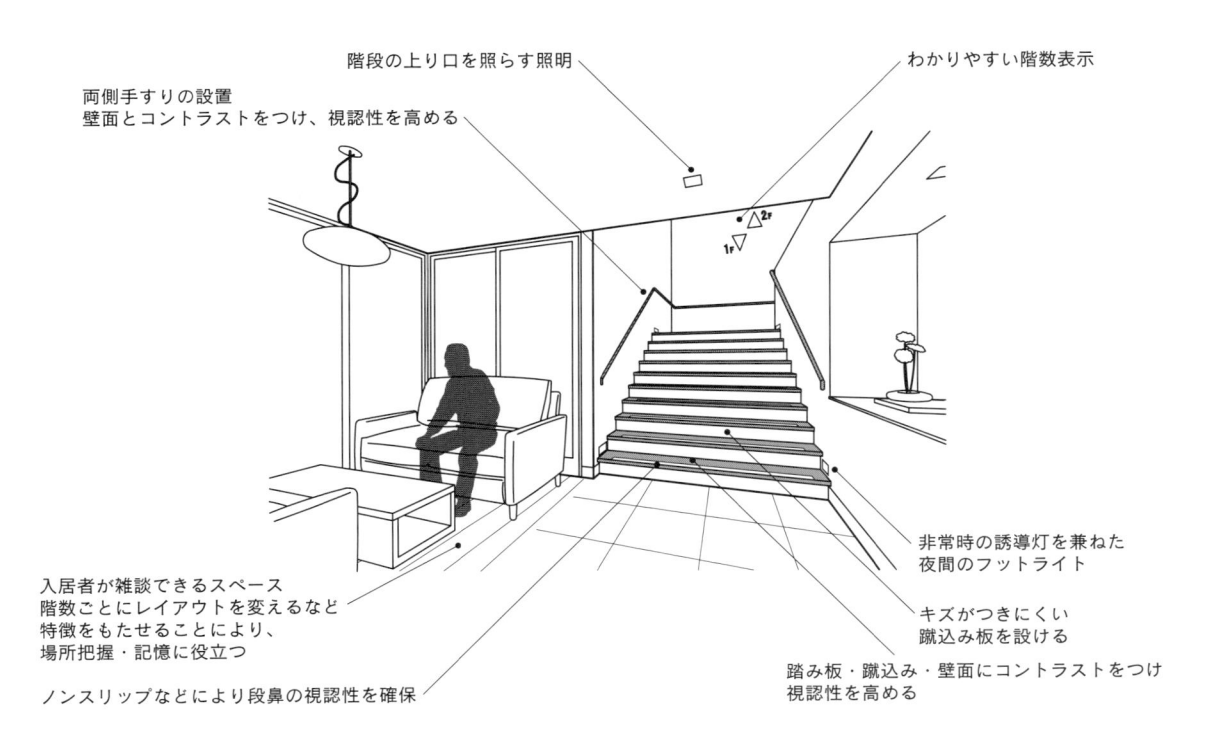

図13　居住施設の階段配慮事項

- 両側手すりの設置　壁面とコントラストをつけ、視認性を高める
- 階段の上り口を照らす照明
- わかりやすい階数表示
- 入居者が雑談できるスペース　階数ごとにレイアウトを変えるなど特徴をもたせることにより、場所把握・記憶に役立つ
- ノンスリップなどにより段鼻の視認性を確保
- 踏み板・蹴込み・壁面にコントラストをつけ視認性を高める
- キズがつきにくい蹴込み板を設ける
- 非常時の誘導灯を兼ねた夜間のフットライト

5. 階段

6 エレベーター

1. 安全性

2階以上の垂直移動において、車いす使用者をはじめ階段の利用が困難な居住者にとって、エレベーターは必要な設備である（図15）。しかし、ドアの開閉やかごとの隙間において転倒したり、挟まれたり、引き込まれるなど危険がつきまとう。万が一のトラブルに、安全確保が図られなければならない。

2階以上の居住空間では、階段だけでは不自由を強いられる居住者が多い。近年では、住宅でもホームエレベーターの普及によって導入が促進されやすくなっている。しかし、非常時における避難動線としてエレベーターの使用はできないので、一時待機スペースの配慮が必要になる。

多くの居住者の利用する施設や集合住宅のエレベーターでは、かご内の様子が外部からわかることが防犯の安全対策になる。一部をガラス窓にしてシースルーにするほか、エレベーターホールにおいてかご内の様子がモニターで映し出されるなどの方法がある。

健常者には多少手間がかかるが、認知症高齢者などが勝手にエレベーターで移動し、事故に遭遇しないよう、エレベーターのボタンを操作しにくく工夫する場合もある。

2. 使いやすさ

エレベーターの操作は、基本的に利用者が操作できるようにボタンのデザインを工夫する。目の不自由な人にボタンの位置や種類がわかるように、点字による

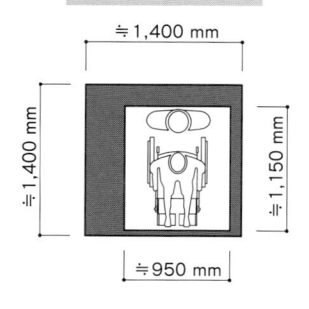

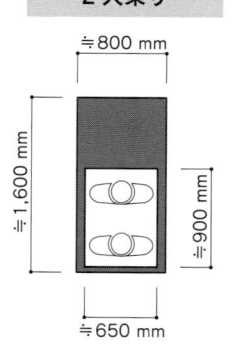

図15 小型 EV の必要最小寸法
住宅に設置される小型 EV の「2人乗り」用では、車いす使用者と介護者が同乗することは困難であるため、設置の際にかご内の寸法を慎重に検討する必要がある。

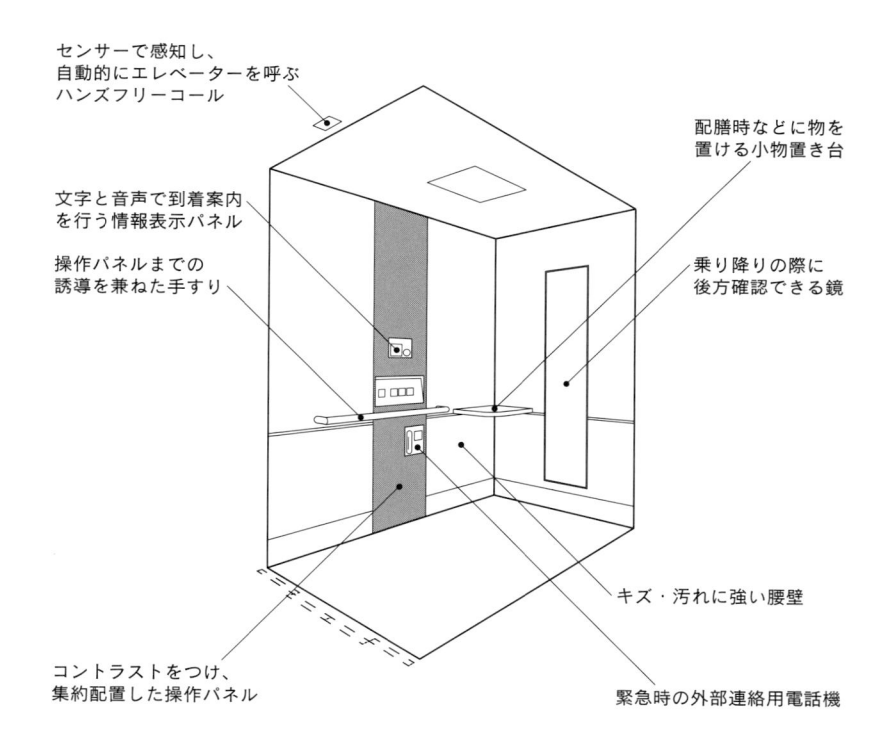

車いす＋介助者: ≒1,400 mm × ≒1,400 mm（≒1,150 mm、≒950 mm）
2人乗り: ≒800 mm × ≒1,600 mm（≒900 mm、≒650 mm）

図16 小型 EV のかご内の配慮項目
利用する状況、使用者の身体状況を考慮し、かご内の配慮を検討する必要がある。

- センサーで感知し、自動的にエレベーターを呼ぶハンズフリーコール
- 文字と音声で到着案内を行う情報表示パネル
- 操作パネルまでの誘導を兼ねた手すり
- コントラストをつけ、集約配置した操作パネル
- 配膳時などに物を置ける小物置き台
- 乗り降りの際に後方確認できる鏡
- キズ・汚れに強い腰壁
- 緊急時の外部連絡用電話機

表示や音声案内のほか、ボタンの形や色彩のコントラストを工夫する。また、ボタンは大きく突出させて利用者による誤操作を防止したり、目の不自由な人が触ったときに必要なボタンに導かれるようなガイドレールを設置するのもよい（図16）。

手でボタンを操作することが困難な状況の人には、足を使って操作できるボタンを設置するのもよい。

3. 心地よさ

エレベーターの設置によって、身体が不自由になった居住者だけでなく、日常生活の中で上下階の移動、荷物の運搬などが円滑に行える。

居住施設の場合、日常生活でよく使用されるエレベーターのまわりには居住者がよく集まり、顔を合わせるので、コミュニティの場としての機能も期待できる。このエレベーターホール付近に、腰を掛けておしゃべりをしたり、景色を楽しめる窓の配置を工夫するとよい（図17）。

エレベーターのかご内に腰を掛けるいすや小物を置ける台、身体を支える手すりを設けると、高齢者をはじめ立位が困難な利用者には楽になる。

4. わかりやすさ

エレベーターが何階にいるか、上りか下りかなどの動きをはじめ、行き先や各階にある部屋をわかりやすくするために、エレベーターホールには適切な案内サインを設ける。

案内板的な視覚的サインだけでなく、画像で手話表現を導入したり、音や音声などの聴覚、触覚などの伝達方法を用いる。

5. 美しさ

階段と同様、居住空間では、垂直移動空間としての機能的な配慮に加えて、生活を楽しむ空間としての美しさや快適性を追求したい空間である。

エレベーターのドアやかごのインテリアは、家庭的な雰囲気の色彩や素材感でまとめる。天井や壁の照明やBGMを工夫することによって、見た目の美しさだけでなく、利用するひとときが、癒される空間になる。

当面、エレベーターが設置できない場合でも、後から取り付けられるよう物置スペースとして、設置されるまでの間、違和感なく利用できるよう計画する。

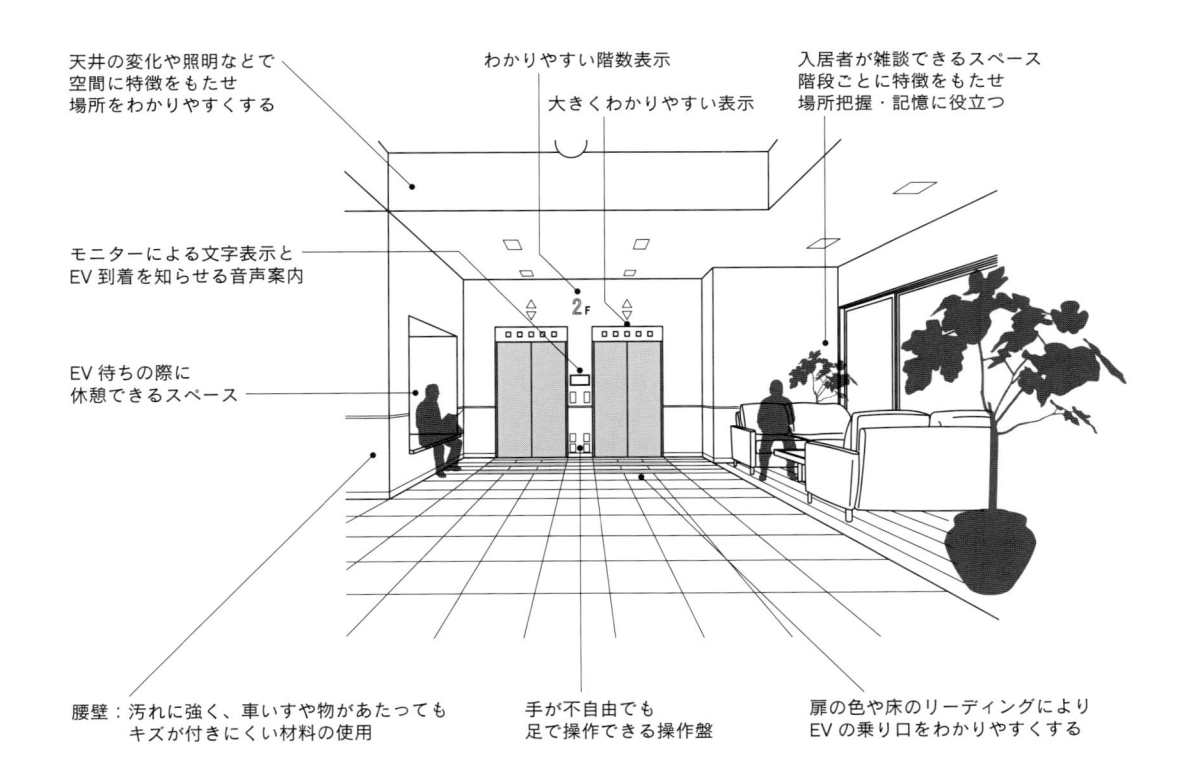

図17　居住施設のEVホールの配慮事項

- 天井の変化や照明などで空間に特徴をもたせ場所をわかりやすくする
- わかりやすい階数表示
- 大きくわかりやすい表示
- 入居者が雑談できるスペース　階段ごとに特徴をもたせ場所把握・記憶に役立つ
- モニターによる文字表示とEV到着を知らせる音声案内
- EV待ちの際に休憩できるスペース
- 腰壁：汚れに強く、車いすや物があたってもキズが付きにくい材料の使用
- 手が不自由でも足で操作できる操作盤
- 扉の色や床のリーディングによりEVの乗り口をわかりやすくする

7 廊下

1. 安全性

　廊下は、居住者や関係者が行き来する居住空間の道路である。動線は緊急時の配慮を含め、単純明快な空間を基本とする。

　上下足の区別にもよるが、廊下の床材は傷つきにくい耐久性のあるものがよい。滑りにくく、万が一、廊下で転倒しても怪我をしない床の仕上げ材を検討する。しかし、クッション性があっても歩行において引っかかりやつまずきを起こしてはならない。

　夜間の歩行時は、足元の人感センサーで安全を確保する。夜間の光による誘導ラインも工夫したい。

　認知症高齢者の居住施設では、徘徊による危険を回避するため、外へつながるドアに施錠したりする場合があるが、本人への拘束的な空間対応ではなく、人権尊重の基本に基づく空間デザインが必要である。

　日常から通行に支障のあるものを廊下に放置せず、火災時などの非常時において避難する際に、非常口までのルートが安全にわかりやすく確保されていることが大切である。

2. 使いやすさ

　居住施設の廊下の幅員は、できるだけゆったりと計画する。日常生活の中で置かれる可能性の高い車いすやベンチなどが有効幅員を狭くするおそれがあるため、収納や配置をあらかじめ計画しておく。

　廊下の手すりは、歩行が困難な居住者にとって便利である。身体を支えるという機能だけでなく、誘導の役割も果たす。今、手すりを設置しなくとも、将来に備えて手すり設置のための下地を考慮しておきたい。

3. 心地よさ

　廊下のしつらえとして、外部空間とのつながりは大切である。緑や水辺を意識させる環境デザインやペットとふれあえる空間の工夫も期待したい。

　廊下において、広場機能を果たすたまり場での生活の場面を演出する。キッチンやダイニングテーブルなども配置すれば、生活の連続する居住者のホットな場所となる（図18）。

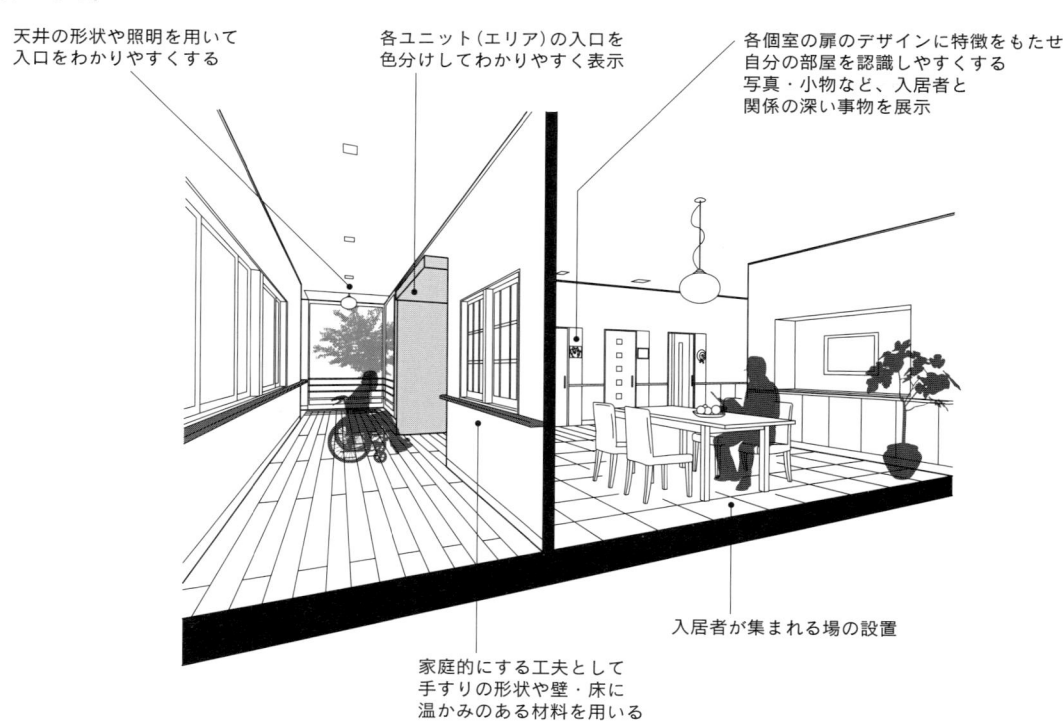

図18　居住施設の廊下の配慮事項

4. わかりやすさ

　廊下の歩行において方向性を示すために、床と壁にコントラストをつけるとよい。同様に自分の部屋の場所を認識し、居室へ誘導するために、部屋の入口の色とデザインを使い分ける（写真19）。たとえば、部屋の入口のみを強調して色や設置物を変えるとか、扉のデザインに意味をもたせるなどである。

　また、日常の動線とともに非常時における避難動線も、平面計画において、シンプルにつなぐ道路の機能を考慮するべきである。

5. 美しさ

　廊下の手すりは歩行に役に立つものであるが、それがあることによって、居住空間は施設然とした堅い雰囲気になってしまう。身体を支えたり、つたっていくための要素を別のもので補い、廊下における画一的な手すりの設置を控えることも、住宅らしく、美しい空間の実現につながる可能性がある（写真20）。

　廊下には、居住者の思い出の写真や絵をはじめとする品々を展示すると、居住者が生き生きとする効果が期待できる（写真21、22）。

写真19　色・形状により強調されたエリアの入口（オランダ）
色分けや形状の変化により、各居住ユニットの入口をわかりやすくしている。

写真20　手すりの機能を持った飾り棚（大阪府）
廊下の飾り棚に手すりの機能をもたせることにより、家庭的な雰囲気となるように配慮されている。

写真21　居室入口に展示された思い出写真（ドイツ）
入居者の写真や思い出の事物を展示することは、自分の居室を判別する手助けとなる。加えて、周囲に入居者の個性を伝えることにより、入居者間のコミュニケーションが図られやすくなる効果がある。

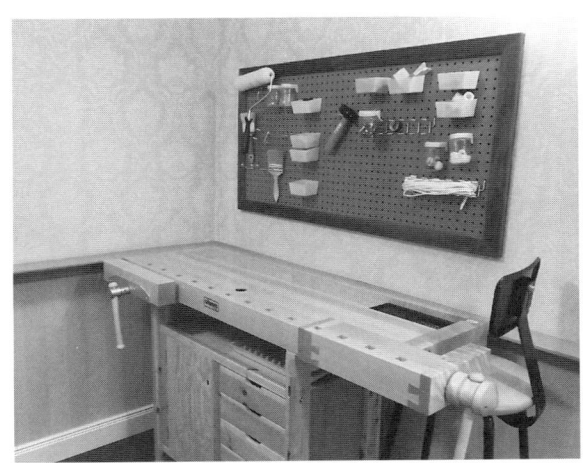

写真22　昔の道具などの展示空間となっている廊下（ドイツ）
昔の懐かしい道具などは、入居者が手に取って使ってみるなどの自発的な行動を促すとともに、入居者間のコミュニケーションのきっかけとなる。

8 トイレ

1. 安全性

　ドアの開閉方向は、日常の使いやすさはもとより、トイレで倒れた際の救出といった緊急時を考慮して選択する。住宅のトイレのドアは、基本的に外開き戸とする。これは内部で人が倒れた場合、内開きだと倒れている人に戸が当たって開くことができないからである。しかし、トイレの設置場所が、たとえば2階の階段下り口の前だったりすると、偶然に階段を上りきった人が開いたドアに当たって階段から転落するなど思わぬ危険にあうため、トイレの設置場所は十分に検討しなければならない。また、多くの人が暮らす居住施設のトイレの場合、人が行き来する廊下に面したトイレの扉が外開きだと、廊下の通行人に当たる危険もある。その場合は、ドアを引戸にするなどの工夫が必要である。施設の用途や設置場所に応じて、ドアを開ける側の方向や種類を検討しなければならない（図23）。

　トイレの使用状況を確認する簡単な方法は、すりガラスの小窓が付いた扉にすると、トイレ内照明の点灯で使用中か否かを確認することができる。また介護型の居住施設では、一定時間以上にトイレのドアの開閉が確認されない場合、緊急事態発生と見なし、対応するシステムがあるので導入したい。

　公共性の高い施設では、トイレ内に緊急の呼出しボタンを設置するのがよい。

　公共施設の場合、トイレの鍵は外から簡単に開けられるものであってはならないが、住宅の場合、幼児が何かの拍子に鍵をかけてトイレから出られなくなることがある。また認知症高齢者も同様のことが考えられる。居住空間では、緊急時に外から簡単に開けられることが必要である。

2. 使いやすさ

　排泄行為は、高齢になってもできればトイレで自立して行いたいものである。それには身体特性に合ったバリアフリーの配慮が必要となる。

　将来、車いす使用や介助が必要になることも想定し、長く住み続ける家を建てる場合は、広いトイレに改修可能な計画も考慮したい事項である（図24）。

　車いすを使用している人や一部介助が必要な人には、広いスペースが必要になる（図25）。立つのが不安定な人には便器横に縦手すりと横手すりが必要となる。便座に座るのが不安定な人には横手すりと跳ね上げ式手すりが必要になる。

　加齢に伴い排尿機能が低下し、尿失禁をはじめ、頻尿や、残尿感などの症状がある人は多い。また高齢者に多い脳梗塞や脳出血などの脳卒中の後遺症により片麻痺になった人も、排尿のコントロールがうまくできなくなる人が多い。このような症状になると、男女を問わず尿漏れパッドや大人用オムツを使用するようになるため、それらを捨てるごみ箱も必要になる。とくに親子で自宅に同居している場合でも、設置場所や形状など、当事者の羞恥心や自尊心にも配慮する。

3. 心地よさ

　トイレは、ゆっくりと周囲に気兼ねなく利用したいものである。トイレと寝室は近接していることが望ましいが、同居する家族がいる場合や居住施設の同室者がいる場合は、防音措置を考慮したい。間仕切り壁の間にクローゼットなどの収納を設けて遮音したり、洗浄音の小さい消音タイプの便器にする方法などがある。

　においに対する配慮も必要となる。近年のトイレは脱臭機能の高いものが一般化している。併せて珪藻土クロスなど、においを吸収する壁材や防汚性の高い床材を使用するとよい。

　高齢者の場合、冬場のトイレは居室との温度差が脳卒中の原因にもなる。時として長居するトイレにおいては、簡易な暖房器具が必要である。

　また、脊髄を損傷している人で、腹筋や括約筋の働きが弱い人は、排泄行為に時間を要する。そのため、体を長時間保持できる背もたれがあるとよい（写真26）。

4. わかりやすさ

　トイレは、すべての人にとって身近で必要な空間である。居住空間のトイレの位置は、転倒などの危険度が高い夜間の居室からの移動より、主寝室との動線を重視して計画するほうがよい。

　足腰が不自由になった高齢者の個室の場合、その部屋にトイレを設けることで、移動が最短で済む。老人ホームなどの共同居室の場合でも、移動の身体的負担

内開き

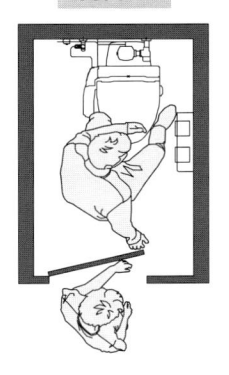

外開き

図23　トイレのドアの開き方向
トイレで人が倒れた場合、ドアが内開きだと倒れた人が邪魔で開かないので、トイレは基本、外開きとする。

自立（最小寸法）

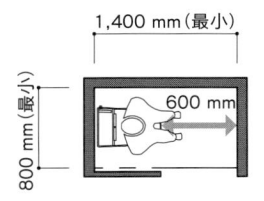

1,400 mm（最小）
800 mm（最小）
600 mm

立ち座り、身づくろいのため、前面に600 mm以上必要

自立歩行＋側面介助

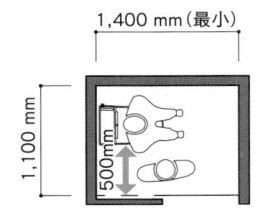

1,400 mm（最小）
1,100 mm
500 mm

介助のため、側面に500 mm以上必要

車いす＋前方介助

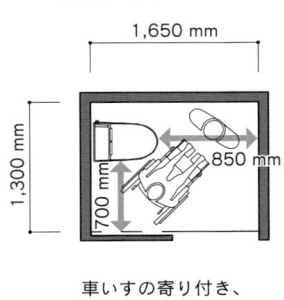

1,650 mm
1,300 mm
700 mm
850 mm

車いすの寄り付き、介助のため、側面・前面にそれぞれ700、850 mm以上必要

車いす自走

1,650 mm
1,650 mm
1,050 mm
850 mm

車いす自走者が利用することができる

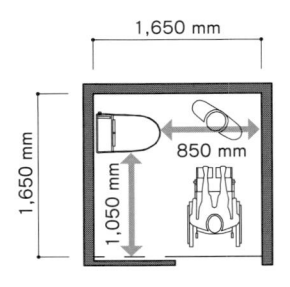

（『TOTO　バリアフリーブック　住まいの水まわり編』をもとに作成）

図25　トイレ介助に必要なスペース
要介助者の状態や介助方法により、必要となるスペースが異なる。必要となるスペースを十分に検討し、必要に応じて拡大可能なプランを採用する。

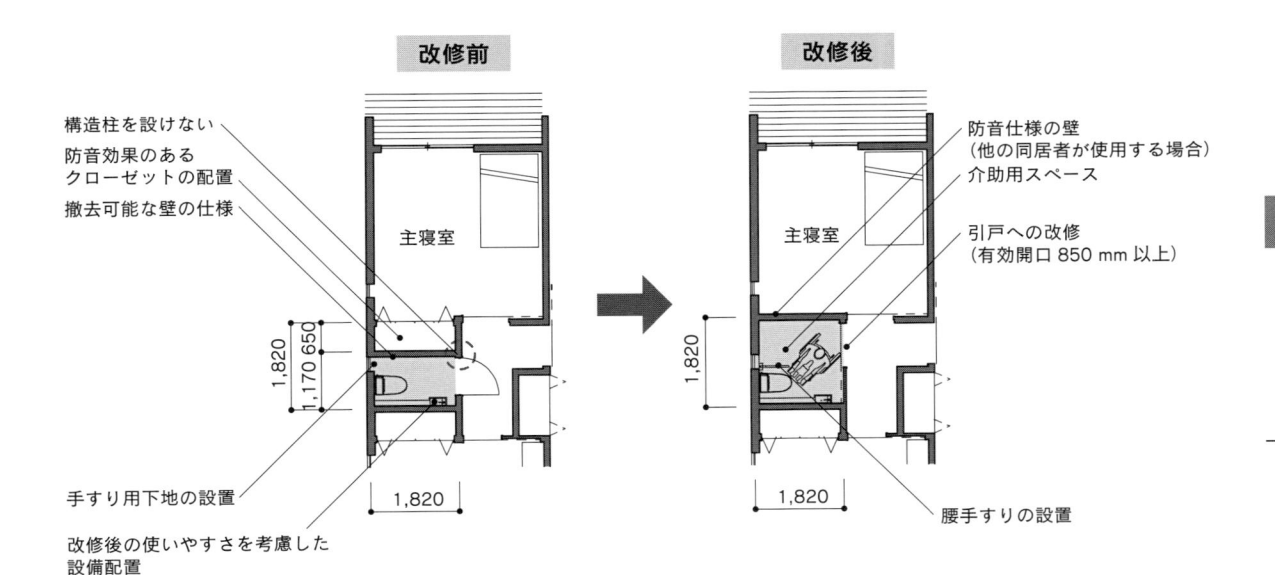

改修前

- 構造柱を設けない
- 防音効果のあるクローゼットの配置
- 撤去可能な壁の仕様
- 手すり用下地の設置
- 改修後の使いやすさを考慮した設備配置

主寝室

1,820
1,170　650
1,820

改修後

- 防音仕様の壁（他の同居者が使用する場合）
- 介助用スペース
- 引戸への改修（有効開口850 mm以上）
- 腰手すりの設置

主寝室

1,820
1,820

図24　改修可能なトイレと周辺プラン
将来の改修を見越し、耐力壁や柱の位置などを当初から検討しておく必要がある。また、設備などの配置についても改修後の使い勝手を想定し、設置することが大切である。

8. トイレ

を考え、共用空間ではなく、部屋に設けるほうがよい。

トイレの場所のわかりやすさに関し、住宅の場合は夜間のトイレ移動時への配慮が必要となる。寝室からトイレの間に足元灯を設置し、距離がある場合は点在させることで、光の誘導とする。軽度の認知症高齢者が夜間にトイレへ行こうとする際には、トイレの場所がわからなくなる場合もあるので、トイレの照明をつけたままにしておいたり、場合によってはトイレのドアを開けたままにし、外から便器が見えるようにする。

居住施設の場合は、男性・女性の別を明確にサイン表示する必要がある。とくに認知症高齢者が居住している場合は、トイレの場所を忘れてしまうので、トイレの入口と他の部屋の入口との違いを示す工夫が必要である。軽度の認知症高齢者に対しては、多くの居住施設で文字でトイレであることを示している。一般には「トイレ」やピクトグラム（絵文字）でも伝わるが、認知症高齢者へは「便所」など昔からの表現のほうが伝わりやすい場合がある（図27）。

便房内では、加齢で視力が低下した人や視覚障害の居住者のために、便器や手すり、扉の取っ手など、背景面となる壁の色とのコントラストをつけるとよい。たとえば、便器が白い場合は便器背面の壁は濃い色のタイルを貼ることでコントラストがつく。また、このタイルを各フロアのテーマカラーにすることで、フロアの認識を助ける効果も得られる。

5. 美しさ

トイレには"汚い"といったマイナスのイメージがあるが、本来は清潔感と美しさが基本的に求められる空間である。

床材は掃除の手間を考慮し、防汚性に優れたものを選定するのが基本であるが、トイレが上手にできない子どもがいる家庭や、トイレで粗相をする頻度が高くなった高齢者がいる家庭では、水で丸洗いできるほうが掃除が楽な場合もある。

近年では、床材の性能も高くなり、下地の防水処理をしておけば、水を使っての掃除ができるようになっている。床仕上げでは、衛生面でのメンテナンスを十分に配慮しなければならない。

壁・天井の形状、色彩などを工夫すると同時に、窓からの採光や換気、照明方法などを工夫して、外界の光や風の動きを楽しめるような環境デザインが期待される。ちょっとしたアートや草花のあしらいによって、さらにこれまでにないイメージのトイレが生まれる（写真28、図29）。美しさの視点は、衛生面での基本的な配慮とともに、これまでの公共トイレで言われている4K（怖い・臭い・汚い・暗い）の問題を居住空間において解消するポイントのひとつといえる。

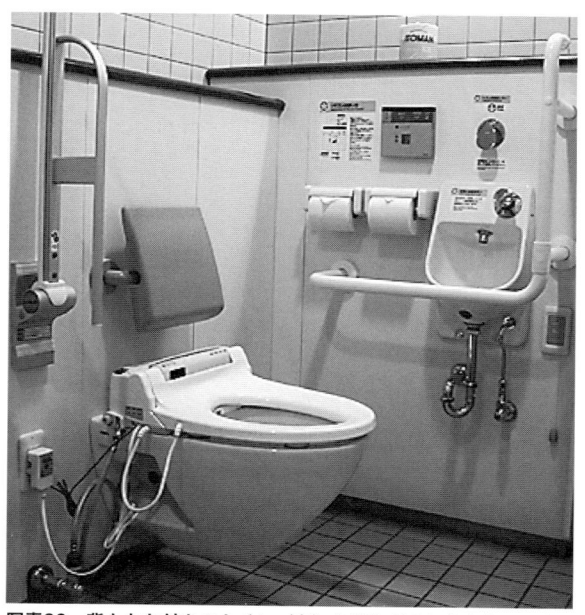

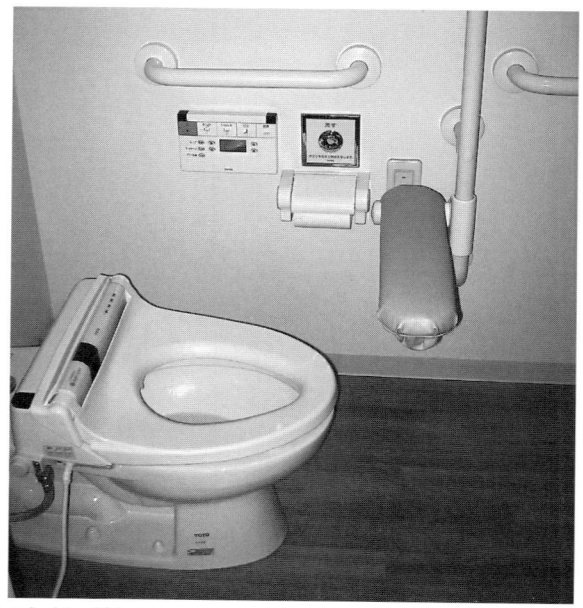

写真26 背もたれ付きのトイレ（左）と前かがみにもたれることができるトイレ（右）
姿勢保持の補助設備は、背もたれ（写真左）と前かがみ用（写真右）がある。身体状況により保持できる姿勢が異なるため、状況に応じて設置を検討する。

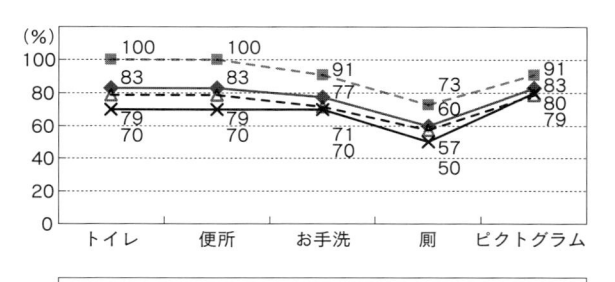

(老田智美、田中直人、彦坂渉「認知症高齢者と介護士によるトイレ入口表示に関するわかりやすさの評価―認知症高齢者居住施設におけるわかりやすさに関する研究その2―　日本建築学会学術講演梗概集」2009.8)

図27　認知症高齢者が理解しやすい表記
認知症高齢者を対象としたトイレの表記方法別の正解率調査の結果、とくに認知度1において「トイレ・便所」の正解率が高い。

写真28　アート壁面で彩られたトイレ
無機質なトイレの床・壁・天井が、アートによって美しさや楽しさを演出した例。

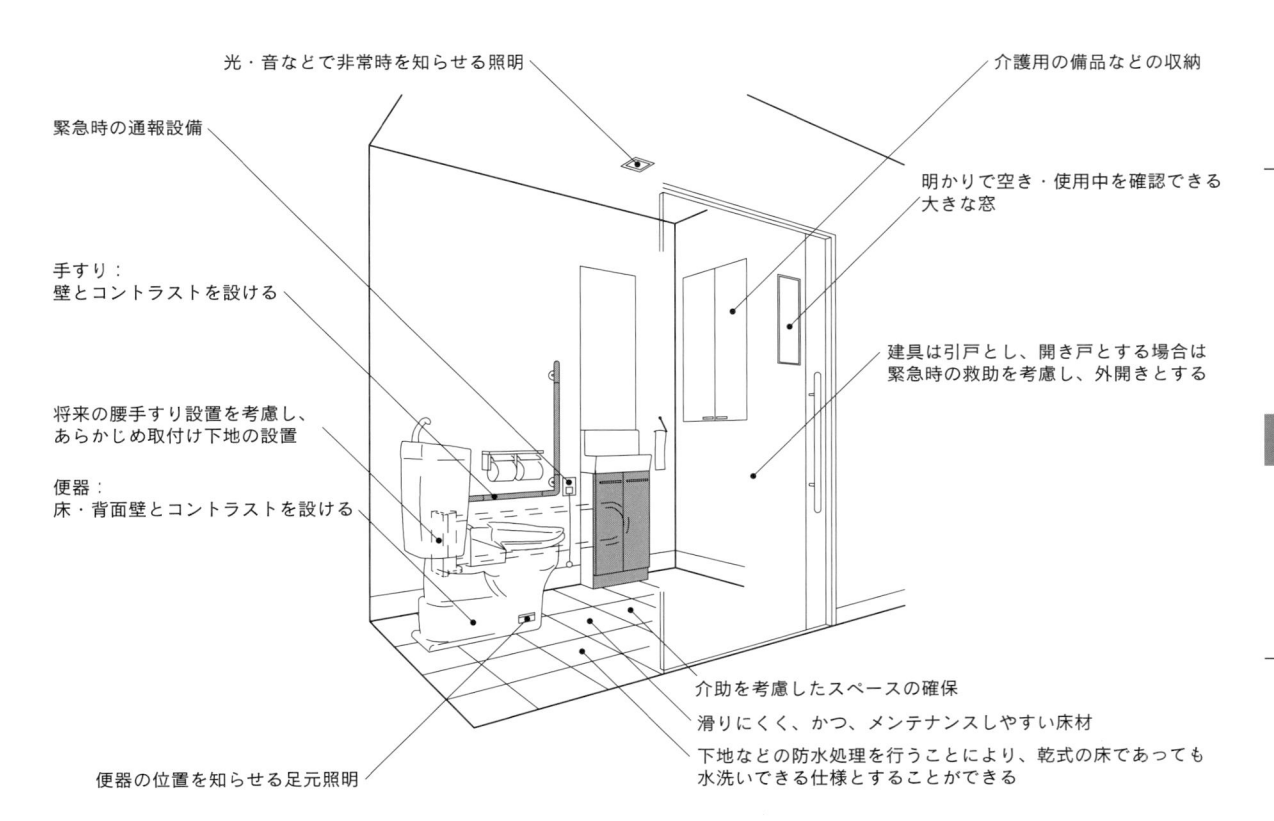

図29　トイレ（住宅）の配慮事項
基本的な使いやすさ・わかりやすさに加え、介助のしやすさや汚れた際のメンテナンスのしやすさを考慮し、仕様などを検討することが大切である。

8. トイレ　151

9 浴室

1. 安全性

家庭内の事故死で最も多いのは、浴室における溺死というデータがある。単独での入浴が困難な居住者にはあらかじめ介助の手があり、注意が払われやすいが、意外と元気な人が単独で入浴中に倒れて問題になることが多い。床の滑りや浴槽のまたぎ高さなどの物理的な要因と居室との温度差またはお湯の熱さなどの環境工学的・医学的・生理的な要因があり、それぞれに配慮の必要がある。

脱衣所では急激な温度差に見舞われやすく、浴室では転倒などで身体が傷つく状況となりやすい。

転倒を防ぐため、浴室の床材は滑りにくくて乾きやすく、転倒しても衝撃が少ないクッション性の高いものを選定する。洗面所、脱衣所の水まわりでも同様である。万が一の転倒を想定し、浴槽や水洗金具は鋭利な形状を避け、洗面カウンターや収納棚の角は丸くするなどの工夫が求められる。併せて緊急ボタンの設置など、施設での配慮だけでなく、住宅でも配慮したい。

2. 使いやすさ

浴室は、脱衣室とのつながりが不可欠であるが、住宅では、洗面所や洗濯室、キッチンや物干し場などの家事動線を円滑につなぐ配置も大切である。

浴槽は、子どもや高齢者など利用者のまたぎ越しの動作や身体寸法を検討し、形状を決定する（図30）。併せて手すりの寸法や形状、位置も検討する。

身体的に負担を少なくするために、座ったまま使用できる全身シャワーが、とくに高齢者施設では必要となる（図31）。介助する際に用いる介助用シャワーの設置も検討しておきたい。さらに利用者の身体特性を考慮し、必要箇所に手すりやベンチを設置する。

浴室のドアは引戸を基本とし、幅員を確保するために、3枚の引戸などを採用する。床は水処理の配慮をして、段差なしの構造とする。

洗面カウンターでは、手を突いたり、体重を預けたりする場合がある。そのためにも、洗面器はカウンター部分が広いもののほうがよい。

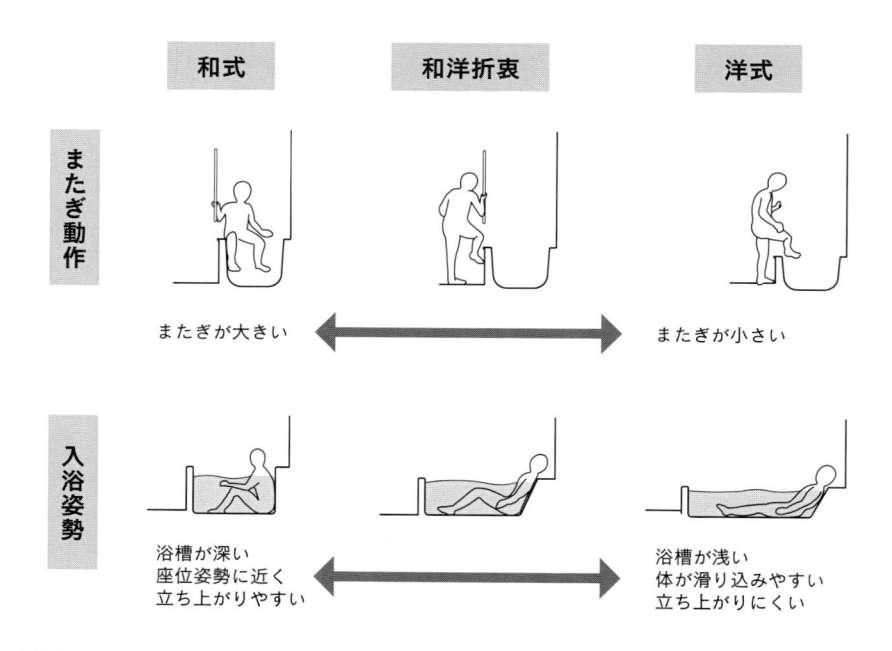

図30 浴槽の種類と動作
浴槽の形状の違いによる入浴動作・入浴姿勢の違いを理解し、選定を行う。現在ではまたぎ高さが低く、浴槽内での立ち座り動作の負担が比較的少ない和洋折衷型が用いられることが多い。

3. 心地よさ

　浴室は居住空間の中で家族や居住者相互がふれあう空間となる。身体を清潔に保つという機能だけでなく、心身をリラックスさせ、居住者相互のコミュニケーションを図るなど、生活の楽しさを享受する空間である。

　浴室の心地よさを満喫するためのくつろぎ空間の演出として、屋外空間とのつながりに配慮するとよい（図32）。温泉場では露天風呂や各種の浴槽の工夫が見られるが、ただ単に浴槽に浸かるだけでなく、心身を解放するお湯とのふれあいのパターンを可能な範囲で演出したい。

4. わかりやすさ

　浴室では、湯気が立ち込めて視界が悪くなったり、入浴時はめがねを外すので見にくいため、視覚的に不自由だと危険な状況になる。コントラストがないと浴室の空間を把握しにくく、つまずきの原因となるので、床や壁に明度差3以上を目安に色のコントラストを配慮する。さらに色のコントラストだけでなく、手すりなどを付けて危険な場所では体を支えるよう、誘導を図る必要がある。

5. 美しさ

　浴室の清掃には手間がかかるが、このメンテナンスがあってこそ、快適な入浴が享受できる。施設計画としては、できるだけメンテナンスの負担が軽くなる材料や納まりを工夫しなければならない。たとえば、排水溝の形状、ふたの仕様は外観の美しさやバリアフリーだけでなく、機能的な排水処理能力も考慮すべきである。

　高齢者などは入浴中に失禁したり、排泄をもよおすことも多い。浴槽や洗い場を衛生的に保持するためにも、近接してトイレを設置しておきたい。

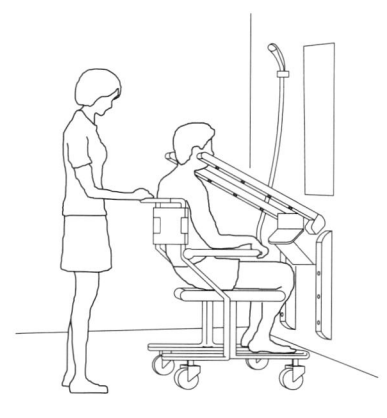

図31　座りながら利用できる全身シャワー
介助者を含めた使用時の必要スペースを確保するとともに、使用しないときに邪魔にならないよう、収納場所についても検討を行っておく。

外の景色を楽しめるなどリラックス空間として演出

手すり：壁とコントラストをつける

洗面台：壁面とコントラストをつけ、かつ、事故防止のために出隅は面取り・R形状とする

車いすやいすに座って使える洗面台
物をすっきりしまえる収納

家事動線を考慮した外部テラス
風呂上がりのリラックス空間としてのデッキ

段差なし

滑りにくく、水切り・乾燥の早い床材の使用
浴槽や壁面とコントラストをつけ
床端部をわかりやすくする

滑りにくく、冬季に冷たくならない
床材・断熱仕様とし、居室との温度差をなくす

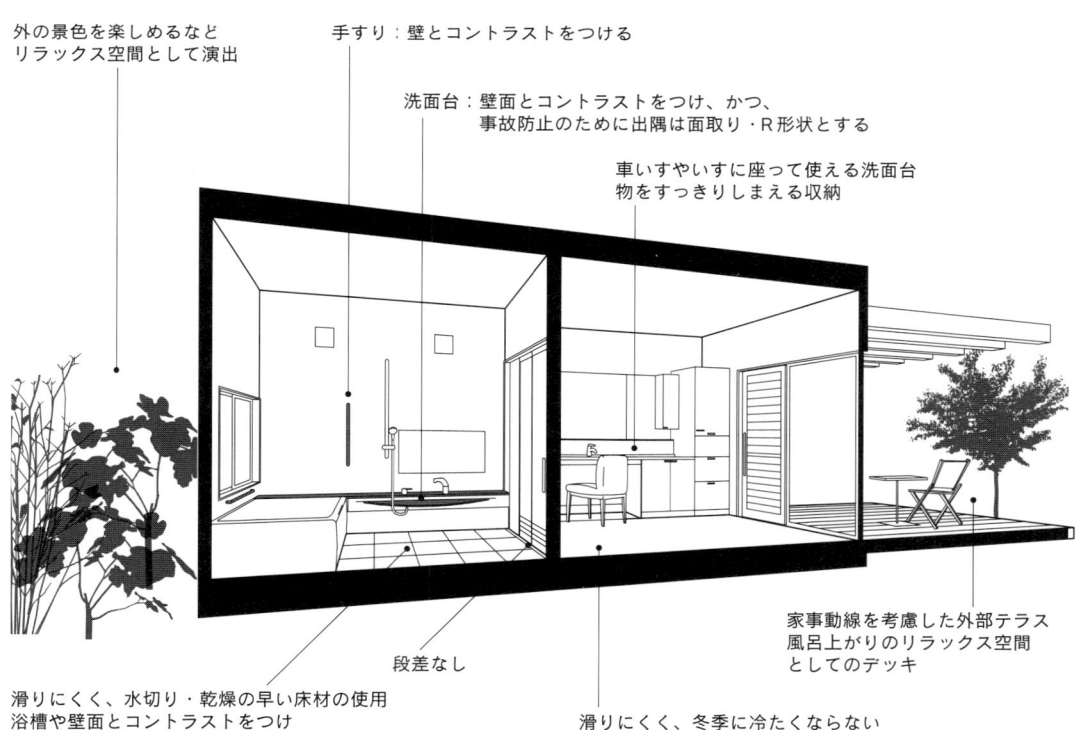

図32　浴室・脱衣室まわりの配慮事項

10 食事室（ダイニング）

1. 安全性

　キッチンで調理をするとき、コンロ上は火を使用するので、危険要素が多い。たとえば鍋を火にかけた状態で、上部の換気扇のボタンを押す際、背の低い子供やお年寄りなど、つま先立ちの不安定な姿勢でいると、場合によっては衣服に着火するおそれもある。火を使用するコンロまわりの動作範囲はなるべく1ヵ所に集約されるのが望ましい（写真33）。近年では電磁調理器が増えている。火を使用しないため、着火の危険性は低いが、一見、加熱面がよくわからなかったり、現在、熱いのかどうかがわかりにくかったりすることもある。

2. 使いやすさ

　調理器具や食器類は増えやすいもののひとつであるため、収納量はもとより、収納高さや出し入れのしやすさを工夫する。とくにデイルームとして利用されやすい居住施設では、移動しやすさに配慮し、不要なものが置かれたままにならない、すっきりとしたインテリア空間とすることが望まれる。

　一般的なキッチンのカウンター高さは850mm程度で、コンロやシンクの下は収納棚になっていることも多いが、立ち仕事がつらい人や、車いすを使用している人にとっては、カウンターの高さを低く、コンロやシンク下はひざ下や車いすのフットレストが入るクリアランス（あき）が必要となる。もしくは、下部の収納部分が分離し、スペースができることで、いすに座った状態で作業できるものもある。北欧の福祉施設では、高さ調整ができる可動式キッチンが主流である。

3. 心地よさ

　食事は、生活の中で最も楽しみな行為のひとつである。住宅ではキッチンで調理し、ダイニングで食べる。居住施設では通常、厨房で調理されたものが、ダイニングに運ばれてきてみんなで食べる。食べるという行為だけでなく、同時に居住者同士の会話や団らんを伴うことが多い。居住施設の場合、調理することと食べることを分けずに、居住者が一緒に参加して楽しめる空間構成がコミュニティ空間としてのキッチン、ダイニングにつながる（図34）。

　テーブルやキッチンの天板はグレアに配慮した表面仕上げとする。鏡面仕上げのような表面材や、磨きの強いカウンタートップを使用すると、照明器具や窓などがそれらに反射し、あたかもそこに照明や窓があるような錯覚を起こすことがある。映り込みの少ない素材を使用する（写真35）。

　また、必要な食事のための器材が手早く見つかり、取り出せるような周辺の収納・食器棚などの位置や仕様を工夫する。

4. わかりやすさ

　キッチンカウンターの高さを、使う人の身長や状況によって変えられる操作ボタンの位置は、色彩のコントラストをつけてわかりやすくする。

　収納家具の扉については、認知しやすいデザインとし、中に何が入っている扉かを記憶しやすくなるようにパブリックカラーで設定したユニットごとのテーマカラーを使用したり、ピクトグラムを配すると、違いが一目で認識できる。

　食べるものを調理するにおいは、キッチンやダイニングを見つける強力な手がかりとなる。オープンキッチンだとよけいわかりやすくなる。このように、におい、お皿の音、話し声など、生活の中の五感を刺激するものを上手に活用するとわかりやすさにつながる。

5. 美しさ

　食事空間の美しいしつらえは、居住者の心を解放する。最も住宅らしく、インテリアを彩ることのできる空間である。認知症高齢者に対しては、それまでの生活において使用していた調理器具や食器、リネン関係の事物から、記憶を呼び起こし、また話がはずむアットホームな時間を過ごすことが期待できる。

写真33　操作ボタンが1ヵ所に集約されたキッチン
操作ボタンを集約することにより、無駄な動作をなくすとともに、注意や意識を集中させる場所をひとつにまとめることができる。

写真35　お皿が目立つよう、濃い色のテーブルクロスが使われている視覚障害者休暇施設のレストラン
お皿とコントラストのあるテーブルクロスを用いることにより、わかりやすさに配慮している。また、反射の少ない素材を用いることにより、テーブルへの映り込み・グレアを防止している。

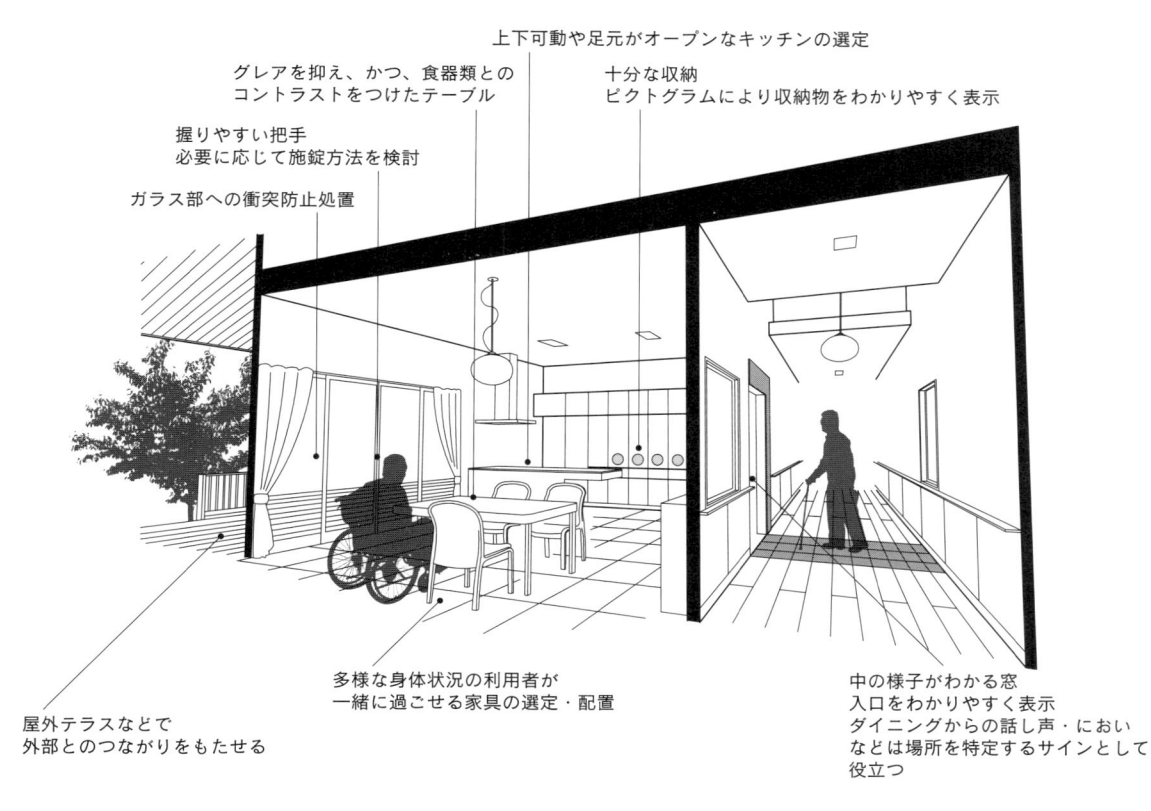

- 上下可動や足元がオープンなキッチンの選定
- グレアを抑え、かつ、食器類とのコントラストをつけたテーブル
- 十分な収納　ピクトグラムにより収納物をわかりやすく表示
- 握りやすい把手　必要に応じて施錠方法を検討
- ガラス部への衝突防止処置
- 屋外テラスなどで外部とのつながりをもたせる
- 多様な身体状況の利用者が一緒に過ごせる家具の選定・配置
- 中の様子がわかる窓　入口をわかりやすく表示　ダイニングからの話し声・においなどは場所を特定するサインとして役立つ

図34　グループホームなどに求められるキッチン、ダイニングの配慮事項

10. 食事室（ダイニング）

11 団らん室（リビング）

1. 安全性

リビングの雰囲気を重視したインテリアデザインは重要だが、床材の安全性を考慮することも大切である。たとえばカーペットの場合は、歩行がスムーズにでき、汚れた場合の取替え、クリーニングが容易な毛足の短いタイルカーペットがよい。長尺ビニルシートの場合は、水などをこぼしても拭き取りやすいが、滑りやすいので注意する。フローリングは床面の適当な硬さと視覚的な雰囲気があり、併せてメンテナンスのしやすいものを選定する。老人ホームなどの居住施設では、食べ物をこぼしたり、失禁など万が一の場合に清掃しやすい材料を選ぶようにする。

また、居住者のくつろぐ姿勢は椅子座と床座のどちらがよいかなど、個人差やその時の身体的条件に合わせた空間形状が選択できるようにする。その場合においても、移動の安全対策として、必要に応じて手すりや上り下りしやすい段差処理を考慮する。

2. 使いやすさ

リビングは、家族や居住者同士が、そこに集い、語らい、ふれあう空間として、お互いの心をつなぐ場を提供する。団らんは、居住者の属性、ライフスタイルなどで多様な姿を見せるが、その違いによって、空間の機能を実現するためのしつらえ、広さ、家具の種類や配置などを考慮する（図36）。

利用については、多くの活動を展開できる多目的な使われ方をする場合が多く、ダイニングをそのまま使用することもよくある。それぞれの使用に必要とする器具や事物の収納スペースを整理しやすく、出し入れしやすい計画とする。

大部屋として使用するだけでなく、分割して家庭的な雰囲気で使用することを考慮した間仕切りや家具類を工夫するのもよい。

リビングで大勢の居住者がイベントを楽しむステージを設置する場合、高低差を克服した利用が安全に行えるよう配慮する。

また車いす使用者も、目の不自由な人もみんなで一緒にくつろげるようにすることが大切である。つまずきや転倒事故が起こらないように床面に不用意な段差を設けない。また、床の材質や色彩をリビングの領域に応じて、張り分けるなどの工夫をする。

3. 心地よさ

明るく、暖かく、家庭的な雰囲気であることが望ましく、いつだれが使っても気持ちよく過ごせるような配慮が求められる。居住施設では、管理上許せば地域の住人も気軽に立ち寄ることができ、交流が図れる「地域の縁側」的な空間となることが望ましい。

椅子座だけでなく畳などの床座のゾーンに、こたつ式の団らんコーナーを設けるなど、多様な居住者が心地よく使えるようにする。また、それぞれの居住者の気に入る居場所となるように家具の配置や適切な視覚・触覚・嗅覚的な刺激を用いて、興味を起こさせるエリアを生み出すことも重要である。

居住施設では治療の手段として用いられる方法であるが、施設の中の自然エリアとして、鳥かごや水槽、プランターなどを配置したり、積極的に中庭を設けてそこに自然の環境を生み出し、居住者の憩い空間とするのもよい。

4. わかりやすさ

無機的に広い部屋にしないで、できるだけ場所の特徴をつくることがわかりやすさや親しみやすさを生み出す。自分の部屋が一望できるような配置やリビングまでのルートがわかりやすく特徴づけられているとよい（写真37）。

5. 美しさ

リビングには、居住者が最も気に入っているアートやタペストリーなどを飾るスペースを用意しておく。画一的な冷たい美しさではなく、居住者の生活感がにじみ出るような温かみのある展示や装飾がバランスよく配されるようなインテリアの調整も重要なデザインワークである（写真38）。

趣を変えて、くつろげる空間として茶室を計画するなど、和の美しさを追求することも考えられる。

高齢者にも馴染みのある畳コーナー
昔を思い出す懐かしい家具
季節のしつらえなど

光・風・緑など屋外環境を取り込んだ自然エリア

テラピーとしての効果もある小動物など

状況によりさまざまなタイプを選べるソファ
目線の高さ・つながりを考慮した家具配置

床材の変化により、各エリアの違いを示す
家庭的なスケールを持つ各エリアを計画的に配置

図36　居住施設のリビングの配慮事項

写真37　奥のリビングまでルートが見通せるプラン
ルートがわかりやすく、様子がわかるリビングは、入居者にとって利用しやすい場所となり、自然に人が集まるようになる。

写真38　アートやタペストリーで装飾できるスペース
場所や季節に応じた装飾により、入居者の生活を豊かにすることができる。

11. 団らん室（リビング）

12 寝室（個室）

1. 安全性

プライバシーとコミュニケーション

寝室は「寝る」だけでなく、居住者のプライバシーを最も保持し、個人の自由な生活の根源を培う重要な空間である。

個室でなく、共同室の場合は、同室者とのコミュニケーションが重要になる。プライバシーを保ちつつコミュニティのよさが発揮できるよう計画する。

緊急対応

寝室で居住者に異状があった場合には、居住者の個人の尊厳を守りつつすぐに対応するための情報収集の方法が課題となる。ナースコールなどの呼出し装置から、自動的に居住者の挙動をキャッチするシステムまで、今後の技術機器の適切な導入と併せて検討する。

2. 使いやすさ

寝室のドアの開き方をすべて引戸にするなど、統一することが望ましい。複雑な動きが必要なドアは避け、握力があまり必要ないものを採用する。

寝室内での各スイッチについては、ベッドとの位置関係から操作しやすく配慮する。とくに目の不自由な人にはそのボタンやスイッチの位置や種類がすぐにわかるような点字表示や色彩のコントラスト、違いを判らせる形状の工夫が求められる。

在宅の要介護の場合を想定して、ホームヘルパーの入浴サービス用の浴槽を寝室の近くに置く。また夜間の介護を想定すると介護者のプライベートな時間も想定し、要介護者の寝室の横にちょっとしたベッドルームの設置も考える。場合によってはヘルパーの待機室としても利用する。訪問家族の宿泊室、スタッフの休憩室なども併せて検討しておきたい（図39）。

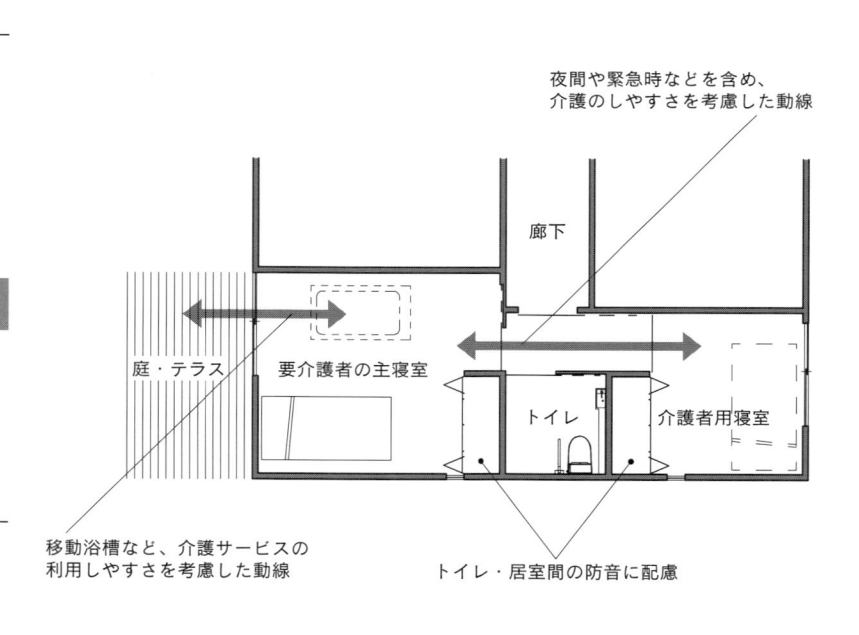

図39　在宅介護のしやすさに考慮したプラン
緊急時や夜間の対応を含め、介護者用寝室を設けて動線を確保する。また、要介護者の主寝室は各種福祉サービスの機器搬入を考慮し、屋外からの動線も考慮した配置計画とする。

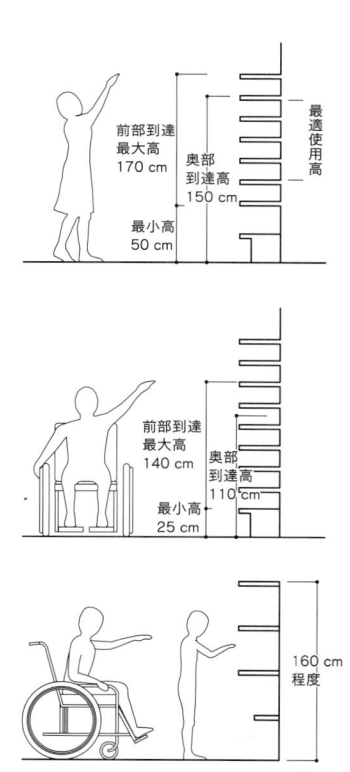

（荒木兵一朗・藤本尚久・田中直人『図解　バリアフリーの建築設計―福祉社会の設計マニュアル―第二版』彰国社、1995）

図41　収納高さの比較

3. 心地よさ

　居住施設の場合、唯一、個室が一人になって落ち着ける空間となることを前提とした配慮を施す。住宅における寝室や居住施設における個室は、庭などの外部空間に接するのが望ましい。外部空間の自然環境を提供するのにルーフバルコニーや屋上を設けるのもよい。自然のもたらす環境要素が居住者に安らぎを与える（図40）。また個室をすっきりとした空間にするには、生活用品の収納方法を当初より考慮する（図41）。認知症高齢者の場合、なじみの家具を置いて、今まで過ごしてきた環境を再現すると気持ちが落ち着く。思い出の品を飾ることで回想療法の実践にもつながる。

　居住者の利用が安全・円滑に行えるよう、トイレはできれば寝室（個室）にも設置したい。共同の施設においても、距離が長くなったり、階段を利用せざるを得ない配置は好ましくない。

　寝室を畳敷きの和室にするか、ベッドを入れた洋室にするかは、居住者のそれまでの生活習慣にもよるが、基本的には身体の衰えに無理のないベッドを使用するほうがよい。余裕があれば、寝室の一部に畳のコーナーを設け、くつろげる空間とするのもよい。将来の変化に対応した家具や設備を組み込むことも検討したい。

4. わかりやすさ

　加齢による視力の低下に考慮し、室内に色のコントラストをつける。それにより家具へのぶつかりや、物の置き忘れなどを防ぐことができる。また、自分の部屋を間違えないように、入口に本人の写真や思い出の物を展示するのもよい。

5. 美しさ

　それまでなじんできたように、床材を畳にしたいと希望する居住者にとっては、汚れの落としやすい畳を導入したい。

　また、寝室に付属するトイレに仕切りを設ける場合、カーテンは汚れやすい上に不潔になりやすいので、できれば設置しない計画とするか、他の方法を検討する。

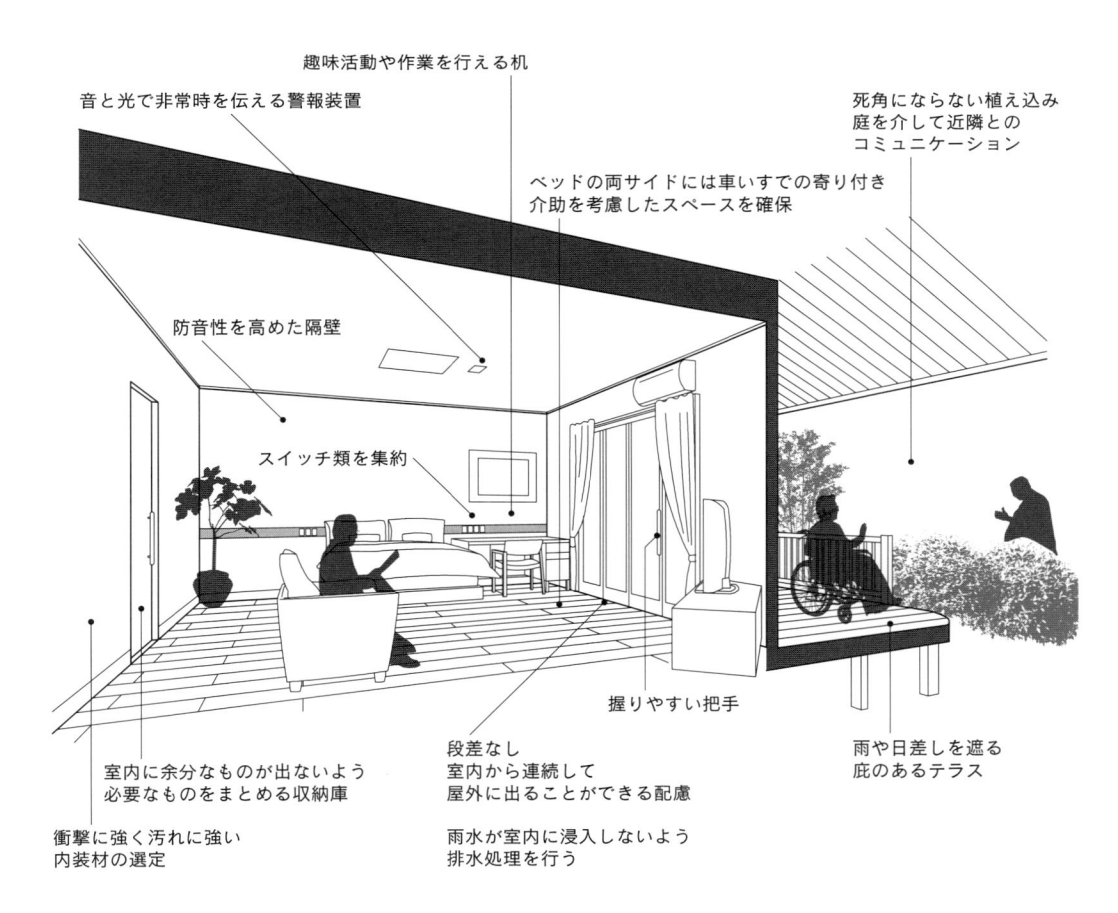

図40　居住施設の寝室の配慮事項

13 テラス・バルコニー

1. 安全性

　都市環境にある建築にとって、わずかな移動で屋外に出られ、眺望や緑や小鳥などが楽しめる屋上やテラス、バルコニーは生活をうるおす貴重な空間である。地球環境を考慮した屋上緑化や壁面緑化のデザインに関しても、これらの空間は関係が深い。また火災時などの非常時には、水平移動だけで一時的に避難できる場ともなる。車いす使用者が安全に避難できる幅員の確保や、濡れた場合でも滑らない材質の床仕上げを考慮する。さらに、緊急時の避難ルートを明示しておくことが、スムーズに移動できるポイントとなる（写真42、43）。

　手すりは、不用意な足がかりとなる高さ不足で子どもがよじ登って落下しないよう気をつける。また、近辺に踏み台になるようなものを置くことは大変危険なため、造付けのベンチなどは配慮すべきではない。

　建物が古くなったら、しばしば手すりを点検する必要がある。木製は腐りやすく、鉄製は付け根が腐食しやすい。

　防犯では、テラスやバルコニーへ外部から侵入されるような足がかりを発生させないことが必要である。外部からの侵入者に備えた防犯シャッターの設置や人感センサーの防犯照明の設置を検討する。外部の防犯灯などと併せて安全性を確保する。

2. 使いやすさ

　テラスやバルコニーは、雨水などの室内への浸入を阻止するための雨仕舞いが重要になる。部屋からバルコニーへの段差をできるだけなくし、床面の排水勾配は外側にとり、その先端に錐水溝をつける。庇を設けると、雨水量を少なくすることができる。足元を安全にしておくことは、使い勝手のよさにつながる。

3. 心地よさ

　テラスには、太陽光・雨・風などに対する段階的なシェルターを設け、外部の気象条件を和らげ、屋外空間としての活用を広げる（図44）。

　住宅の場合、比較的スペースの限られたテラスやバルコニーが、物置き代わりに使われることがある。狭くなって動きにくかったり、乱雑で見苦しく居心地の悪い環境にならないよう配慮する。ただし、居住者に屋外空間の恵みを提供する貴重な空間でもあるので、使用にあたっては必要スペースの確保や癒しを提供できるような環境デザインを検討する（図45）。観葉植物や家庭菜園を手がけたり、ペットとふれあう空間などが対象となる。

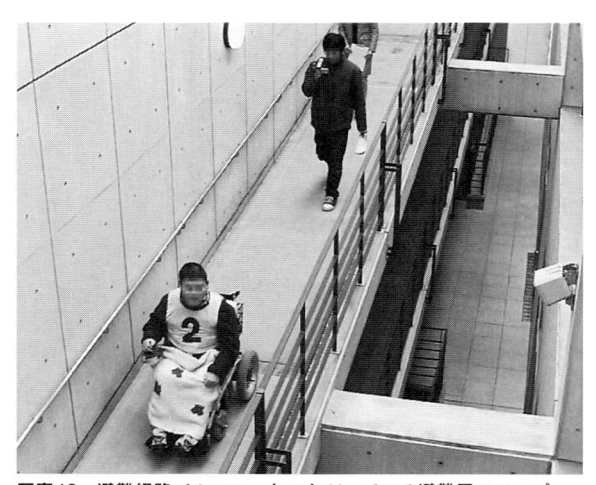

写真42　避難経路バルコニーとつながっている避難用スロープ（国際障害者交流センター ビッグ・アイ、大阪府）
バルコニーから連続した避難経路により、車いす使用者なども安全に避難することができる。

写真43　避難経路となるバルコニー（国際障害者交流センター ビッグ・アイ、大阪府）
緊急時には各居室からバルコニーを通って避難できる。

4. わかりやすさ

　屋上庭園のように、やや広めに計画されたテラスやバルコニーでは、歩行ルートや休憩コーナーがわかりやすいようにサインや床舗装、関連事物のデザインを工夫する。

　目が不自由な人のために、出入口と出入りできないスクリーンを区別できるよう配慮する。そのために色彩のコントラストや夜間における光の活用でリーディングラインを設けるなどの工夫をする。

5. 美しさ

　日常、出掛けにくい身体状況になりがちな居住者にとって、身近な屋外空間のテラスやバルコニーは美しく、光と風を受けて楽しめる魅力的な環境であってほしい。四季を身近に感じながらくつろぐことは、豊かな気持ちが保てるものである。車いすで眺めるときの視線の高さを意識した壁の高さや、バルコニー手すりの内側に棚をつくって草花を置けば、子供のよじ登り防止による安全と美化を兼ねさせることができる。

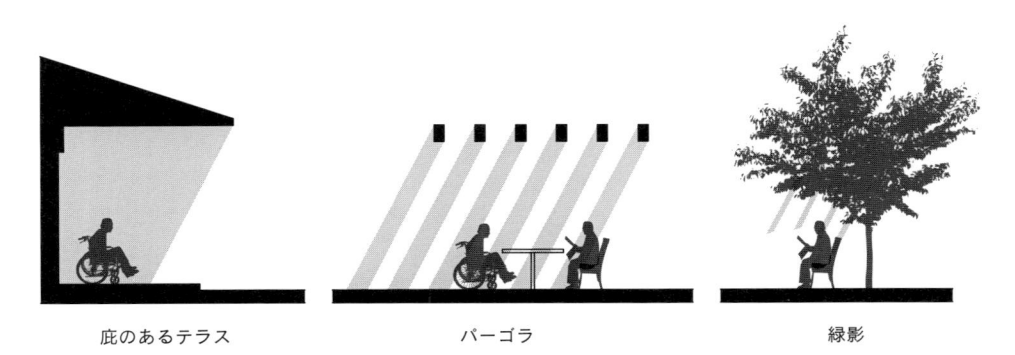

庇のあるテラス　　　パーゴラ　　　緑影

図44　段階的なシェルター

緊急時に隣へ避難できる隔壁

雨や日差しを遮る庇

視線の高さを考慮し眺望を楽しめる配慮

よじ登り防止の配慮
（内側に傾けたバルコニー手すり、バルコニー側に設けたプランターなどが足がかりにならないよう注意）

車いすでも十分なスペース
直径 1,500 mm 以上を確保

段差なし
室内から連続して
屋外に出ることができる配慮

避難できるスロープなどの避難経路を確保

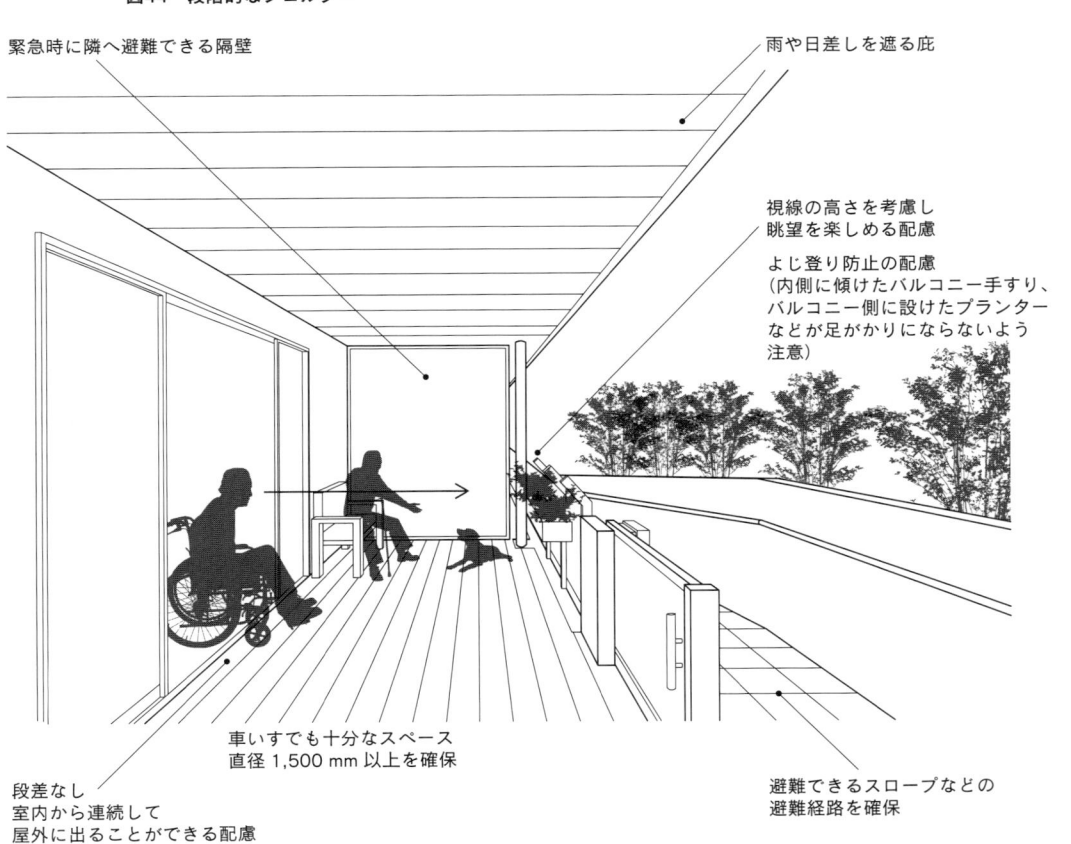

図45　バルコニーの配慮事項

コラム●だれもが暮らしやすいまちを求めて－ユニバーサルデザイン活動❷

UD アドバイザーとしてまちづくりに参加（熊本県各所）

UDを全県的に展開する熊本県において、2002年3月に建築のUD指針「ユニバーサルデザイン建築ガイドライン」をはじめとした、UD関連のプロジェクト（ユビキタス技術による誘導システムやまちづくりなど）に、ユニバーサルデザインアドバイザーとして参画した。写真のほかにも矢部町（現・山都町）通潤橋エリアUD検証、イオンモール熊本クレアUD設計、平山温泉での里山UDまちづくりなどがある。

UDによる熊本駅周辺整備計画。模型を使って空間の配置計画、利用者の移動に不自由がないかを確認。

上益城郡（かみましきぐん）でのアートポリス清和文楽邑UD検証・改修。健常者・障害者・施設関係者の意見を取り入れ、すべての人が気持ちよく過ごせるよう空間の配慮が施された。

熊本空港UD検証・改修。空港の中で、だれの目にもつきやすい場所に設置されたふれあい広場。公共の待ち合わせ空間として時計のある木を目印にするなど、利用者が迷わないように配慮されている。使い勝手や居心地を確認。

平山温泉での里山UDまちづくり。環境のイメージづくりの一環として、来訪者・住民にもわかりやすい字名サインを設置（写真は央（なかば）区のサイン）。

わかりやすさや美しさ＋五感の感覚機能を活用した事例、そのための活動

兵庫県福祉センターUD検証風景。建設途中の段階でサインの位置を確認したり、実際に歩いてみて空間計画に改良点があるか検証していく。

倉敷駅UDサイン。商業看板などの情報があふれる駅前ビルにおいて、必要な情報がわかりやすく、また、歴史ある倉敷の地域性を考慮したサイン計画。サインは単なる盤面ではなく、既存の窓・庇・柱、観光案内所のファサードを利用し、建築と一体的に計画・空間づくりを行い、見た目の美しさに加え、直感的なわかりやすさに配慮した。

おわりに

　ユニバーサルデザインという言葉は、建築・まちづくりやものづくりの分野だけでなく、社会科学、医学などを含む幅広い分野で使われていき、新しい社会観になることが期待されます。

　建築であれ、まちであれ、人間を取り巻く大きな生活環境として、どのような環境要素に着目し、どの＋（プラス）要素と－（マイナス）要素を、求める条件の中で具体的に操作するかがポイントになります。＋要素と－要素を考慮すれば、ユニバーサル社会の建築やまちづくりはけっして「つくること」ばかりではなく、「つくらないこと」も重要であるように思えます。「まもること」や「育てること」も大切で、これまでのように「つくる」ことだけにこだわる必要はないでしょう。

　ユニバーサルデザインというとアメリカ生まれの舶来概念と思われるかもしれませんが、わが国でこれまで培われてきた日本古来の文化、慣習、作法、自然、生活などのデザインを再発見・再認識をする必要がありそうです。「ユニバーサルデザイン」という言葉や考え方がどんどん広がって欲しいと願う反面、早く消滅して欲しいとも願います。「ユニバーサルデザイン」と声高に言わなくてもいい社会になることが、真のユニバーサル社会の実現と思うからです。

　最後に、本書は日本建築学会をはじめ多くの研究者の先輩諸氏、デザイン関係者からのご教示によるところが大きく、事例におけるデザインの試みの紹介には、多くの方々との協働と協力によるものが大きい。ここに厚くお礼を申し上げる次第です。

　なお、本書の図版原稿の整理・編集について、株式会社NATS環境デザインネットワークの老田智美代表をはじめ、彦坂渉、土居真由美、湯本慶子の諸氏に多大なご協力をいただきました。また、彰国社の後藤武社長、大塚由希子の諸氏には出版について貴重な機会を与えてくださり、忍耐と寛容の心で励ましていただきました。ここに厚く感謝申し上げます。

2012.8.4　奄美にて　　　田中直人

索引

あ

アート　112、123、131、150、156
アイデア　041
アイデンティティ　026、051
青色　125
明るさの変化　115
アクセシビリティ　051、056、080、082
アクセシブルデザイン　018
足がかり　160
足触り　114
足元灯　150
遊びコーナー　108
アダプティブデザイン　018
アニマルセラピー　050、053
アプローチ　138
アメニティ　064
アルコーブ　110
安全計画　014
安全柵　110
安全センサー　140
安全誘導手すり　122
案内サイン　038、128
案内地図　107
想い空間　156
意識的バリア　015
移乗（トランスファー）　033
椅子座　156
一時的健常者　028
一時的不自由者　031、033
著しい障害　034
イメージマップ　131
癒し　050、160
インクルーシブデザイン　019
インターネット　035
インターフェイスデザイン　025
インテリア　025
インフォメーションセンター　107
ウェイファインディング　080
液状化現象　056
エクステリア　025
エレベーター　145
園芸療法　050、053
エントランス（玄関）　098
凹凸舗装　071
オートスロープ　123
オープンキッチン　154
オープンスペース　084、088
オストメイト　036、126
大人　028
音のサイン　122
踊り場　118
おむつ替え台　030
音響式信号機　072
温室効果　058
音声・言語機能　028
音声情報　129

か

温度差　152
ガーデニング　050
ガードレール　058、062
解決装置　048
外構計画　139
介護者　134
介助犬　100
介助者　030、037
階数表示　121
回想療法　159
階段昇降機　142
回転式ドア　104、140
ガイドライン　025
外部空間　056
街路樹　075
カウンター　106
核家族化　010
片麻痺　140
片廊下型　090
家庭的な雰囲気　136、156
カテーテル　036
可動式キッチン　154
カラー舗装　071
ガラススクリーン　106
加齢　012、159
感覚機能　049
雁木空間　059
監視カメラ　106
監視性　014
記憶　132
企画　041
器具形式　128
疑似体験装具　044
キックプレート　102
キッチンカウンターの高さ　154
キャスター　067
嗅覚　064、156
狭窄　071
共通型　046
協働（コラボレーション）　042、045
共用　021、095
共用品　019
居住空間　134
距離情報　130
緊急ボタン　152
隅角部　111
くぐり戸　103
クラッチ　033
グラフィック　102、105、128
クランク　071
クリアランス　126
グループホーム　136
車いす　028、031
車寄せ（Kiss & Ride）　070、092
グレア　074

さ

グレーチング　059
グローバル化　010
蹴上げ　116
警告　066
警告用（点状）　034
傾斜地　056
掲出位置　128
携帯ナビ　038
軽度の障害　034
ゲートサイン　123
健常者　016、028、090
検証・評価　044
建築化サイン　132
建築化デザイン　048
合意形成　023
公開空地　084
公共建築　028
交差部　111
公衆トイレ　060
高低差　112
光電管装置　120
高齢者施設　134
口話　035、129
コーディネーター　043
五感　026、049、050、053、109、112
呼吸　036
呼吸器機能障害　036
子育て　042
子ども　028
コミュニケーション　136、153、158
コミュニティ　014、024
コミュニティゾーン　070
コモンスペース　085
コレクティブハウジング　136
コントラスト　058、127、145、147、153、161

災害弱者　008、012、024、080
サイン　026、107
サイン計画　090
坂道　056、060
支え合い　014
参画　023
シースルー　121、143、144
視界　064
死角　060、078
視覚　029、049、156
視覚障害　028
視覚障害者　064、067、121、129
視覚障害者誘導用ブロック（点字ブロック）　034、066
視覚的サイン　145
色覚　049
色彩　049、058、114
色彩感情　131
資源（ストック）　026

事故	136
事故弱者	012
事後評価	041
自然光	058
自然災害	014
自然地形	056
自走式	033
肢体障害者	028
肢体不自由	028
失禁	156
自転車サービスステーション	069
自動式引戸	102
自動ドア	105、140
字幕付き放送	035
弱視者	034、058、062、114
収納方法	135
手動式引戸	102
手動式開き戸	102
授乳室	030
手話	035、129
循環	036
消音タイプ	148
消化	036
障害	037
障害者	016、028、090
障害者基本法	016
障害者手帳	029
乗降スペース	093
少子化	010
少子高齢化	008
小腸機能障害	036
障壁	015、016
情報不自由者	130
照明	115
触知案内サイン	130
触知式	058
触知図サイン	107
触覚	049、156
人感センサー	146、160
人工透析	036
身障者用駐車区画	095
心臓機能障害	036
腎臓機能障害	036
身体障害者	028
人的介助	012
シンボルマーク	127
スカイウォーク	076、082
ストリートパフォーマンス	082
スヌーズレン	050
スパイラルアップ	023、040、044
スペース	032
スモーキングルーム	124
生活環境	008
生活行為	012
生活動作	012
生活の器	010、015、135
精神障害者	028
制度的バリア	015
性犯罪	030
セミフラット方式	062
背もたれ	148
セラピー（療法）	050
センサリーガーデン	053、086
選択型	047
全廃	033
全盲者（盲）	034

専用	021、095
総合設計制度	084
操作パネル	120
装置	037
そしゃく機能障害	028
粗相	150

た

待機スペース	014、093
耐候性	058
退色	058
体力	029
タイルカーペット	156
多機能トイレ	051、126
立ち上がり壁	117
タッチパネル式	130
縦手すり	148
タペストリー	156
段差	112
段差切下げ	058
男女共同参画社会	030
男女別	030
段鼻	116、143
地域コミュニティ	008
地域性	026、052
地下横断歩道	076
地下駐輪場	068
地下道	076、080
知的障害者	028
駐車区画	094
中枢神経	029
中途失聴者	035
駐輪器具	069
駐輪場	068
聴覚	029、049
聴覚障害	028
聴覚障害者	035、129
長尺ビニルシート	156
直交システム	090
杖	028、032、033
つながり	014
デイルーム	154
溺死	136、152
適正寸法	012
デザインフォーオール	019、022
デジタルデバイド	022
点字鋲	072
点字表示	034
電子表示パネル	092
点字ブロック	034、059、062、066、067、072、114、118、122、138
天井の高さ	114
転倒	152、156
電動三輪車	099
動作寸法	012
当事者	041、044
動線	060
動線計画	090
動物介在療法	050
トータルリラクゼーション	050
都市化	014
トランスジェネレーショナル	025
トランスジェネレーショナルデザイン	018

な

| ナースコール | 158 |

内部障害	028、036
中廊下型	090
7原則	018
波打ち道路	060
難聴者	035
尿失禁	148
人間工学	012、025
妊産婦	031
認知症	012、137
認知症高齢者	052、146、150、159
脳卒中	140
ノーマライゼーション	016
覗きパネル	103
乗り場ボタン	120
ノンスリップ	116、142

は

パーキンソン病	034
ハートビル法	016
背景色	129
排水処理能力	153
排泄	036
パウダールーム	124、126
パウチ	036
ハエのプリント	127
白杖	028、064
バス停留所	074
バスロケーションシステム	074
パソコン	035
跳ね上げ式手すり	148
パブリックアート	068、075
パブリックカラー	154
パブリックサイン	038
バリア	010、015、016、084
バリアフリー	016、018、024、025、084、090、148
反響音	114
ハンプ（路上のコブ）	058、070
光環境	058
ピクトグラム	097、105、107、131
ビジュアルサイン	109
必要寸法	012
ヒト免疫不全ウイルス（HIV）	036
避難誘導	014
避難路	111
評価基準	041
評価手法	023
広場	085
ファクシミリ	035
ファシリテーター	043
風景	097
風除室	099
フォルト	071
付加型	048
福祉のまちづくり	020
物理的バリア	015
不特定多数	028
踏み面	078、116
プライバシー	124、126
フラット式	062
プラットフォーム	072
不慮の事故	012
フロア案内	121
プロセス	023
文化・情報的バリア	015
平衡感覚	029

INDEX 165

平衡機能障害　028	無縁社会　011、136	4K　124
平地　056	迷路構造　076	
平面駐車場　094	目に見えないバリアフリー　136	**ら**
ペースメーカー　036	免疫　036	ライフスタイル　010
ペット　087、100	免疫機能障害　036	ライフスパン　025
ペデストリアンデッキ　076	メンテナンス　058、060、109、153	落下防止ネット　117
防汚性　148、150	盲導犬　028	ラドバーンシステム　070
膀胱・直腸機能障害　036	文字　035	ランドマーク　080、109、120、131、136
防災　014	文字放送　035	リーディング（誘導）ライン　067
防災公園　088	モックアップ（実物大模型）　040、043、044	リウマチ　034
放置自転車　068	モニュメント　051、131	立体駐車場　094
防犯　014、060	モビリティ　008	立体駐輪場　068
防犯カメラ　080		領域性　014
防犯環境設計手法　080	**や**	劣化　058
ホール型　090	薬物注射　125	レバー式　104
ポケットパーク　064	やさしさの駐車場　096	レミニセンス（回想法）　051
歩行器　032、033	ユーザーフレンドリー　025	レンタルシステム　069
歩行困難者　033	優先　021、095	聾者　035
歩行者通路　096	誘導　066	老老介護　008
歩車分離　060	誘導ブロック　107	ローカリティ　026
補装具　012	誘導用（線状）　034	ロービジョン　034、058
ボラード　058、062	有料トイレ　125	露天風呂　153
ボンネルフ　070	床圧感知システム　111	ロン・メイス　018
	床座　108、156	
ま	ゆとりの駐車場　096	**わ**
マイノリティ　015、022、042	ユニットトイレ　060	ワークショップ　023、043
マウンドアップ方式　060、072	ユニバーサル社会　019	
マジョリティ　015、022、042	ユニバーサルデザイン　018、020、024、028、040、058	**A**
またぎ越し　152	ユビキタス端末　038	ACTION（見直し・改善）　041
またぎ高さ　152	指づめ　103	CHECK（検証・評価）　041
待ち合わせ　108	ゆらぎ　050	CPTED　080
待ちスペース　093	要介護　138	DO（実施）　040
松葉杖　033	幼児　028	LED　122
水仕舞い　080	横手すり　148	PDCA　040
水処理　058		PLAN（計画）　040
ムービングウォーク　123		WHO　012

田中直人（たなか なおと）
摂南大学理工学部建築学科教授、博士（工学）、1級建築士

1948年神戸生まれ
大阪大学工学部建築工学科卒業
東京大学大学院工学系研究科建築学専門課程修了
神戸市勤務、神戸芸術工科大学教授を経て、1997年より現職。
専門は、建築・都市環境デザイン。

日本建築学会建築人間工学小委員会主査
日本福祉のまちづくり学会副会長
人間環境学会会員
日本都市計画学会会員　ほか

主な設計作品に「国際障害者交流センター（ビッグ・アイ）」「奄美海洋展示館」「イオンレイクタウン」
主な著書に『五感を刺激する環境デザイン―デンマークのユニバーサルデザイン事例に学ぶ』（共著）彰国社
『福祉のまちづくりキーワード事典―ユニバーサル社会の環境デザイン』（編著）学芸出版社
『ユニバーサル サイン―デザインの手法と実践』学芸出版社

●読者への一言●
多様な人を理解することからユニバーサルデザインは始まります。
常識の枠にとらわれず、新しい発想や解を創造しましょう。

建築・都市のユニバーサルデザイン
その考え方と実践手法

2012年11月10日　第1版発　行

著者	田中直人
発行者	後藤　武
発行所	株式会社 彰国社

162-0067 東京都新宿区富久町8-21
電　話　03-3359-3231（大代表）
振替口座　00160-2-173401

印刷：三美印刷　製本：中尾製本

©田中直人 2012年

ISBN978-4-395-02302-8 C3052　http://www.shokokusha.co.jp

本書の内容の一部あるいは全部を、無断で複写（コピー）、複製、および磁気または光記録媒体等への入力を禁止します。許諾については小社あてにご照会ください。